新时代自媒体语境中的大学生
思想政治教育话语转换基础研究

吴如涛　陶辉　著

沈阳出版发行集团
沈阳出版社

图书在版编目（CIP）数据

新时代自媒体语境中的大学生思想政治教育话语转换基础研究 / 吴如涛，陶辉著 . -- 沈阳：沈阳出版社，2020.9

ISBN 978-7-5716-1168-2

Ⅰ.①新… Ⅱ.①吴… ②陶… Ⅲ.①大学生 – 思想政治教育 – 研究 – 中国 Ⅳ.① G641

中国版本图书馆 CIP 数据核字 (2020) 第 145091 号

出版发行：	沈阳出版发行集团 ｜ 沈阳出版社
	（地址：沈阳市沈河区南翰林路 10 号　邮编：110011）
网　　址：	http://www.sycbs.com
印　　刷：	定州启航印刷有限公司
幅面尺寸：	170mm×240mm
印　　张：	11.75
字　　数：	246 千字
出版时间：	2020 年 9 月第 1 版
印刷时间：	2020 年 9 月第 1 次印刷
责任编辑：	周　阳
封面设计：	优盛文化
版式设计：	优盛文化
责任校对：	李　赫
责任监印：	杨　旭
书　　号：	ISBN 978-7-5716-1168-2
定　　价：	48.00 元

联系电话：024-24112447
E – mail：sy24112447@163.com

本书若有印装质量问题，影响阅读，请与出版社联系调换。

自 序

　　科研项目组成员皆从事思想政治教育工作,既有从事日常大学生思想政治教育的学生处副处长,二级学院党总支副书记、辅导员,也有从事大学生思想政治理论教学的专职教师。大家由于育时代新人的共同使命和研究网络思想政治教育的共同兴趣走在了一起,组建了本科研团队。团队长期专注于大学生网络思想政治教育研究,尤其关注在互联网技术上发展起来的新媒体,在新媒体土壤中成长起来的自媒体。

　　网络具有二重性,人的社会实践创造了网络,但随着其对人影响的日益加剧,其属性实现了从单一工具属性到同时具备工具、环境二重属性的跨越,不再仅仅是一种新技术、新手段、新方法,显然其也成了一种新的环境。对于思想政治教育来讲,无论是出身于网络时代的95后、00后大学生,还是以90后、80后、70后、60后、50后组成的思想政治教育工作者队伍,都深受互联网的影响。总体上来讲,95后、00后大学后对网络新事物的敏锐性要高于思想政治教育工作者。尤其是自媒体,从其英文名"We Media"的直译我们就能感受到,思想政治教育者的话语权会更多地被分享,教育者和被教育的互动地位在自媒体场域会趋于平等。恰恰,自媒体又是当代大学生最主要的网络聚集地,理应成为思想政治教育的扎根地。要占领这块大学生思想政治教育新阵地,党的群众工作经验值得学习,要改造群众,先得尊重群众、适应群众,同理,要在自媒体场域开展大学生思想政治教育,先得尊重他们,适应他们的自媒体实践方式。这一切都说明一个事实,自媒体场域的大学生思想政治教育非常值得研究。项目团队先后申请并立项了重庆市教科院十三五规划项目"自媒体社交场域的高校德育价值及其实现研究"、校级科研项目"自媒体时代的辅导员思想政治教育研究"。在两个项目的研究中,项目组进一步认识到自媒体场域大学生思想政治教育的必要性。同时，也发现自媒体对于大学生思想政治教育来讲，机遇与挑战共存，创新大学生思想政治教育方式方法势在必行。

理论说服是思想政治教育的重要手段，话语是理论说服的媒介工具。思想政治教育话语转换成了自媒体场域大学生思想政治教育创新的重要内容。理论界开始不断聚焦自媒体语境的大学生思想政治教育话语转换，项目组也申报并立项了校级科研项目"自媒体语境下的大学生思想政治教育话语转换研究"。与理论界的空前繁荣形成鲜明对比的是实践中的缓步前行，难以实现广大思想政治教育工作者实践中话语转换的普遍性的质的飞跃，一些思想政治教育工作者面对自媒体语境的大学生思想政治教育话语转换甚至愁眉不展。

项目组成员作为思想政治教育工作者，岗位使命、研究兴趣都在促使项目组反思其深层次原因，必须把自媒体场域的思想政治教育研究做深、做实、做细，在多次重新梳理自媒体语境中大学生思想政治教育转换的各个流程和相关研究文献后，项目组发现一个重要问题，学者们的研究往往关注思想政治教育话语转换成什么样，却忽略了转换的前提条件，也就是转换基础，项目组查阅了知网、万方、维普等数据库，只发现中国人民大学的刘建军教授对思想政治教育话语进行过专门研究，但其研究的是整个思想政治教育话语转换，并没有过多的阐述自媒体语境中的大学生思想政治教育话语转换。但刘建军教授的研究给了项目组极大的启发，也坚定了项目组研究该方向的信心。不夯实基础，直接去实施自媒体语境中的大学生思想政治教育话语转换，对于不具备相应基础能力的思想政治教育工作者来讲，其话语转换成效显然难以保证。自媒体语境中的思想政治教育话语转换并不是一个简单的问题，而是充满复杂性的动态持续过程，它不仅涉及语言本身和话语权的变化，而且涉及自媒体话语系统和其他话语系统之间的关系，涉及自媒体话语与思想政治理论的关系，涉及思维在不同话语语境之间转换的问题。显然，并不是只要认识到自媒体语境中思想政治教育话语转换的重要性就能立马实现有效转换，尤其是好的转换。好的话语转换有两个最基本要求：一是转换后的话语中"马克思"这个灵魂仍在；二是转换后的话语让学生更爱听、能听懂、真接受。

基于以上原因，课题组申请了2018年度重庆市教委人文社会科学类研究项目"新时代自媒体语境中的大学生思想政治教育话语转换基础研究"。项目成功立项，本专著系该项目研究成果。本著作由吴如涛老师和陶辉老师共同完成，其中吴如涛16.6万字至14.6万字之间，陶辉8万字至10万字之间。专著共四部分：第一章导论，立足新时代，提出自媒体语境中大学生思想政治教育话语转换基础的研究背景、研究意义以及研究设计；第二章，从时间脉络揭露自媒体语境中思想政治教育话语转换基础发现过程；第三章，论述自媒体语境中思想政治教育话语转换基础的构成要素；第四章，提出自媒体语境中思想政治教育话语转换基础的夯实之道。由于研究时间限制，专著出版的时间比较紧张，专著难免有不当之处，也请广大专家学者批评指正。

吴如涛

2020 年 4 月 30 日

目 录

第一章 导论 001

    第一节 研究的背景 001
    第二节 研究的意义 023
    第三节 国内外研究现状 025
    第四节 研究设计 033

第二章 自媒体语境中思想政治教育探索 036

    第一节 自媒体的思想政治教育价值 037
    第二节 自媒体思想政治教育价值能否实现的争议与反思 063
    第三节 自媒体场域的思想政治教育探索 070

第三章 自媒体语境中思想政治教育话语转换基础的科学把握 095

    第一节 自媒体语境中思想政治教育话语转换初探 095
    第二节 自媒体语境思想政治教育话语转换基础概述 137
    第三节 自媒体语境中思想政治教育话语转换的三重基础 140

第四章 自媒体语境中思想政治教育话语转换基础的夯实路径探析 158

    第一节 话语历练——夯实话语娴熟基础 158
    第二节 学懂、弄通思想政治理论——夯实思想透彻基础 161
    第三节 话语情商的培养——夯实跨语境思维转换灵活基础 166
    第四节 自媒体语境中思想政治教育话语转换基础夯实的推动 172

参考文献 175

第一章 导论

进入新时代，话语问题成了思想政治理论界的热点问题，受到了党和国家领导人、广大学者和教育工作者的空前关注，并由此拉开了激烈的学术讨论。相关学术讨论主要集中在三个维度：一是话语权的问题。主要研究在国际舞台上，如何发出中国声音，讲好中国故事，争夺话语权的问题；国内宣传思想政治工作方面，主要研究如何积极应对日趋活跃的多元价值观和网络空间平等话语范式等因素导致的主流话语权式微问题。二是话语体系的建构问题。研究主要集中在如何繁荣中国哲学社会科学，建构中国特色社会主义话语体系。三是话语转换的问题。在构筑大思政育人格局的当前，可以说三个维度的学术研究都与高校大学生思想政治教育息息相关，但联系最为紧密和直接的还是话语转换问题的研究。

本章立足于新时代这个历史发展新方位、自媒体时代这个媒介发展的新阶段以及思想政治教育主客体特征阐述了研究的背景和意义，并详细介绍了当前国内外研究现状和研究设计。

第一节 研究的背景

一、新时代思想政治教育的新挑战、新要求、新任务

明确方位才能找准方向，把握大势才能赢得未来。当前，中国特色社会主义进入了新时代，这是我国发展新的历史方位。党的十九大在承前启后、

继往开来的关键节点上，对我国发展所处历史方位作出新的重大政治论断，为制定党和国家大政方针提供了理论依据，进一步指明了党和国家事业的前进方向。对于高校大学生思想政治教育工作来讲，新时代是当前高校大学生思想政治教育的时代背景，也是高校大学生思想政治教育实践最重要的实践环境。新时代，思想政治教育面临新的挑战，新时代也对高校思想政治教育提出了新的要求和新的任务。

（一）新挑战——"四大挑战"

当前，高校思想政治工作面临四大挑战，分别是：马克思主义指导思想面临多样化社会思潮的挑战；社会主义核心价值观面临市场逐利性的挑战；传统教育引导方式面临网络新媒体的挑战；培育社会主义事业建设者和接班人面临敌对势力渗透争夺的挑战。

这四个挑战是当前大学生思想政治教育的难点、重点和突破点。当前，多元社会思潮纷至沓来，普世价值观、拜金主义、个人英雄主义、享乐主义通过网络渠道不断侵蚀我们的95后、00后大学生，而这些思潮主要通过网络渠道进入，特别是自媒体。当前，95后、00后大学生的盲目攀比，追求高档享受、缺乏集体意识等现象非常值得广大思想政治教育工作者注意；随着国际化进一步深入，市场追利性观念传入，极易使我们大学生"钻进钱眼里"，缺乏奉献精神，凡事计较利弊，出现大量的精致利己者；传统以灌输式的思想政治教育方式网络新媒体的挑战，新媒体的新征程，使得传统思想政治教育方式在某一些方面显得格格不入，需要沿用好的老办法，不断创新新办法；西方一些别有用心的人对我国的敌视从本质上没有改变，意识形态的渗透一直没有停息，只是在新的技术环境下其渗透手法更加具有隐蔽性和迷惑性。

从某种程度上讲，四大挑战都与自媒体息息相关。其中网络新媒体带来的挑战本身就包含了自媒体，其他三大挑战也与自媒体紧密相连。所以，占领自媒体这块思想政治教育新阵地，紧急而又必要，要占领自媒体这块思想政治教育新阵地，就必须从工具层面掌握自媒体技术，从环境层面适应自媒体环境，这就要求思想政治教育在自媒体时代必须不断创新，与自媒体的时代特征相适应，思想政治教育话语以学生喜闻乐见的形式出现，要让大学生真听、真信、真做。传统的思想政治教育话语在自媒体语境中需要转换才能实现这样的思想政治教育效果，而转换则要夯实话语转换基础。

（二）新要求——坚持立德树人，全面实施三全育人

"立德树人"是教育的根本任务，"三全育人"（全员育人、全程育人、全方位育人）是"立德树人"的重要措施和机制。作为肩负人才培养重要使命的普通高等学校，应牢记"立德树人"的根本任务，准确把握"三全育人"的丰富内涵，创新开展"三全育人"的探索与实践，增强高校思想政治工作的针对性和实效性。"三全育人"是指全员育人、全程育人、全方位育人。只有理解了其丰富内涵，把握了其构成要素，了解了其基本特征，才能够掌握其规律，推动其落实。

1."三全育人"的内涵

"三全育人"是一种教育理念，也是一个全面系统的指导思想，是"大思政"格局形成的标志。从广义的角度理解，"三全育人"并不局限于德育教育的范畴，而是涉及育人的方方面面；从狭义的角度而言，"三全育人"主要是针对德育教育，从时间和空间的角度对高校思想政治教育进行考量。

（1）全员育人的内涵

所谓"全员育人"，即教书育人、管理育人、服务育人，是指学校的教师、干部、职工为了实现育人的目标，在从事自己本职工作的过程中，以一定的形式对学生进行直接或间接的教育过程。教书育人、管理育人、服务育人体现了系统育人的思想，体现了在时间和形式上的有机统一。

（2）全程育人的内涵

全程育人主要是从育人的时间性来讲，强调把育人贯穿大学生学习、成长的全过程，是思想政治教育工作持续性和全程性的体现。大学生从入校到毕业，不同时间不同阶段呈现出不同的特点，且有其自然的身心发展规律，我们应当据此有针对性地制定不同阶段思想政治教育工作侧重点，不断提高大学生思想政治教育工作的针对性，促进大学生思想政治教育工作的开展。

（3）全方位育人的内涵

全方位育人侧重于空间的角度，强调育人多维空间的不断拓展，其目的是实现立体化育人。高校在育人过程中，应当将各个方面和各个环节衔接起来，不断拓宽育人渠道，将显性教育与隐性教育结合起来，将"有形的手"和"无形的手"结合起来，将思想政治教育渗透到教育教学及学生学习生活的各个方面和各个环节，达到春风化雨、润物无声的效果，从而有效促进大学生健康成长和全面发展。

2.实现"三全育人",必须创新工作方法

"因事而化、因时而进、因势而新"要求,沿用好办法、改进老办法、探索新办法,不断提高思想政治工作的针对性和亲和力;要强化社会实践育人,提高实践教学比重,组织师生参加社会实践活动,积极发挥共青团、学生会组织和学生社团作用,真正做到春风化雨、润物无声。要加强互联网思想政治工作载体建设,加强学生互动社区、主题教育网站、专业学术网站和"两微一端"建设,运用大学生喜欢的表达方式开展思想政治教育。要完善课程育人、科研育人、实践育人、文化育人、网络育人、心理育人、管理育人、服务育人、资助育人、组织育人体系,构建内容完善、标准健全、运行科学、保障有力、成效显著的高校思想政治工作质量提升体系,扎实推进"三全育人"综合改革,全面提升高校思想政治工作质量,促进学生的健康成长和全面发展。

三全育人,中心在"育",重点在"全"。"全员育人",要求全体教职员工都要成为育人者,教职员工几乎都拥有自媒体账号,理应发挥教职员工在自媒体社交场域的德育作用;"全程育人",要求将立德树人贯穿学生成长成才全过程,自媒体早已融入95后、00后"移动互联网原住民"大学生的日常学习生活全过程,有助于实施好全过程育人;"全方位育人",要求将立德树人覆盖到课上课下、网上网下、校内校外,实现育人无处不在,自媒体社交场域的德育工作恰恰是网上育人工作重点。全员全过程全方位育人都离不开自媒体,自媒体场域的大学生思想政治教育又主要通过思想政治教育话语呈现和实施,创新自媒体场域大学生思想政治教育成为必然。自媒体语境又不同于其他语境,其话语主客体关系、话语方式、互动方式、话语评价方式都有自身的显著特点,必须实施自媒体语境中的大学生思想政治教育话语转换,而自媒体语境中的大学生思想政治教育是有前提条件的,也就是话语转换的基础。正是基于这样的背景,项目组决定研究自媒体语境中的大学生思想政治教育话语转换基础。

(三)新任务——育新人

1.新时代新人的科学内涵

所谓时代新人,就是主体基于特定时代背景和时代条件体现当前时代特征、肩负时代使命、反映时代精神风貌的群体性指称和整体性写照。之所以新,一方面是因为区别于其他时代人才培养目标。培养担当民族复兴大任的时

代新人，就是在中国特色社会主义进入新时代的背景下，在实现中华民族伟大复兴的中国梦的关键征程上，培养一大批能够适应新时代要求、引领新时代发展的矢志以实现中华民族伟大复兴伟业为己任的时代先锋，为民族复兴大业储备丰厚的人才资源、注入源源不断的主体活力和后备力量。培养担当民族复兴大任的时代新人，是对担当民族复兴大任的人才队伍的政治觉悟、思想境界、道德修养、精神面貌和科学文化素质的集中呈现，科学回答了培养"什么人"的根本问题，体现了在特定历史阶段实现党的历史使命对人才素质提出的客观需要，集中反映了新时代的育人理念和人才培养目标。

关于时代新人的内涵的把握，以中国人民大学刘建军教授为代表的一大批思想政治教育研究者主张应该从不同的视角来丰富。

（1）从时代表述来看时代新人的内涵

第一，中华民族复兴大任的担当者。

"担当民族复兴大任的时代新人"的提法本身就是对"时代新人"内涵的一种阐述，实际上是用"担当民族复兴大任"来界定"时代新人"。这可以说是对"时代新人"最直接、最切近的界定。其他的一些界定，则是比较间接的，或是从别的方面的表述中转移过来的。如果我们将"担当民族复兴大任的时代新人"的表述做一下语序调整，它就可以转化成这样一种表述：时代新人是民族复兴大任的担当者。

第二，走在时代前列的奋进者、开拓者、奉献者。

"走在时代前列的奋进者、开拓者、奉献者"这一表述，不仅是"时代新人"提法的先声，而且可以说是"时代新人"的重要内涵。这两种提法有一个共同点，都是着眼于"时代"，着眼于育人目标与时代要求的关系，着眼于使青年人走在时代前列。只要我们把"时代"明晰为"新时代"，那么这一表述就意味着："时代新人"，就是"走在新时代前列的奋进者、开拓者、奉献者"。

第三，有理想、有本领、有担当的青年一代。

"青年兴则国家兴，青年强则国家强。青年一代有理想、有本领、有担当，国家就有前途，民族就有希望。"这句话只要顺序对调一下，就形成了"有理想、有本领、有担当的青年一代"的表述。这段表述十分重要。关于"时代新人"，大家自然而然地形成了"有理想、有本领、有担当的时代新人"的提法。而且这种提法出现在教育部的一些文件中，成为关于"时代新人"的比较规范性的表述。

第四，顺应时代潮流的坚定者、奋进者、搏击者。

"历史车轮滚滚向前，时代潮流浩浩荡荡。历史只会眷顾坚定者、奋进者、搏击者，而不是等待犹豫者、懈怠者、畏难者。"这里包含着要做"顺应时代潮流的坚定者、奋进者、搏击者"的思想，强调了育人目标与时代潮流的关系，也完全可以看作是对"时代新人"的注解。

第五，德智体美劳全面发展的社会主义建设者和接班人。

"德智体美劳全面发展的社会主义建设者和接班人"的提出，深刻揭示了"时代新人"的政治内涵和政治要求，既体现了新时代育人目标与以往我们党和国家育人目标的一致性，又体现了新时代育人目标的新特点。可以说，它标志着"时代新人"内涵展现的基本完成，是"时代新人"落地定型的标志。它说明，尽管关于"时代新人"可以有多种表述方式，它们分别从不同角度和层次展现"时代新人"的丰富内涵，但是万变不离其宗，从根本上讲，"时代新人"归根到底还是"社会主义事业建设者和接班人"，是这一建设者和接班人在新时代的体现。

（2）从素质构成、精神状态、使命作用看时代新人的内涵

首先，要从素质构成上去把握"时代新人"的内涵。育人目标和培育"新人"并不是新时代才有的，而是我们党长期以来的优良传统。在历史上，我们党就提出过多种育人目标，如"又红又专的无产阶级革命事业接班人""有社会主义觉悟的有文化的劳动者""有理想、有道德、有文化、有纪律"的"四有"新人等。以往这些育人目标的表述，基本都是从素质构成的维度进行的。"又红又专"是讲素质，"有社会主义觉悟、有文化"也是讲素质，"有理想、有道德、有文化、有纪律"也是在讲素质构成。这是我们传统的做法，也是最基本的做法。我们今天把握"时代新人"的内涵，也依然可以从这个角度去把握。比如，"有理想、有本领、有担当"就是从素质构成上讲的，"德智体美劳"也是从素质构成上讲的，都是要全面提高受教育者的素质。在我们党的文献中也经常讲到素质的全面性和素质的提高。至于"时代新人"应具有哪些具体的素质，这些当然可以而且也需要继续研究，特别是结合新时代的实际需要来提出其应具备的素质。习近平总书记在全国教育大会上的讲话中讲到理想信念、爱国情怀、道德品质、知识见识、奋斗精神和综合素质等问题，并提到身心健康素质、劳动素质、审美素质等。这些都有助于我们把握"时代新人"的素质构成。

其次，要从精神状态上去把握"时代新人"的内涵。"时代新人"的提出，并不只是在素质结构上做调整，它的新颖和创新之处以及独特意义，在于它实际上是提出和强调了一个新的维度，即精神状态的维度。这是以往我们在提出和把握育人目标时所相对忽视的一个方面。从一定意义上说，"时

第一章　导论

代新人"的提出，重点不在于调整素质构成，而在于调整人们的精神状态。因此，我们更应该从精神状态这个维度去理解和把握"时代新人"的内涵和要求。只要看一下习近平总书记的一些讲话，看一下他所强调的重点，就会发现，他更强调"时代新人"的精神状态。习近平总书记一直十分重视人的精神状态问题，特别是青年一代的精神状态。他明确提出："青年一代的理想信念、精神状态、综合素质，是一个国家发展活力的重要体现，也是一个国家核心竞争力的重要因素。"他所强调的"理想信念""勇于担当""四个自信"，以及"坚定者""奋进者""开拓者""奉献者""时代弄潮儿"等，讲的都是精神状态。特别是他十分强调"奋斗精神"，指出中华民族具有伟大奋斗精神，新时代中国人特别是青年一代更要有奋斗精神；指出中国改革开放和现代化建设的伟大成就，是奋斗出来，中国人民的幸福生活也是奋斗出来的。这些精神状态上的要求，与新时代的精神是紧密相连的。新时代是中华民族伟大复兴冲刺的时代，是一个奋斗和奋进的时代。坚定、自信、奋进、担当，可以说是新时代精神的核心内容，也应该是"时代新人"最基本的精神状态。

　　再次，要从使命和作用上去理解把握"时代新人"的内涵。新时代育人的素质和精神上的要求都必须外化和表现为它的使命责任和功能作用。人的素质和精神具有内在性，它只有在实践中得到运用，才能得到完全地展现。党的十九大报告中"担当民族复兴大任"就是从这个使命与作用的角度讲的，并直接用这一表述来界定"时代新人"。正是在实现中华民族伟大复兴的实践中，人们的思想道德素质和科学文化素质才能得到充分体现，人们的自信、奋进、担当的精神状态才能得到充分展现。因此，把握"时代新人"，还是要聚焦于实现中华民族伟大复兴的中国梦这一目标。能否在实现中国梦的实践中奋勇前进，能否为实现民族复兴贡献自己最大的力量，是衡量一个人是否是"时代新人"的根本标准。需要注意的是，不应只是从民族振兴和发展的角度去理解"时代新人"的使命和要求，而是要看到实现中华民族伟大复兴的过程也恰恰是我们推进中国特色社会主义事业发展的过程。"时代新人"无疑是民族复兴大任的担当者和实现者，但同时也是社会主义事业的"建设者"和"接班人"。习近平总书记所强调的"社会主义建设者和接班人"也是我们从使命和作用的维度去理解和把握"时代新人"的重要方面。

　　综上，可以概括地说，所谓"时代新人"，是"社会主义建设者和接班人"在新时代的体现和要求，指走在中国特色社会主义新时代的前列，具有坚定、自信、奋进、担当的精神状态，具有理想信念、爱国情怀、道德品质、知识见识、奋斗精神和综合素质，能够担当中华民族伟大复兴历史重任的奋进者、开拓者、奉献者。

2. 育时代新人的实施路径

（1）强化思想引领，坚定担当民族复兴大任的时代新人的理论自觉

唯有信念坚定、理想远大，才能在时代发展的坐标轴中找准自己的定位，明确自身承担的时代责任和历史使命，只有树立远大志向、把握社会发展规律，才能正确认识世界和中国发展大势，从而在世界和中国的发展中站稳脚跟、找准方向、保持定力，真正肩负起实现国家富强、民族复兴、构建人类命运共同体的时代重任。强化理论学习是坚定理想信念和提高思想觉悟的基础工程，能够担当民族复兴大任的时代新人，需要在学习党的最新理论成果上下功夫，坚定不移地以习近平新时代中国特色社会主义思想武装头脑、指导实践、推动工作，不断增强中国特色社会主义道路自信、理论自信、制度自信、文化自信，牢固树立共产主义远大理想和中国特色社会主义共同理想。要深化中国特色社会主义和中国梦的宣传教育，多在实效性上下功夫，使广大建设者和接班人在理想信念、价值理念、道德观念上形成强大思想共识，将自身的成长进步与国家的发展和民族的前途命运紧密相连，将实现自身人生价值与实现民族复兴伟业有机结合。要强化党史国史教育，从中华民族历史和优秀传统文化中挖掘以爱国主义为核心的民族精神，厚植崇德尚义的思想道德根基，从革命、建设、改革的历史经验中挖掘提炼艰苦奋斗、无私奉献、开拓进取的时代精神，激发时代新人投身现代化建设的内在动力和行动自觉。

（2）构建活动载体，丰富担当民族复兴大任的时代新人的养成路径

丰富多样的活动载体是担当民族复兴大任的时代新人的重要依托。第一，深化红色资源教育。坚持立德树人、以文化人、以文育人，用好红色资源，弘扬革命精神，让党的红色基因在青年群体中代代相传，大力选树各类典型模范人物，形成见贤思齐的良好社会风尚。第二，强化价值观教育，树立价值观自觉，引导青年系好人生第一颗扣子，"强化教育引导、实践养成、制度保障，把社会主义核心价值观融入社会发展各方面，引导全体人民自觉践行"。第三，深化马克思主义理论教育。深入实施青年马克思主义者培养工程，引导青年学子在马克思主义经典作家的思想宝库中吸取养分、坚定信念、提升觉悟，加强品德修养、提升道德水准。

（3）创新工作机制，营造担当民族复兴大任的时代新人的良好氛围

坚持党管人才原则，聚天下英才而用之，正确把握青年成长成才的特点

和规律,着力破除体制机制障碍,创新人才培养工作机制,在全社会营造聚焦青年、关注青年、关心青年的良好氛围。构建部门协同机制,形成多部门齐抓共管、多方协同、同频共振的培养合力,在全社会形成争做时代新人的鲜明导向和共同培育时代新人协同效应;构建成效转化机制,将各类实践活动成果转化为青年民族复兴的信念、建功立业的热情、艰苦奋斗的精神、创新创业的本领;构建人才对外交流机制,完善国际组织人才培养推送机制,引导促进广大人才的社会交往与实践交流,扩大对外开放和交流互鉴,鼓励支持青年人才广泛参与国际合作与交流,创立国际人才合作组织,培养一批具有深沉家国情怀、开阔全球视野、强烈时代关怀的时代青年,使其能够在构建人类命运共同体中建功立业、有所作为。

(4)搭建实践平台,增强担当民族复兴大任的时代新人的实践自觉

担当民族复兴大任的时代新人,需要建好新时代文明实践中心等实践平台,大力弘扬时代新风,增强担当民族复兴大任的时代新人的实践自觉。将理想信念教育有机融入青年日常工作与学习,将远大理想转化为可操作、易辨识的"小目标",通过仪式感强的教育活动、富有感染力的文艺作品、喜闻乐见的活动载体、形式多样的实践活动,引导青年树立高远志向,锤炼担当精神和奋斗精神。将"培养担当民族复兴大任的时代新人"纳入国民教育总体规划,构建课堂教学、校园文化、社会实践、公益服务等多位一体的育人平台,加强文明素养、文明习惯、文明风尚等软环境建设。拓宽人才对外交流的口径和渠道,充分开发利用国内国际各类资源,健全各类工作和服务平台,引导鼓励广大青年和各国青年互学互鉴、增进友谊,共同成为世界发展的积极参与者和有力创造者,引导广大青年主动参与国际竞争,担负引领世界发展的时代责任,在弘扬时代新风过程中提升青年文明素质。

(5)加强制度建设,夯实担当民族复兴大任的时代新人的制度保障

以制度建设保障和巩固时代新人的实践进程,努力完善时代新人的培育体系。第一,在学校层面,培养时代新人,将担当民族复兴大任的时代新人中心目标融入学校育人体系,围绕立德树人中心任务,抓好思想政治理论课这一主渠道,大力培养在德智体美劳各方面全面发展的综合性人才。第二,在社会层面,支持和鼓励青年主动承担应有的社会责任,推动社会诚信建设和志愿服务制度化;积极搭建创新服务平台,营造鼓励创新创业、宽容失败的社会氛围,强化青年权益保护,为青年施展才华创造有利社会环境。第三,在政府层面,围绕创新驱动发展战略,实行更加积极、更加开放、更加有效的人才政策,做好青年发展规划制订工作,完善人才发展体系,为青年

发挥作用搭建舞台。深化公民道德建设工程，推进网络文明建设，营造清朗健康网络空间，真正做到成风化人、塑形铸魂，推动社会文明不断焕发新气象，努力培养和造就一代又一代担当民族复兴大任的时代新人。

当前，时代新人正处在自媒体时代，自媒体即是育新人的工具，也是育新人的环境。思想政治教育话语是自媒体思想政治教育的最终呈现形式。自媒体语境又不同于其他语境，其话语主客体关系、话语方式、互动方式、话语评价方式都有自身的显著特点，必须实施自媒体语境中的大学生思想政治教育话语转换，而自媒体语境中的大学生思想政治教育是有前提条件的，也就是话语转换的基础。所以，从育时代新人的角度看，也需要研究自媒体语境中的大学生思想政治教育。

二、新媒体发展最新阶段自媒体的独特语境

自媒体是新媒体的最新发展阶段，现已成为95后、00后大学生最主要的网络聚集地，理应成为大学生思想政治教育的扎根地。自媒体场域的大学生思想政治教育最终要以话语内容成现。不同语境特征有所区别，其话语内容呈现形式、表达方式、互动方式等都有所不同。

思想政治教育话语语境事实上是思想政治教育"在哪说"的问题。字面含义完全相同的语篇，在不同的语境状态下，也能呈现出与字面概念截然不同的语义。正如维特根斯坦在《哲学研究》中提出，"一个词的意义就是它在语言中的应用。"词是否存在意义，在于在语言中的具体运用，而话语是否存在意义，在于其在语境中的具体运用。自媒体语境与其他话语语境有着显著的区别，对思想政治教育话语产生的思想政治教育效果有着巨大的影响，笔者从自媒体话语主体、话语内容、话语方式、话语评价四个维度对其语境特征进行了归纳。

（一）自媒体语境的话语主体特征

话语主体涉及"谁来说""谁来听"两个方面。在传统思想政治教育中，思想政治教育工作者往往扮演说的角色，而大学生则更多地扮演听的角色，话语权更多地掌握在思想政治教育工作者手中。在自媒体语境中，思想政治教育工作者话语权式微已是一个不争的事实，思想政治教育工作者和大学生之间共同分享话语权，说和听的角色正在发生变化，双方互为说者和听者。自媒体赋予所有人平等的发声机会，教育者和被教育者都能平等地表达思想；

思想政治教育工作者的思想政治教育话语，也能引发大学生的转发，大学生也能从一个听者变成一个说者；思想政治教育工作者、大学生之间针对现实问题在自媒体公共区域的探讨，最终达成共识，双方的话语直面彼此的心声，以问题为导向，共同构建了一个完整的思想政治教育话语，都是说者和听者。所以，自媒体最大的主体特征为听者和说者的界限模糊。

（二）自媒体语境的话语内容特征

大学生之所以选择在自媒体场域聚集，是因为自媒体富有时代气息，青春而有活力，追赶潮流而时髦。这就决定了自媒体话语消费的快餐化、碎片化。自媒体话语一般比较简短，很少长篇大论，多数情况下往往是一张图片配上几行字，如果分享的信息中有文章，往往先用几句话介绍这篇文章，再加一个文章的连接。这样读者浏览的速度会加快，浏览的信息量会增多；反之，如果分享的信息吸引力不足，则很难引起读者的共鸣；自媒体话语内容活泼。话语活泼、时代感强、富有青春气息是自媒体话语的又一大特点。自媒体话语在语法的使用上常常不严谨，甚至有意根据一些特定情景制造一些错别字，而这样使用话语的方式，往往受到人们的喜欢，成为一种流行趋势，比如说"有木有""杀马特"，不经常使用自媒体的人，看到自媒体上的一些用语可能感觉不适应。自媒体话语内容表现形式丰富。自媒体话语表现形式多样，自媒体上可以上传文字，也可以上传图片、音频和视频。在自媒体上分享的好内容，往往是综合运用两种或者更多形式，让读者有身临其境的感觉，内容十分有趣，不会让人感到枯燥和乏味，这也是人们喜欢关注自媒体各种朋友圈的原因之一。

（三）自媒体语境的话语方式特征

话语方式包含两个方面，一是如何描述话语内容，二是交互的方式。就话语内容描述方式而言，现实生活中的思想政治教育话语往往只能以文字、口语、板报等形式出现。在自媒体语境中，话语的表现形式更加丰富，除了文本、语音、图片外，还可以是3D动画、移动短视频等形式。就交互方式而言，由现实师生关系延伸的自媒体社交场域中，师生的交往比现实中更加的亲近，彼此也更加地随和，趋向于平等；在自媒体匿名的陌生人社交往场域中，双方的交往则呈现出完全平等的特征。

(四)自媒体语境的话语评价特征

自媒体语境中的"话语最终效果怎么样",去梳理相关评价指标非常复杂。其实,对于自媒体语境中的话语评价要比现实生活中的思想政治教育话语评价简单得多,在确保话语本身在意识形态方向、在大学生价值引导方向正确的情况下,我们只需通过自媒体话语的关注量、点赞量、转发量来评价。关注量、点赞量、转发量越高,说明话语效果越好,对大学生正确世界观、人生观、价值观的形成越有利;反之,则说明自媒体话语效果差强人意。这就使自媒体语境中的话语评价简便化,在没有其他话语评价需求的情况下,不用去关注更为复杂的评价指标体系,这也是自媒体语境中话语评价的最大特征。

三、思想政治教育主客体特征

当前,95后、00后成为大学生群体的绝对主力,在95后之前,70后、80后是10年划一代,90后之后5年就划一代,说明95后、00后大学生的特征更加鲜明。他们成长在我国经济飞速发展、文化生活日益丰富、网络信息高度发达的社会整体环境下,绝大多数生活在"421"家庭中,享受着一家六个大人的宠溺,也承担着六个大人的期望。他们的心理特征、性格特点、行为方式等都有别于70后、80后大学生,甚至是90年代初出生的大学生。新时代的大学生思想政治教育要提高亲和力、针对性,就不得不把握95后、00后大学生群体特征,"遵循思想政治工作规律,遵循教书育人规律,遵循学生成长规律","因事而化、因时而进、因势而新","因势利导"地开展大学生思想政治教育。

本专著研究的是自媒体语境中的大学生思想政治教育话语转换基础,本部分的重点是突出95后大学生"网络原住民""移动互联网原住民"的特征和思想政治教育工作者"网络移民""网络难民"的特征。但为了更加全面地把握95后、00后大学生群体特征,笔者还是从他们成长的社会环境、教育环境、家庭环境入手,更加全面系统地分析了95后、00后的群体特征。而对于思想政治教育工作者,笔者主要从其"网络移民""网络观光客""网络局外人"的角度进行了群体特征分析。把本部分的重点放在了95后、00后大学生群体特征分析。

（一）网络原住民——95后、00后大学生的成长环境

1. 成长环境

根据研究所需，本专著主要从社会环境、教育环境、家庭环境着手，来系统分析95后、00后大学生的群体特征。

（1）社会环境

①经济快速发展

改革开放以后，我国经济飞速发展，尤其是新时代以来，我国的经济又有了显著的发展，正在由富起来走向强起来。按购买力计算，中国在2014年已经成为全球第一大经济体；按名义GDP总量来计算，中国在2018年已达到美国的66%，成为全球第二大经济体。麦肯锡全球研究院的"MGI连接指数"根据商品、服务、金融、人员和数据流动情况对各个经济体的参与度进行了排名，结果显示，中国2017年的连接程度位居全球第9。2018年中国的GDP约占全球总量的16%。国家信息中心发布的《中国共享经济发展年度报告（2019）》中显示："2018年我国共享经济交易规模29420亿元，比上年增长41.6%。从市场结构来看，生活服务、生产能力、交通出行三个领域共享经济交易规模位居前三，分别为15894亿元、8236亿元和2478亿元。从发展速度来看，生产能力、共享办公、知识技能三个领域增长最快，分别较上年增长97.5%、87.3%和70.3%。"

95后、00后，是在我们改革开放事业取得伟大成果后出生的，他们的物质生活条件明显要好于70后、80后。但他们的日常花销明显要高于70后、80后大学生，甚至是90后大学生。在全球化更加深入发展的当今，他们受市场经济观念的冲击更大，追求享受、盲目攀比、精致利己者数量也逐年增加。勤俭节约的优良传统正在受到挑战，不计代价的开销正在增加，这也是近年来大学生"网贷"增加的一个重要原因。对于70后、80后来讲，正规的大学生信用卡使用者的比例都非常低，而95后、00后为了追求高端手机、奢侈化妆品、名牌包包、充游戏点卡等，在家长、辅导员关于"网贷"危害性的反复教育下，仍然有95后、00后借裸体贷、分期贷、培训贷等花样百出的"网贷"。最后，没法还上本金和利息，家长、老师、同学被电话"轰炸"，恶意催还引发不少恶性事件，引人深思。

②文化生活不断丰富

文化是民族的血脉，是人民的精神家园。让人民享有健康丰富的精神文化生活，是全面建成小康社会的重要内容。从新中国成立以来，党和政府就

十分重视群众文化生活。近年来，我国坚持社会主义先进文化发展方向，推动物质文明和精神文明协调发展，切实保障人民群众基本文化权益，不断提升文化软实力，提高文化自信。

我国深入实施文化惠民工程。坚持面向基层、服务群众，切实加大了对城乡基层文化建设投入力度，不断提升了公共文化服务水平，通过统筹城乡文化设施建设，完善公共文化服务体系，深入实施了广播电视村村通、建立了乡镇综合文化站、农村文化大院、农村书屋等文化惠民工程，使各类文化服务更好地向城乡基层末梢延伸，促进基本公共文化服务标准化、均等化。大力实施文化精品创作、文艺普及等系列工程，努力推出更多思想性、艺术性、观赏性相统一的优秀文艺作品，为人民群众提供更多、更好的精神食粮。全国各地社科专家进社区、文化下乡已成为常态。

文化产业得到极大发展。文化产业是一个朝阳产业，在经济社会发展中起着至关重要的作用，不仅对经济结构调整、区域经济协调发展、扩大对外开放具有积极意义，而且是满足人民群众日益增长的文化需要、着力提高人民生活水平、加快构建和谐社会、实现全面协调可持续发展的重要途径。全国各地以人民为中心，不断提高人民群众在文化活动中的获得感。各高校还先后成立了文化产业管理专业，培养相关专业人才，进一步助推我们的文化产业发展。

文化建设取得伟大成果。我国拥有厚重的历史文化资源，底蕴深厚，保护好、利用好、开发好博大精深的历史文化，对弘扬中华民族历史文化，提升城市品位、形象非常重要，尤其是对于地方的转型升级起着重要的作用。近年来，在文化自信的大背景下，各地充分发挥历史文化资源优势，以优秀传统文化的为文化自信扎"根"，以革命文化为文化自信筑"魂"，以社会主义先进文化为文化自信夯实基础，深入推动我国文发展。

95 后、00 后也深受其益。95 后、00 后，在我国文化繁荣的大背景下，在家长、学校的大力培养下变得多才多艺，唱歌、跳舞、琴、棋、书、画水平明显提高。在高校迎新晚会、毕业晚会、宿舍文化节、社团活动中 95 后、00 后都表现出了较高的文艺水平和创造力，他们的综合素质水平要高于 70 后、80 后大学生。

③网络信息高度发达

2020 年 4 月 28 日，中国互联网络信息中心（CNNIC）发布第 45 次《中国互联网络发展状况统计报告》，数据显示，截至 2020 年 3 月，我国网民规模为 9.04 亿，互联网普及率达 64.5%，庞大的网民构成了中国蓬勃发展的消费市场，也为数字经济发展打下了坚实的用户基础。曾宇指出，当前，数字经济已成为经济增长的新动能，新业态、新模式层出不穷。在此次疫情中，数字经济在保障消费和就业、推动复工复产等方面发挥了重要作用，展现出了强大的增长潜力。

而对于95后、00后大学生来讲，网络的普及率是100%，智能手机几乎是人手1部，有的还不只1部，他们不仅被称为"互联网原住民"，甚至其中的绝大部分还是"移动互联网原住民"，是低头一族的绝对主力，随时随地低头看着手机，戴着耳机。一方面，95后、00后是从一出生就成长在中国互联网兴起的年代，伴随着中国互联网的蓬勃发展成长起来，知识和内容获取的便捷程度超越了以往的任何时代，不出门便知天下事。另一方面，95后、00后也是被圈养的一代，社交网络和APP史无前例地发达，然而人与人的亲密度和信任度，却越发疏离，呈断崖式下坠。同时，圈代表圈层，95后是兴趣圈层极度分化的一代，圈层之间的隔离度要远远大于重合度。

而在大学生网络不断扩张的网络实践中，绝大多数时间都花在了自媒体上，可以这样讲，自媒体已经融入了95后、00后大学生的日常生活，对他们的学习生活有着深刻而复杂的影响。学者覃柳云2019年对大学生自媒体使用情况做了一个调查，调查数据显示93.76%的大学生在大学之前已开始接触自媒体，随着各类自媒体平台功能的更新完善，以及课堂授课与网络技术的结合，大学生自媒体使用率达到了100%。使用自媒体的时间也在增长，七成以上的大学生使用自媒体时间超过2小时，超过四成的学生使用时长超过4小时，意味着大学生课后活动、娱乐时间基本被自媒体挤占。[①]95后、00后大学生使用自媒体的目的多种多样，既有学习新知识、了解新趋势的自主学习一面，又有将自媒体作为休闲娱乐、人际交往的一种渠道，可见自媒体极大地丰富了大学生的精神世界，深入影响着他们的学习生活。在调查中，79.71%的学生对自媒体持完全接受态度，认为自媒体对自我成长有益处，会主动从自媒体中获取有用学习资源，乐于在自媒体中发表意见、参与讨论、展示自我。

（2）教育环境——升学制度

2018年召开的全国教育大会中指出"城乡义务教育发展不均衡"是我国教育领域长期存在的一大短板。主要表现为城乡办学条件不均衡、城乡教师资源不均衡、城乡教育生源不均衡。具体来讲，具体表现为农村中小学教

---

① 覃柳云.高校师生自媒体使用情况的调查[J].文献资料,2019年03期.

育设施落后，实验器材陈旧，图书数量和更新速度跟不上。教师队伍在学历结构、职称结构、年龄结构、专业结构、教学水平上与城市有着明显差距。针对这个问题，此次全国教育大会提出要"促进区域、城乡和各级各类教育均衡发展"。当95后、00后恰好是在这样的教育环境下成长起来的，针对教育资源的分配的不均衡，为了获得更好的教育，他们有两种途径，一是改变户籍，进入城市读书；二是通过自身努力，考上好的学校，在市、县（区）优质资源选拔中脱颖而出，所以他们具有很大的压力，很少有玩的时间，更多的精力被要求花在应付中考上。

中考后，进入高中，还要面临高考。高考制度在我国饱受争议，但也是我国现阶段最可行、最公平的一种升学制度。对于95后、00后来讲，和70后、80后一样，都要面对高考这个独木桥，很少有玩的时间，绝大部分精力都花在学习上，只是95后、00后的家长对孩子的升学问题更加看重，选择参加高考的学生数量更多，他们的竞争更大。高中老师喜欢说一句话，那就是"现在是认真学习的时候，到了大学有的是时间玩，高中不被允许的谈恋爱，大学生也可以自由恋爱了"。这也导致了很多问题，比如：到了大学后，对95后、00后学习的刚性要求有所减少，对自主学习要求有所提升，很多95后、00后到大学就松懈了，沉迷于网络，迷失在网络游戏中。浙江大学副校长指出：浙江大学被开除的学生，百分之九十九都是因为玩游戏。

（3）家庭环境——"421"家庭

"421"家庭，即四个老人、一对夫妻、一个孩子。随着第一代独生子女大多已进入婚育年龄，这种家庭模式开始呈现出主流倾向。而这种"倒金字塔"的家庭结构，也衍生出一些现实问题来。而本专著主要是讨论"421"家庭中"1"的问题。

"4"即四个老人，爷爷奶奶、外公外婆。四个老人皆经历过新中国建立后到改革开放前这段艰苦岁月，他们中的大多数还在灾荒年代吃过非一般的苦。改革开放后，社会经济、文化快速发展，物质生活水平显著提高，特别是新时代以来，人们从对衣、食、住、行的追求变为当前对幸福美好生活的向往。隔代亲，极度宠溺是四个老人对待孙子孙女辈的一贯做法。四个老人对孙子、孙女辈的爱很多时候表现为一种过度的溺爱，这种溺爱不仅仅是金钱、精力上的付出，很多时候已经干涉到父母对子女的教育。其中，因我国中西部发展的极不平衡、乡村与城镇发展的不同步，农村劳动力不断输出，不少95后、00后大学生还是四个老人带大的"留守儿童"。

"2"即父母双方。夫妻双方大都出生在七八十年代，正值我国改革开放前后，经历过人民群众日益增长的物质文化需求同落后生产力之间的矛盾。他们当中，既有没有太高学历、在工地从事体力劳动、在制造型企业从事流水线工作的农民工；也有个体工商户、有一技之长的手艺人、包工头；还有企事业单位工作人员、公务员、企业家。他们出生于改革开放前后那个特殊年代，受到市场经济观念的冲击，吃过苦，也有不少人因各种条件限制，没有更好地学习深造，他们越来越认识到知识的重要性、孩子教育的重要性，努力为子女创造好的生活环境。

"1"即一个小孩。95后、00后是在计划生育年代出生的，当时还没有放开二胎政策，在放开二胎政策时，他们父母因年龄问题，也很少选择生二胎，95后、00后成为这样家庭中的唯一小孩。在4个老人、2个大人的精心呵护下成长起来。

这样的"421"家庭容易出现两个极端现象。一是过度的溺爱，4个老人、2个大人都不同程度地经历过苦日子，物质生活条件提高了，因自己吃过苦，所以不愿意子女再吃苦，不断满足子女的物质需求，甚至是明显超越家庭收入条件的物质需求。现在的95后、00后使用的手机，半数是苹果，还有不少国产高端机型，上网本、游戏本、笔记本也是标配，衣服、鞋子皆是牌子货。很多贫困家庭的95后、00后大学生也是如此，在国家奖助学金、校内助学金评选时，往往让高校资助工作犯难。另一个极端就是过度的期望，父母可能在人生起步时，吃了文化水平低的亏，所以，对子女在学业上要求非常严格。其中，不乏一些家长当年只考上了浙大、复旦，没能考上清华、北大，也把自己当年没能实现的愿望强加在子女身上。

这样的两个极端导致了95后、00后大学生出现两种心理特征。第一极端导致了95后、00后大学生"佛系"心态的涌现。不少大学生缺乏竞争意识，不追求卓越，用大学生父母的话来讲，就是"他们生活得开心就好，其他没有什么过多的要求"。95后、00后大学生评优评先时，表现特别明显，70后、80后是争先恐后积极申请，95后、00后给他们评上，他们也表现出十分开心的愉悦心情，没评上他们也表现出无所谓的冷淡。第二种极端，就是导致当前95后、00后心理危机的重要原因，从事思想政治教育的工作者，就有一个非常明显的感触，现在出现心理异常的大学生特别多，明显高于历史平均水平，无须去做专门的调研统计，就能明显感受得到。

2. 95后、00后大学生群体特征

（1）有正确的理想信念，但个人理想与之脱节

95后、00后大学生对坚持社会主义道路、坚持人民民主专政、坚持党

的领导高度认可，对新时代以来党领导全国各族人民取得的伟大成就也感到十分自豪，坚信中华民族的伟大复兴一定能实现，并愿意接力实现中华民族伟大复兴的新征程。能做到两个"维护"，并积极向党组织靠拢，绝大部分人都有强烈的入党意愿。但95后、00后的个人理想，比如职业理想、生活理想等有明显存在与社会理想脱节的现象，当被问及入党动机时，不少大学生也有增强就业竞争力、寻求个人荣誉感等不纯动机，当各种媒体对同一社会事件的报道有出入时，95后、00后大学生中的不少人更愿意相信"网友爆料"，而非国内主流媒体报道和政府的官方回应。在与95后、00后大学生交流的过程中发现，他们普遍认同中国共产党带领中国人民所取得的辉煌成就，但他们需要向外界获取存在感、独立性，急于向外部世界证明自己的长大和成熟，努力建立一个属于自己的世界。理想信念和个人理想两者之间辩证存在且并不矛盾。

（2）有明确的价值观，但自我中心倾向明显

在项目研究中，笔者发现95后、00后大学生对社会主义核心价值观非常认同，且践行意愿较为强烈。不喜欢教育者常常用革命岁月的坚信来教育他们，但对革命先烈非常认同，对社会主义建设事业中涌现的先进模范如：雷锋、王进喜、黄大年、黄旭华也十分推崇。同时，不少95后、00后大学生对参加抗震救灾、山区支教、环境保护等相关活动的志愿者意愿较高。但95后、00后成长的社会环境和物质条件，特别是所处的网络社会，跟70后的父母以及90后的学生截然不同，95后、00后大学生所处的自媒体时代，让他们长期生活在一个看似开放却又封闭的环境里，这使他们不会站在自我之外去感受、理解外部世界，更注重对自身价值感的追求。

（3）有较强的道德意识，但存在利己倾向

95后、00后大学生的社会道德意识较强，对诚实守信、助人为乐、勤奋乐学等道德品质都十分看重。但同时，在遇到老人跌倒时，受各种网络报道事件的影响，他们都会选择不帮，或者是先拍照后，再帮助老人。这表现出他们有很强的自我保护心理。在与95后、00后大学生交流的过程中可以发现，他们表现出很强的维权意识，在事不关己的情况下，他们愿意接受外部条件。但当自己的权益可能会受到侵犯时，他们会立即变得敏感，并形成防御、不信任、不认可甚至对立的心理。当受到侵犯时，他们的情绪会变得激动。

（4）有高度的文化认同感，但文化取向更加多元

95后、00后大学生对中国传统文化、革命文化和社会主义先进文化十分认同。从他们所热衷的校园文化活动可以看出，当前汉服文化在校园的快

速流行，也能证明这一点。但他们的思维并非"二元设定"，即在他们认可传统文化的同时，又沉浸在"B 站""二次元""抖音"等新奇事物的世界里。当别人认为玩游戏是玩物丧志时，他们却认为从虚拟世界里能吸取到更多成长的养分，并把虚拟世界同一种所谓的"互联网文化"联系在一起，认为两者并不矛盾。

（5）学习兴趣浓厚，但认知碎片化

95 后、00 后大学生成长于网络媒体全面普及的新时代，思维活跃，热爱学习，对网络和新媒体的依赖程度高，微博、微信、QQ 及各类 APP 成为他们不可或缺的学习、交往平台。网络时代一方面便利了 95 后、00 后大学生的学习，为大学生提供了丰富海量的知识和信息；但另一方面，网络媒体也造成了 95 后、00 后大学生的认知碎片化、混乱化。短小精炼的文章、简短的文本讯息、图片、小视频、秒拍等碎片化的网络信息来势汹汹，趣味性代替了规范性，碎片化代替了完整性，碎片化的网络信息充斥着大学生的学习和生活，对大学生的认知和思维危害巨大，对大学生思想政治教育也提出了新要求，即如何应对大学生的碎片化知识获取习惯与大学生思想政治教育系统化、体系化之间的矛盾。

（6）渴求情感交流，但沉溺虚拟交往

95 后、00 后大学生情感丰富，渴望交流，期待被他人尊重和认同。网络的自由和便捷给大学生提供了一个不受时空条件所限制的交往平台，人人平等，95 后、00 后大学生可以同不曾谋面的陌生人进行交谈和分享，宣泄自己的不良情绪，收获志同道合的友谊，获得丰富的情感交往体验，使得网络交往实践更加地圈层化，在自媒体社交场域表现得最为突出。但是，虚拟世界的交往不同于，也不能代替现实世界的交往，身份虚假和情感虚假的现象比比皆是，不仅容易对 95 后、00 后大学生的情感和安全造成伤害，更重要的是一旦沉溺于网络的虚拟交往，便会影响大学生正常的人际交往和集体生活，造成大学生与现实生活的脱节以及现实人际交往的障碍，导致自我封闭、自我孤立以及自卑等不良心理状况的出现。部分 95 后、00 后大学生就表现出了现实中社会交往的困难与网络虚拟空间社会交往的轻松两种截然不同的情况，这进一步加剧了这部分大学生对网络虚拟空间情感交流的依赖，以至于过度沉溺于网络虚拟空间。

（7）思想独立开放，但辨别能力不足

95 后、00 后大学生独立自主，思想开放，思维敏捷，自我意识强烈，网络的平等性、开放性和交互性迎合了大学生的心理需求，给大学生提供了开放的空间，促使大学生主体个性得到张扬，能够以自主性的地位参与其中，但是在网络空间中，一方面，网络上充斥着大量虚假信息和不良言论，使得95后、00后大学生难以辨别这些信息的虚实和真假；另一方面，西方社会思潮的来势汹汹和境内外敌对势力通过网络媒体对我国95后、00后大学生大肆侵袭，自由主义、历史虚无主义等不良社会思潮的传播，享乐主义和拜金主义等不良价值观的宣传都带有极强的蛊惑性，大学生缺乏辨别能力和社会经验，在世界观、人生观、价值观形成的关键期，容易被华丽外表下不良信息所吸引，从而被迷惑，盲目跟从，导致价值取向的偏离和心理危机的产生。

（8）理想志向远大，但信念意志、抗挫折能力弱化

95后、00后大学生往往立志高远，有着远大的理想抱负，渴望自身成长成才，渴望与伟大的祖国共命运、同进步。同时，95后、00后大学生的心理特征也明显体现出信念感不够、意志力不强的特点，遇到挫折和困难不能以顽强的意志坚持不懈、越挫越勇，而是容易产生畏难和放弃的心理。随着网络时代的到来，95后、00后大学生对电子设备的依赖性越来越强，网络媒体是学习和交往的必需品，但是网络时代的虚拟时空也容易削弱大学生在学校和课堂接受的理想信念教育，弱化大学生个体的内心准则，导致95后、00后大学生难以平衡网络世界与现实生活中的巨大差别，在面对不受时空限制、没有他人监督、没有社会规范制约的网络媒体时，部分大学生就容易沉溺网络并且引发道德意志弱化、行为失范等危机。比如，在面对网贷、面对网络游戏时，大学生明显表现出意志力不坚定的问题，他们能认识到沉溺网络的危害，但还是有一部分95后、00后大学生难以自拔。

（9）个体差异化明显，但集体意识淡薄

95后、00后个性化越来越明显，真可谓"一花一世界"。鲜明的个性特征，导致了不同的思维方式、行为习惯。这些独特的个性、差异化，放在一起，就容易产生矛盾和冲突。思想政治教育工作者能明显地感受到当前95后、00后的宿舍矛盾逐年增加，矛盾的根源往往就是作息时间的不一致、生活习惯的不一样，因这些差异化引发矛盾，矛盾双方在后续学习生活中，进一步彼此不信任、胡乱猜疑，最后导致矛盾的进一步激化，形成寝室冲突。95后、00后大学生群体以独生子女为主，在"421"家庭中往往是中心，4个老人和2个大人围着他们转，迁就他们。在寝室矛盾中，就可以看出，双方都有我为什么要迁就他人的想法，集体观念单薄，难以做到换位思考、缺乏包容性。其中，不乏换了几个寝室，都没法和寝室同学搞好关系，最后只好走读的学生。

（二）以"网络移民"为主的思想政治教育工作者群体特征

1. 以"网络移民"为主的思想政治教育工作者组成

对于95后、00后"网络原住民"，他们生下来就不是伴着报纸、广播、电视长大的，而是伴随着网络长大的。网络就像他们一个离不开的器官；根据对互联网的依赖程度，可以把人群划分为四类：第一类是网络原住民；第二类是网络移民，他们本来是看着报纸、听着广播、看着电视长大的，但觉得网络很好，宜于居住，就迁移到网络上来了；第三类是网络观光客，他们知道网络风光无限，有时间就到网络上转悠转悠，但还是习惯读报纸、听广播、看电视；第四类是网络局外人，他们缺乏上网的技术和条件，比如西部地区、农村地区和一些民族地区的老人、妇女和孩子们。

当前，我国思想政治教育工作者队伍从年龄段上来看，主要由60后、70后、80后、90后组成，其占比最重的是70后和80后，60后和90后相对较少。70后、80后思想政治教育工作者根据上面的分类来讲，他们主要属于"网络移民"，他们本来是看着报纸、听着广播、看着电视长大的，但觉得网络很好，宜于居住，就迁移到网络上来了。而60后思想政治教育工作者则属于第三类"网络观光客"或第四类"网络局外人"，他们当中一些人知道网络风光无限，有时间就到网络上转悠转悠，却还是习惯读报纸、听广播、看电视。这部分"网络观光客"中以学工系统领导居多，他们看到了自媒体对思想政治教育的价值，时而也探索一下自媒体，但还是习惯于看党报、看《新闻联播》，但他们会积极的倡导网络思想政治教育，并要求一线思想政治教育工作者主动开展自媒体思想政治教育。他们当中，还有一小部分属于"网络局外人"，因年龄的原因，以前就很少接触网络，可能还使用着老式的功能机，对电脑也不熟悉。当然，当前大学生思想政治教育工作者中已经有少量的90后，他们勉强可以归纳为"网络原住民"，但和95后、00后比起来，还是有着一定的区别，现在的00后，可能还不会认字、识字，但他在父母的影响下，可能已经会玩手机、会玩自媒体，现在不少婴幼儿的父母手机屏幕时常摔坏就是婴幼儿在玩手机、抢手机时发生的。而90年代初的思想政治教育工作者，在处于婴幼儿阶段时，父母可能还没有智能手机。

2. 以"网络移民"为主的思想政治教育工作者的群体特征

（1）对于不断更迭的自媒体，进场时间要滞后于大学生

在移动互联网飞速发展、商业价值追逐等多方面因素助力下，自媒体平

台如雨后春笋般大量涌现。当前，互联网技术和移动通信技术飞速发展，移动互联网时代来临，新的自媒体APP诞生已无多少技术难题，还有大量专业的技术团队可以根据客户需要快速制作出自媒体APP。从技术层面来看，新的自媒体APP诞生时间大大缩短。移动互联网时代，流量经济、粉丝经济已被大众所熟知，在"大众创新""万众创业""互联网+"的时代背景下，大量企业和个人将自媒体APP作为创业首选。自媒体APP的推广技术十分成熟，在一定的奖励政策诱惑下，在网络社群朋友圈的转发下，新的自媒体APP可以在极短的时间内被大量下载和使用。这种前期大量"烧钱"的野蛮推广模式，十分有效，商业盈利点转移的盈利模式也成为普遍。在这样的背景下，新的自媒体APP不断涌现，更迭速度加快。

以"网络移民"为主的大学生思想政治教育工作者对自媒体新事物的感知速度要慢于青年大学生。往往是青年大学生已经在某一自媒体平台大量聚集了，才能被广大思想政治教育工作者所知晓，广大思想政治教育工作才开始下载、安装某一自媒体，熟悉其功能，研究其思想政治教育价值。总的来讲，广大思想政治教育工作者在不断更迭的自媒体面前反应速度要滞后于青年大学生。

（2）受教师角色影响，自媒体场域没有大学生的张扬

目前，大学生思想政治教育工作者队伍主要由硕士研究生和博士研究生组成，也有少量的本科毕业的大学生思想政治教育工作者；职称结构中，以讲师、副教授为主，教授主要集中在从事思想政治理论教学的专职教师中，在辅导员队伍职业发展推动实施后，日常思想政治教育工作者中副教授、教授的占比持续增长；年龄结构，主要以70后、80后中青年教师为主，也有少量的60后和90后。由于思想政治教育工作者，都是具有较高学历、较高职称的高级知识分子，综合素质较高，总体上已经过了个性张扬的阶段。加之，受到教师身份的影响，在自媒体社交场域、自媒体陌生人社交场域都表现得比较沉稳，即使是在自媒体陌生人场域，广大思想政治教育工作者也有同样的表现。

（3）对自媒体新型话语的掌握，要慢于大学生

青年大学生作为"网络原住民"对自媒体的熟悉和创新使用要先于思想政治教育工作者，自媒体话语中的新词，往往是由他们提出，并最先流行于他们青年群体中。广大思想政治教育工作者则往往不知他们的那个"梗"，面对不断新涌现的话语内容和辅助话语表达的表情包等时常不知所以，还要借助于百度或者"闹出笑话"后才知其意思所指。面对青年群体创造并快速流行的"火星语""二次元"广大思想政治教育工作者永远在学习和熟悉的

路上。对于一些新名词思想政治教育工作者还很难使用,以网络中最为流行的"亲"为例,被青年大学生群体大量使用,俨然已经成为一种拉进话语双方距离的名称代词,女性思想政治教育工作者还好,可以随便的使用;但对于男性思想政治教育工作者来讲,在网络虚拟场域中,无论是面对男大学生,还是女大学生,打出一个"亲"字,总觉得怪怪的,特别是中老年思想政治教育工作者,如果面对十八、十九岁的女大学生时,很难在话语开始前,发出那个"亲"字。这或许就是思想政治教育工作者不再"年轻"的一个标志,一些新型网络词语不再属于他们。

所以,从"网络原住民"和"网络移民"的角度来看,作为以"网络移民"为主的思想政治教育工作者需要夯实话语转换基础,才能实现好的网络思想政治教育话语呈现,尤其在聚集大量青年大学生的自媒体中,需要好的思想政治教育话语呈现。

第二节 研究的意义

自媒体语境下的大学生思想政治教育话语转换深刻而复杂,不仅涉及不同话语系统的关系,还涉及更深层次的话语与思想的关系,话语转换与思维方式转换的关系,其困难程度不言而喻,并不是意识到其重要性就能轻而易举地实现话语转换,尤其是好的话语转换。其转换是有前提条件的,这些前提条件就是话语转换的基础,并且这一基础不是单一的,是多重的,要实现好的话语转换,就必须具备其转化基础。已有的实践探索和学理支撑研究往往忽略了其转换基础,这也是为什么众多思想政治教育工作者在自媒体平台投入大量心血,进行思想政治教育话语转换实践,却难以做大其自媒体平台话语权和进一步提高其自媒体平台思想政治教育实效,甚至一些思想政治教育工作者对自媒体平台忧心忡忡的根本原因。所以,本课题的研究具有很好的理论意义和实践意义。

一、理论意义

第一,从新的研究视角对思想政治教育话语转换理论研究进行补充。现有的理论研究主要集中在转换的含义和创新上,很少提及思想政治教育话语转换基础,即使少数学者有所提及,也少有进行专门的深入研究,本课题的研究是对思想政治教育话语转换研究的很好补充。

第二，为自媒体时代思想政治教育工作者能力提升研究提供了新的研究视域。在已有的自媒体语境思想政治教育话语转换研究中，学者们主要关心的是思想政治教育工作者的自媒体素养、话语交往理性、语境优化能力，而少有探索转换者应具备怎样的理论基础和思维转换能力，才能保证思想政治教育学术话语、中央文件话语在转换的过程中不会发生变异和失真，才能在不同的话语系统中自由出入，而这些都是话语转换基础，也是本课题研究的主要内容。

第三，完善了自媒体语境中大学生思想政治教育话语研究的逻辑链条。自媒体语境中的大学生思想政治教育话语转换，理应遵循自媒体语境特征归纳——话语基础识别——转换基础夯实——话语转换实施。目前的研究，在归纳了自媒体语境特征后，就直接研究思想政治教育话语转换成什么样，在没有夯实基础的前提下，不进行基础夯实的思想政治教育话语转换，难以进一步提高话语成效，本研究完善了自媒体语境中思想政治教育话语转换研究的逻辑链条。

二、实践意义

第一，进一步完善思想政治教育话语体系的需要。面对意识形态领域社会思想观念和价值取向日趋活跃、主流和非主流同时并存、社会思潮纷纭激荡的新形势，仅仅依靠一种话语系统难以实现思想政治教育最终目标，需要多种话语的交织使用，自媒体话语系统就是其中的重要组成部分，其对思想政治教育实效的突出贡献正在进一步彰显。马克思主义话语如何在自媒体平台以大学生更喜欢听、更容易懂、道理更加透彻的形式出现，就是思想政治教育话语在自媒体语境中转换的目标。当然，要实现这样的目标是有前提条件的，也就是说要具备转换基础，本课题就是对这个转换基础的研究。

第二，运用自媒体进一步宣传贯彻党的最新理论、方针、政策的需要。中国梦的实现需要一代又一代有理想信念的青年接力，作为党和国家大力培养的高级知识分子——大学生必将成为伟大中国梦实现的中坚力量，在新时代，需要马克思主义中国化与时俱进的最新成果来武装他们的头脑，指导他们的行动，对他们的宣传思想政治教育工作迫在眉睫，广大思想政治教育工作者以时不我待、只争朝夕的精神状态投身自媒体平台思想政治教育话语转换探索，亟须相关的理论研究来指导实践。

第三，增强大学生思想政治教育亲和力的需要。自媒体早已融入95后、00后大学生的日常学生生活，成为他们日常学习生活中不可分割的一部分。要教育95后、00后大学生，我党群众工作的宝贵经验非常值得借鉴，那就是要改造群众，首先得尊重群众、适应群众。同理，我们以自媒体贴近大学生，适应他们的自媒体学习生活方式，在这样的前提下开展大学生思想政治教育工作，可以提高思想政治教育的亲和力。

第四，增强大学生思想政治教育针对性的需要。95后、00后个体特征十分鲜明，在自媒体中张扬个性、放飞自我，思想政治教育工作者可以通过自媒体这个95后、00后大学生思想动态"晴雨表"，即使发现大学生群体和个体的思想动态，有所区别地开展大学生思想政治教育，提高思想政治教育的针对性。

第五，推进大学生隐性思想政治教育发展的需要。隐性教育是国外公民教育和意识形态渗透的惯用方式，带给我们很多启示。自媒体中恰恰可以很好地实现"春风化雨，润物无声"的潜移默化教育。当然，这就需要转换后的思想政治教育话语，传统思想政治教育目的性比较明确，而自媒体中，转换后的话语更多是以大学生愿意听、真接受的形式出现，本研究可以推动我国的隐性思想政治教育发展。

第三节 国内外研究现状

在当代中国思想理论界，话语是一个热门话题，受到了从党和国家领导人到学界、实践界的高度关注，由此展开的热烈学术讨论形成了三个主要研究方面：一是话语权争夺研究，二是构建中国特色哲学社会科学话语体系研究，三是话语转换研究，本课题的研究就属于第三个方面，现将已有的国内外相关研究做如下梳理：

一、关于思想政治教育话语的研究

（一）关于思想政治教育话语内涵研究

研究思想政治教育话语的内涵就无法回避话语的内涵研究。传统中，话语研究的主要领域是修辞学和诗学，随着纸质、电子媒体的出现，西方马克思主义者葛兰西较早从意识形态斗争的角度涉及话语及话语权的问题，他认为，社会集团的领导作用表现在两种形式中，即在统治的形式中和精神、道德领导的形式中。前一形式表现为上层建筑的国家机器，后一种形式则体现为文化领导权。突破了上层建筑二元结构的意识形态，奠定了文化研究的基础。后现代思想家福柯进一步指出，人类的一切知识都是通过话语而获得的，任何脱离话语的事物都不存在，人与世界的关系是一种话语关系，话语意味着一个社会团体依据某些成规将其意义传播于社会之中，以此确立其社会地位，并为其他团体所认识的过程。

我国学者在吸取国外话语研究成果的基础上，开始定义思想政治教育话语。从话语的语辞分析入手，学者们对思想政治教育话语的概念和内涵进行了基本的厘定。董世军、孙玉华、周玉田（2007）认为，思想政治教育话语是思想政治教育活动主体在思想政治教育实践中通过一定方式表达出来的指向一定思想政治教育目的的话语。思想政治教育话语是思想政治教育得以实施的中介，是思想政治教育活动得以完成的必要手段，是影响思想政治教育有效性的重要因素。思想政治教育话语具有思想承载性、主体主导性和内容契合性的特征。[①] 邱仁富（2010）认为，思想政治教育话语是指在一定社会主导意识形态支配下，遵循一定的语言规范、规则和规律，并在特定的话语语境里，思想政治教育活动过程中的教育者和受教育者用来交往、宣传、灌输、说服，以及描述、解释、评价、建构思想政治教育内容和主体间思想观念、价值取向和行为表征的言语符号系统。[②] 洪波（2012）认为，思想政治教育话语是思想政治教育工作者在思想政治教育实践中，遵循一定的话语规范、规则和规律，并通过一定的方式表达出来的指向一定思想政治教育目的的语言符号系统。思想政治教育话语是一种以社会期望为准则的教导话语，是沟通教育者和受教育者的意义系统，是学科话语和实践话语的统一，是一种话语实践。可以看出，学者们大都是从思想政治教育学角度来定义思想政治教育话语的，鲜有从其他学科的视角对思想政治教育话语进行界定。[③]

（二）关于思想政治教育话语构成要素的研究

要素，事实上是思想政治教育话语的"单节"，也就是思想政治教育话语最基本的构成"原子"。"解剖"思想政治教育话语的具体构成，对思想政治教育话语构成要素进行科学合理的厘定，是进一步探究思想政治教育话

[①] 董世军,孙玉华,周立田.现代思想政治教育话语及其困境分析[J].长春师范大学学报, 2007年01期.

[②] 邱仁富.思想政治教育话语创新论[J].电子科技大学学报（社科版）,2010年05期.

[③] 洪波.范式转换与思想政治教育话语的创新[J].绍兴文理学院学报,2012年04期.

语发展问题的基本前提。语言学学者以社会符号学理论与语言功能学说为理论参照。按照社会符号学理论的解释，话语中涵盖六个重要概念，即语篇（text）、情景（situation）、语域（register）、语码（code）、系统（system）以及社会结构；按照语言功能学说理论的解释，话语实践包括的六项组成要素为说话者（addresser）、听话者（addressee）、信息（message）、语境（context）、接触（contact）以及代码（code）。孙晓琳（2016）参照语言学相关学科的重要定义，认为思想政治教育话语问题事实上包含了"谁在说""说给谁""说什么""如何说""在哪说""说后取得了何种结果"六个核心的问题，"思想政治教育话语构成要素包括思想政治教育话语主体（说话者与听话者）、思想政治教育话语内容（说什么）、思想政治教育话语方式（如何说）、思想政治教育话语语境（在哪说）、思想政治教育话语评价（效果如何）五大要素，"[①]思想政治教育话语五大要素相互联系、相互作用的结果。

（三）关于思想政治教育话语功能的研究

学者们对思想政治教育话语功能的总结比较全面。鲁杰（2011）认为，思想政治教育要完成其二级学科的设立目的，其话语应从辩护、引导和规范三方面进行功能定位。其中，为国家进行价值辩护的功能是思想政治教育话语的学科本源功能；对主流话语的引导功能是思想政治教育话语的基础功能；对受教育者的政治意识、道德意识等进行规范的功能是思想政治教育学科话语实现的目的功能。由于思想政治教育话语功能失调，出现了思想政治教育话语窄化、话语整合乏力和话语转型无序等问题。[②]李宪伦（2009）从哲学思维角度出发，认为思想政治教育话语的功能主要包括其话语指向功能、话语转向功能和话语创新功能，思想政治教育话语功能对思想政治教育具有推进作用。邱仁富认为思想政治教育话语是思想政治教育学科发展中的核心问题，思想政治教育话语的基本功能包括以言灌输范导功能、以言感召激励功能、以言批判辩护功能和以言转译建构功能等。站在传播的角度解析思想政治教育传播话语，从一开始就不仅是一种言说活动，而且是能够在与各种不同传播话语互相博弈过程中逐步建构自身的理论范式和价值追求的特殊的信息载体和符号系统。思想政治教育传播中的话语不仅是信息传播媒介

---

① 孙晓琳.新时代思想政治教育话语发展研究[D].东北师范大学博士学位论文,2019年.
② 鲁杰.思想政治教育话语的功能定位与实现路径研究[J].理论与改革,2011年02期.

的载体，对信息具有传递、描述和阐释功能，而且具有议程设置、理论宣传、价值认同和信仰追求等建构功能，是理论与价值的建构者。已有研究揭示出了思想政治教育话语的一些功能，但是这些概括和揭示仍不够充分。思想政治教育话语的发展伴随着思想政治教育工作的发展，对于提高思想政治教育有效性发挥了重要的作用，显示出了不同于一般话语和教育话语的独特的功能，对于其作用和功能尚需进一步的提炼。

（四）关于思想政治教育话语体系的研究

国内学者对于高校思想政治教育话语体系内涵的阐述，认为它的话语主体是高校从事思想政治教育工作的老师以及骨干学生，它的对象是高校学生，是在教育者与受教育者交往互动的过程中，不断提炼和构建起来的术语符号、价值意义与言说方式的总和，对促成整体间交流、传播思想政治教育内容、运作政治权力等具有重要作用。葛红兵（2016）认为，思想政治教育主体在实践的过程中，根据一定的教育目的，按照一定的方法原则理论指导而形成的彼此联系、相辅相成的有机整体。① 邱仁富（2012）认为思想政治教育话语体系是一个开放性的体系，要不断地对新出现的问题、新矛盾进行解答，同时也要不断地将新的内容添加到体系中来，丰富思想政治教育话语的内容。高鑫（2017）认为高校思想政治教育话语体系由三个方面构成，分别是宣传话语、教学话语和学科话语构成。张玉瑜（2014）认为，话语体系的发展是一个渐进的过程，要不断整合最新资源，不断充实思想政治理论课的话语体系，就要重视对马克思主义理论解读的时代化，要充分体现出中国特色社会主义的话语的时代特征，并确立马克思主义以人为本的教育理念。倪鹏飞、田建国（2015）认为，创新话语体系就要说短话、说明白话、说管用的话、说问题的话、说真实的话、说故事的话，才能提高话语对大学生的吸引力，激发他们学习的主动性，要重视"现实的人"的需求。黄彬冰（2018）认为，高校思想政治教育应该将学生的培养放在首位，注重育人目的的实现，应该对思想政治教育话语的内容与时代性相结合，要拓宽话语的载体渠道，要对话语机制进行创新，以期实现思想政治教育话语育人的目的。郝连儒（2017）认为，高校思想政治教育就应该用摆事实、举实例、讲故事与大学生同频共振、凝聚共识；用大白话、大实话与大众化为大学生阐释真理、解疑释惑。

---

① 葛红兵.思想政治教育话语体系研究.北京：中国文史出版社，2016年.

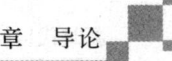

（五）关于思想政治教育话语权的研究

法国哲学家福柯曾在《话语的秩序》中提出，"在任何社会里，话语一旦产生，即可受到若干程序的控制、筛选、组织和再分配，即权力的形式。"思想政治教育话语的相关研究不可避免地要涉猎思想政治教育话语权的研究，即探讨如何发挥思想政治教育话语的影响力、吸引力与引领力的关键问题。

对于思想政治教育话语权问题的本质，郑永廷教授曾经指出，"现代社会中的话语权之争，最重要的是意识形态话语权之争，思想政治教育学科的话语权之争在很大程度上就是意识形态话语权之争。"就思想政治教育话语权的本质而言，思想政治教育话语权是"加强意识形态工作，巩固马克思主义在意识形态领域的指导地位，实现其领导权的重要组成部分。"是"通过承载一定思想观念、政治观点、道德规范的思想政治教育话语来支配和主导人的思想和行为，使之符合一定社会或阶级需要的影响力，它是意识形态主导权的话语呈现和话语实践。"有学者指出，思想政治教育话语是一种国家的结构性权力，其在本质上体现的"是在相对稳定的时空范围内所确立的权力位置和社会关系，是一种控制与被控制、支配与被支配的社会关系。"着眼于思想政治教育的学科发展视角，思想政治教育学科话语权"就是思想政治教育所坚持的社会主义方向、价值判断、理论观点，有资格和能力主导、指导人的发展与社会发展。"近段时间，一些学者从话语权中"权"的概念本身出发，指出思想政治教育话语权是话语权力与话语权利的辩证统一，其中，话语权力指代思想政治教育话语的影响力，是一种真实的权力；话语权利则是指主题自由平等表达其利益、意见和思想的一种言说权利和行为权利。我国社会主义思想政治教育话语权的运作逻辑，有效实现了以人为本的思想政治教育话语权力与话语权利的有机统一。

事实上，就目前的研究而言，对于思想政治教育话语权本质内涵的研究并不是话语权研究的重点，学界在领域上更多聚焦网络空间、新媒体时代等，在群体上着重关注高校辅导员。在网络空间，互联网的飞速发展在很大程度上改变了思想政治教育的活动场域与实践发展势态，使思想政治教育话语权在新的场域中面临新的境遇，学界主要围绕着网络空间内思想政治教育话语权的现状及提升展开研究。在现状维度，学界主要围绕着思想政治教育话语权的内生矛盾与外生困境两个方面展开研究。在内生矛盾方面，一方面，教育者的角色缺位削弱了思想政治教育的话语权威。有学者指出，"受教育者话语权利意识泛化、话语权力关系失衡、话语主控权弱化以及话语主导功能发挥缺乏保证等现实困境"是思想政治教育网络话语权所面临的重大困境。另一方面,思想政治教育的内部角色关系发生转变,对原有话语权的分配模式造成一定的冲击。有学者指出,网络空间内,"制度化权力由核心滑向虚拟,人格化权力从教育者向受教育者倾斜,知识化权力从一元走向多元,造成了话语权的权威性和绝对性被消解的后果。"在外生困境方面,一方面,思想政治教育话语体系发展滞后,难以适应网络时代发展的现实需要。有学者指出,"思想政治教育话语剥离了学生的生活实际、教育话语的不对称以及存在权威'传—受'对话关系。"另一方面,外部环境的易变性和多样性深刻地影响着思想政治教育话语权的提升。比如,当前的全球化、技术化、信息化浪潮构成了复杂而深刻的"现实语境",从而为话语权的提升提出了严峻挑战。在话语权的提升维度上,有学者从宏观视角出发,提出要"充分研判互联网领域思想政治教育话语权的变化现实,在权威多元化的背景下对教育者和受教育者共享的意义世界进行革新,重建和发挥思想政治教育话语权的影响力。"也有学者从思想政治教育话语权的构成要素出发,提出要设计好话语议题、把握话语导向和贴近话语对象,并从国家战略高度提出了实力、队伍与平台三个着力基点。还有学者从微观视角出发,提出要"强化教育者的阵地意识、创建思想政治教育的网络话语风格、培养教育对象的'责权一致'意识以及规制网络话语权力场域等等。"除此之外,一些学者针对当前的"微时代"、新媒体时代等更为聚焦的语境与场域开展研究,提出了更为具象化的研究视角。

由于高校辅导员这一群体的特殊性,一些学者将高校辅导员视作研究对象,对高校辅导员思想政治教育话语权及其提升问题展开了深入系统的研究。对于高校辅导员而言,提升思想政治教育话语权不仅是深入推进立德树人根本任务的本质要求,更是实现广大辅导员群体专业化、职业化发展的核心诉求。有学者指出,高校辅导员思想政治教育话语权是职务话语权、专长话语权以及感召话语权的有机统一。当前,辅导员思想政治教育话语权上存在主体话语与客体话语、管理话语与教育话语、理论话语与实践话语、圈内话语与圈外话语的矛盾,需要不断建立话语内容体系、遵循话语转化规律、畅通话语传播通道、创新话语交流方式方法等。整体而言,随着思想政治教育话语权面临的现实问题日趋具体,学界对于这一问题的研究也日益贴近社会发展的现实需要,更具有现实属性,研究的问题也更为具象化。

（六）关于思想政治教育话语转换的研究

话语转换的概念萌发于哲学领域，起初是指以语言为视角的哲学领域研究范式的变化，在哲学上最初被称为话语转向。学者们主要从宏观和微观两上层面来界定思想政治教育话语转换。从广义上来说，时代在向前进步，各种事物也在不断向前发展，思想政治教育作为精神产品也要随之向前，包括理论话语、宣传话语、学科话语、教学话语等，都要随时代发展不断更新。从狭义上来讲只是从某一个角度进行考量，单指某个微观领域的话语变化。

在思想政治教育话语的优化与建构的研究中，话语转换成为思想政治教育话语研究的重点，学界围绕这一问题形成了诸多成果。思想政治教育的话语转换的意义，刘建军（2016）提出思想政治教育话语转换"就是在思想政治教育过程中，教育者用受教育者更喜欢听、更容易懂，从而更能够接受的话语，来表达思想政治教育的内容，以提高受教育者的兴趣和理解水平，从而增强思想政治教育实效性。"[1] 这一转换必须立足于教育对象的理性化的生活世界，向真正交往性思想政治教育的转变，并在此基础上，提出了思想政治教育话语转换的三重基础，分别为：话语娴熟、思想透彻、思维圆融。张世昌（2018）提出话语转换要切合时代语境，要考虑思想政治教育话语的价值维度、人本维度、理解维度、接受维度，并提出从五个方面实施话语转换，从语境话语理念的转换来看，平视话语权建设向极端重视话语权建设转换，话语实效性欠佳向增强话语实效性转换；从话语内容转换来看，要实施精英话语向大众话语转换，传统话语向时代话语转换；从话语方式转换，要实施说教式向说教与互动融合式转换，传统式向网络式转换；从话语转译转换来看，要实施文本话语转译由直译向注重契合语境转换，意识形态话语转译由格式固化向逻辑自洽转换；从话语语境转换看，要实施传统语境向传统语境与特定语境互补转换，现实语境向现实语境与网络语境并用转换。[2] 着眼于思想政治教育话语关涉的关键维度，有学者指出思想政治教育话语转换主要包括四个方面的内容："一是立足生活世界，从文本话语向生活话语转换；二是依靠社会主体，从精英话语向大众话语转换；三是把握时代精神，从传统话语向现代话语转换；四是融注情感要素，从说事话语向情感话语转换。"[3] 还有学者从思想政治教育话语属性着眼，应建构交往式、温情化、现

---

[1] 刘建军.思想政治教育话语转换的三重基础[J].思想理论教育导刊，2016年05期.
[2] 张世昌.思想政治教育话语转换研究[D].博士学位论文，东北林业大学，2018年.
[3] 许苏明.论思想政治教育的话语转换[J].东南大学学报(哲学社会科学版)，2014年02期.

代性话语体系,"着力于推进从'工具话语'向'价值话语'、从'官样话语'向'日常话语'、从'控制话语'向'互动话语'、'独享话语'向'共享话语'等的一系列转变。"① 在主体性维度上要推动思想政治教育话语从"宏大叙事"向"生活叙事"转换,从"个体独白"向"主体对话"转换,从"精英话语"向"大众话语"转换,从"集群供给"向"私人订制"转换,进而切实提升思想政治教育的理论阐释力和现实生命力。聚焦思想政治教育学科话语,"应进行精准的学科定位,明确学科边界,科学界定学科范畴为核心任务,以相对独立的学科自觉意识作为学科话语建构的精神条件。"还有学者聚焦思想政治教育文本话语的转换,提出"要通过思想政治教育的话语转换克服传统思想政治教育话语程式化的弊端,代之以鲜活、生动、贴近生活,为人们喜闻乐见的话语,进而增强思想政治教育的感召力、亲和力。"②

二、关于自媒体语境中大学生思想政治教育话语转换的研究

针对自媒体语境下的思想政治教育话语困境,学者们各自提出了自己的对策建议。周家荣(2006)认为,应该从语汇的创新、概念的创新和理论体系的创新三个方面展开对话语体系的建构。董世军等(2007)认为,思想政治教育工作话语创新应该从社会环境视角、教育主体视角和教育客体视角三个层面进行全面考察。郭毅然(2007)从目前思想政治教育话语中存在的问题出发,以交往理性为研究基础,提出话语的创新是在对话方式上的平等和自由,在内容上要贴近受教育者的现实需要和实际情况,在内蕴上注入更加积极的情感。彭自成(2006)对话语转换模式进行了三个方式的总结—是话语创新的矩阵模式;二是对话语言的建构模式;三是建构个性化语言的心理分析模式。并且认为新的话语体系的建构是需要巩固拥有强势话语的思想政治教育工作的主阵地,思想政治教育话语体系的创新是一个理论与现实紧密结合的论题。毕红梅、付林溪(2015)指出高校思想政治教育话语必须进行转换,通过构筑生活化的话语体系、构建对话式话语新范式、提升教育者的媒介素养使之接地气、涵生气、蕴底气,增强自身的吸引力。

通过对国内外相关文献的梳理不难发现,意识形态领域关于话语的研究还是比较早,我国学者从国外话语研究中吸收养分,对思想政治教育话语内涵进行了厘定,随着自媒体对大学生的影响的加大,广大学者从思想政治教

---

① 林振东.略论思想政治教育话语及其现代转型[J].思想理论教育导刊,2016年05期.
② 叶宗波,李宪伦.论思想政治教育话语思维的大众化与文本话语转换[J].思想教育研究,2009年5期.

育在自媒体中遇到的困境入手，开展了自媒体语境中的思想政治教育话语转化探索，成果十分丰富。但也不难发现一个重要问题，就是少有学者探及自媒体语境中的思想政治教育话语转换基础，即使少量学者涉及，也不够深入，这也是学术界和实践界对自媒体关注空前热闹，但实践成效难以提高的重要原因。

第四节 研究设计

一、主要研究内容

　　本课题研究的主要内容是新时代自媒体语境中的大学生思想政治教育话语转换基础，也就是说要实现好的话语转换所需的前提条件。主要包括三个内容：

　　一是表层基础——话语娴熟的研究。人无法以陌生的语言来说话，特别是不能以自己所不熟悉的话语来表达复杂和深刻的思想。要运用好一种话语就必须熟悉掌握这种话语，必须能够娴熟自如地运用这种话语。而且，从话语的转换上说，不但要掌握原有的话语，而且尤其要熟练掌握作为转向对象的那种话语。那么，自媒体语境中的思想政治教育话语转化首要基础就是思想政治教育工作者对自媒体话语的娴熟程度，这也是众多学者已经发现的基础。

　　二是内层基础——思想透彻的研究。话语背后所隐藏的是思想，也就是思想政治教育的内容。话语转换需要对思想政治教育内容的熟练，特别是对要表达和传递的思想理论的透彻理解和自由处理能力，只有具有了这样的能力，才能保证话语在自媒体语境中转换后不变异、不失真。

　　三是深层基础——跨语境思维转换灵活的研究。话语的转换不仅涉及它背后的思想，而且还涉及思想背后的思维方式。话语系统的背后是思想系统，而思想系统的背后是思维方式。思想政治教育工作者要能自由地出入于自媒体话语系统和其他话语系统，就要求他们具有能够快速实现思维转换的能力，这也是最深层次的基础。

二、研究目标

　　在进一步梳理相关文献和总结已有研究成果的基础上，通过深入访谈、问卷调查、对比分析找出自媒体语境中大学生思想政治教育话语转换所需基础，并就这些基础和通过文献梳理已经找到的三重基础进行比对，看有无新增基础，再对这些基础进行逐一分析，找到广大思想政治教育工作者下功夫，苦练基本功的路径，为新时代自媒体语境中的大学生思想政治教育话语转换打牢基础。

三、研究思路

在当前研究的时代背景、传播技术发展背景后，通过文献梳理，进一步把握当前研究热点和前沿。从时间的脉络梳理自媒体语境中大学生思想政治教育话语转换基础的发现过程。在界定相关概念的基础上，通过问卷调查法、深入访谈法、对比分析法，进一步归纳自媒体语境中大学生思想政治教育话语转换基础的构成要素，剖析自媒体语境中大学生思想政治教育话语转换基础夯实的路径，提出切实可行的对策建议，破解当前的自媒体语境大学生思想政治教育话语转换难题，提高自媒体语境中思想政治教育话语的亲和力和针对性，从而实现对自媒体场域的占领，助推思想政治教育时代新人任务的高质量完成。

四、研究方法

本课题研究采用理论分析与实证研究相结合、定量与定性相结合的研究方法。具体用到的研究方法如下：

文献查询法。以自媒体、思想政治教育话语、思想政治教育话语转换为关键词，查询相关专著、数据库文献。通过国内外相关研究的梳理，把握当前研究热点和前沿，进一步明确本课题的研究思路和研究框架。

问卷调查法。主要针对学生会和学生社团干部、辅导员、学生处教师、团委教师、宣传部教师、思政教师进行，通过多方面的问卷调查，寻找自媒体话语转换的基础及夯实基础的途径。

深入访谈法。主要针对高校分管校领导、学工系统的相关领导，了解学校高层领导对自媒体的关注程度，学校为此拟采取哪些措施来夯实自媒体转换基础，已有的措施成效如何。

对比分析法：对比话语转换成功案例和失败案例，对比转换相对更好的思想政治教育工作者和转换较差的思想政治教育工作者之间的能力差异，寻找自媒体语境中的话语转换基础和夯实基础的路径。

五、可能的创新点

　　本课题最主要的创新点就是研究视角的选择。已有的实践探索和学理支撑研究都主要关注思想政治教育话语在自媒体语境中转换成什么样的问题，却忽略了这个转换是有前提条件的，也就是转换的基础，本课题选择对这个转换基础进行研究，这也是本课题最主要的创新点。

第二章　自媒体语境中思想政治教育探索

本章从时间的脉络对自媒体语境中的大学生思想政治教育话语转换基础发现进行了梳理。

20世纪90年代中期，我国正式接入国际互联网。早在美国人谢因波曼、克里斯·威理斯于2003年明确提出并界定"We Media"（自媒体）概念之前，校园BBS已传入我国，1995年前后，相继出现的"水木清华""一塌糊涂""小百合""饮水思源"等高校BBS在个人机算机尚未大众化的时代，已融入高校大学生的学习生活，成为大学生排队进入机房表达自身诉求、展现个性特征、凸显自我存在的网络聚集地。20世纪初，以博客为代表的自媒体在大学生群体中得到广泛应用。2010年前后，随着微博兴起，自媒体公共舆论场呈现出众声喧哗的自媒体图景，自媒体大V在经济、政治、文化领域的影响力逐渐凸显。近年来，微信、快手、抖音等手机APP逐渐成为自媒体时代的重要社交媒介，在一定程度上改变了社会信息传播结构的媒体格局。

自媒体语境中的大学生思想政治教育话语转换基础就是在逐步深化的理论研究和实践探索中被发现的。对于自媒体，刚开始思想政治教育理论界和实践界对其是听之任之，在其对大学生影响逐步加剧的情况下，理论界和实践界开始了其思想政治教育价值的探讨。此轮探讨引发了自媒体场域思想政治教育价值能否实现的争论和反思，最终理论界和实践界逐步达成共识，思想政治教育必须主动拥抱自媒体。共识形成后，理论界和实践界开始了自媒体带来的大学生思想政治教育机遇与挑战的再审视，并就此拉开了自媒体场域大学生思想政治教育的探索。在探索中，理论界和实践界逐步认识到思想政治教育话语作为理论说服的重要工具和桥梁，很大程度上决定了自媒体场域大学生思想政治教育的成效。因此，理论界和实践界开始聚焦自媒体场域的大学生思想政治教育话语研究，并开始自媒体独特语境中的大学生思想政治教育话语转换。在经历了一段时间自媒体语境中的大学生思想政治教育话语转换探索后，相关理论研究空前繁荣，自媒体语境中大学生思想政治教育话语转换成什么样，理论界和实践界都有了一定的认识，但实践中仍有不少思想政治教育工作愁眉不展，广大思想政治教育工作者难以实现普遍性的话语转换质的提升。为此，理论界和实践界不少学者开始了反思，重新梳理自媒体语境中大学生思想政治教育话语转换的各个环节，项目组也是在这样的背景下，发现了自媒体中大学生思想政治教育话语转换基础的悄然存在。

第一节　自媒体的思想政治教育价值

起初，思想政治教育理论界和实践界并没有过多的关注自媒体，当早期的校园 BBS 出现不少问题时，相关高校才开始了校园 BBS 的管理，不少高校陆续关闭了校园 BBS 的外网接入端口，甚至于部分高校直接关闭了校园 BBS。加之国外相关传播学学者关于自媒体的研究被引入国内，在移动互联网技术、商业价值等多方因素催化下自媒体快速发展，自媒体平台不断更迭，自媒体场域聚集了大量大学生，并对大学生形成了全面而深刻的影响。在这样的背景下，思想政治教育理论界和实践界开始关注自媒体，对自媒体进行了深入研究，并探讨了自媒体场域是否存在大学生思想政治教育价值。

一、自媒体概述

互联网技术的发展成就了新媒体，在新媒体的土壤中成长起来了自媒体。可以这样讲，自媒体是当前传播媒介发展的最新阶段。最早出现在国外，随着我国与国际互联网接轨，校园 BBS 等自媒体陆续传入我国，在我国其又有了很多新的发展。随着自媒体技术传入的还有国外相关学术研究，也助推了我国学界对自媒体的研究。本节在介绍自媒体的内涵、特征后，还对自媒体的发展历程进行了梳理，也助推了我国相关研究的深入。

（一）自媒体的含义

谢因波曼与克里斯·威理斯两位美国人明确提出了"We Media"这一

概念，美国新闻学会（The American Press Institute）的媒体中心（Media Center）于2003年7月出版了由谢因·波曼（Shayne Bowman）与克里斯·威理斯（Chris Willis）两人联合提出的"We Media"研究报告，对于"We Media"下了一个十分严谨的定义："We Media 是一个普通市民经过数字科技与全球知识体系相联，提供并分享他们真实看法、自身新闻的途径。（A way to begin to understand how ordinary citizens, empowered by digital technologies that connect knowledge throughout the globe, are contributing to and participating in their own truths, their own kind of news.）"

国外学者的相关研究传入我国后，我国的学者立足于所在学科，也对自媒体的含义进行了界定。相关界定，大同小异。

2008年张彬在《对"自媒体"的概念界定及思考》给自媒体下了一个定义：自媒体是利用以博客为代表的网络新技术进行自主信息发布的那些个体传播主体。

百度百科的定义中，自媒体是指普通大众通过网络等途径向外发布他们本身的事实和新闻的传播方式。"自媒体"，英文为"We Media"。是普通大众经由数字科技与全球知识体系相连之后，一种提供与分享他们本身的事实和新闻的途径。是私人化、平民化、普泛化、自主化的传播者，以现代化、电子化的手段，向不特定的大多数或者特定的单个人传递规范性及非规范性信息的新媒体的总称。自媒体从意义上，可以分为广义自媒体与狭义自媒体两个概念。狭义自媒体是指以单个的个体作为新闻制造主体而进行内容创造的，而且拥有独立用户号的媒体广义自媒体是指，我们从自媒体的定义出发，它区别于传统媒体的是信息传播渠道、受众、反馈渠道等方面。这样自媒体的"自"就不再是狭隘的了，它是区别于第三方的自己。以前的传统媒体，他们是把自己作为观察者和传播者，而针对自媒体，我们就可以理解为"自我言说"者。因此，在宽泛的语义环境中，自媒体不单单是指个人创作，群体创作、企业微博（微信等）都可以算是自媒体。

我国学者祝光耀、张塞编写的《生态文明大词典》（第三册）中，将其定义为：自媒体又称公民媒体或个人媒体。指私人化、平民化、普泛化、自主化的传播者，以现代化、电子化的手段，向不特定的大多数或特定的单个人传递规范性及非规范性信息的新媒体的总称。平台包括博客、微博、微信、贴吧、论坛/BBS等网络社区，是普通大众经由数字科技强化与全球知识体系相连后，一种提供与分享他们本身的事实、他们本身的新闻的途径。按使用模式划分，自媒体可分为以社交为目的的自媒体、沿产业链延伸的自媒体、小群体传播的自媒体和自建新经济的自媒体等类型。自媒体有别于传统的传播方式，传统的传播方式是由专业媒体机构主导的"点到面"的传播，自媒体是由普通大众主导进行的"点到点"的信息传播活动。借助自媒体平台，每个用户都可以发布信息，也可以增加信息，还可以传递信息，每个用户都会以自己为中心形成节点 共享的信息传播网络，形成信息传播由信源中心向边缘扩散的传播机制。自媒体具有正负效应共存的影响力，一方面自媒体为群体提供渠道，提高公众参与范围，但存在着信息发布零门槛造成的虚假信息、误导信息泛滥和侵犯隐私等问题。

借鉴国外学者对自媒体的概念界定，结合目前国内自媒体发展最新情况，根据项目需要。本书将自媒做出如下定义：自媒体 (We Media) 又称"个人媒体"或"公民媒体"，是指私人化、平民化、普泛化、自主化的传播者，利用各种现代化、集成化、微型化、电子化的手段，向不特定的社会公众或者特定的单一个人传递规范化或非规范化的电子信息的新媒体的总称。论坛、博客、微博、微信、快手、抖音等就是自媒体的典型代表。

（二）自媒体的主要特征

近年来，自媒体日益成熟，和传统媒体的传播方式不同，自媒体实现了从点到点、互联成面，由传播到互播的转变。自媒体的特征是个人本身就是自媒体传播的源泉，广大网民的话语权在通过自媒体传播中得到了完全的释放。自媒体作为一个新兴的媒介，不但具有传统媒介的共性，还保留着自己独特的特点和功能。

低门槛。自媒体实现了平等对话、信息共享，每个人都可以成为传播的主体。人们不再是被动接收信息的媒体受众，而成为媒体的主人。自媒体良好的人机互动，操作十分友好和简捷，无须各种专业化设备，一个手机就能完成相关操作。内容没有严格的要求，无须相关审批，以微信为例，通过智能手机添加自己的好友，就可发布个人信息，分享自己的喜怒哀乐。

个性化。这是自媒体最显著的一个特性。无论是内容还是形式，创业者在创办自媒体平台时一定要给用户提供充足的个性化选择的空间。自媒体实现了平等对话、信息共享，每个人都可以成为传播的主体。传统媒体中进行编辑信息、设计版面等都是严格审核过的，广大群众无法据自己的爱好和需要去选择。而自媒体如微信、微博等等，广大网民完全可以按照自己的偏好、习惯等等发布自己的"个人新闻"，就可以拥有一个专属自己的"网络地盘"。

碎片化。这是整个社会信息传播的趋势，受众越来越习惯和乐于接受简短的、直观的信息，创业者在创办自媒体平台时应该顺应这种趋势。

交互性。这也是自媒体的根本属性之一。其实受众使用自媒体的核心目的还是为了满足沟通和交流的需求，创业者要在自己的平台上给用户提供充分的分享、探讨、交流、互动等多元化体验。

多媒体。一提到自媒体，大家往往首先想到的是微博，但微博仅仅是自媒体的一种模式而已，不但微博本身可以给使用者提供文字、图片、音乐、视频、动漫等多种选择，创业者也可以创办出文字之外的，以图片、音乐、视频、动漫等为主题的自媒体平台。

群体性。自媒体的一个重要特点是受众是以小群体不断聚集和传播信息的，创业者可以针对专门的群体创办自媒体平台，如针对游戏爱好者、音乐爱好者、影视爱好者、汽车爱好者、学生群体等等。

传播性。无法有效快速传播，自媒体就没有价值和意义。创业者在创办自媒体平台时一定要为使用者提供充足的传播手段和推广渠道。

储存性。在运用自媒体查询信息时，能够把所需的信息保存下来，这与传统媒体信息播报相对比，更加利于方便查取。例如，构思论文的过程中，可以从微信公众号中搜索相关的新闻成为第一手素材。同时作为发布信息的作者也可以延时保存，例如微信中的相册这一功能，可以记录下我们不同时间发布的不同状态，像电子日记一般展示着我们的生活点滴。

社会化。人人都是麦克风，人人皆有话语权，传播即时，互动便捷。自媒体极易实现现实问题的网络化，网络化现实问题的热点化，短时间内成为社会舆论焦点，传播范围和影响加剧。

商业化。很多人在工作之余通过自媒体平台经营自己的微商、微店，也开通了网络支付平台，客户可以通过发红包和扫码进行在线支付，这样，广大民众能够实现"一部手机行天下"。例如，广大的民众可以通过注册网上银行客户，一是可以通过网络和手机随时随地关注自己的理财信息，二是可以通过网络查询自己的余额，在线随时随地缴纳水、电、燃气费等，这些需要去营业厅办理的业务，现在可以通过一部手机在家轻松完成。

（三）自媒体的发展历程

项目研究的是新时代自媒体语境中的大学生思想政治教育话语转换基础，研究的地域范围是我国，对大学生影响最为主要的也是我国的自媒体。

所以，笔者主要梳理的是我国自媒体的发展历程。

从总体上看，我国自媒体的发展经历了三个阶段：第一个阶段是自媒体初始化阶段，它以 BBS 为代表；第二个阶段是自媒体的雏形阶段，主要以博客、个人网站、微博为代表；第三个阶段是自媒体意识觉醒时代，主要是以微信公众平台、搜狐新闻客户端为代表。就目前来讲，自媒体的发展正处于雏形阶段向自媒体觉醒时代的过渡时期。但是由于自媒体的诞生至今也不过十多年，这三个阶段其实同时存在，只不过现阶段是以微博、微信公众平台为自媒体的主体，其他的就相对弱小。

从时间节点来看，专著对我国具有重要代表性的自媒体平台更迭进行了梳理。笔者查询相关资料，发现北京社会科学文化研究所的王林生副研究员的《信息革命：中国自媒体发展简史》一文对自媒体发展梳理较好，但其受所处时间的限制，只梳理到了 2015 的网络直播，笔者在其基础上，进一步向后进行了梳理。

1. 论坛：自媒体的萌芽（1991—2002 年）

传播特征：网络话语的狂欢。20 世纪 90 年代，随着互联网的发展和信息内容的不断丰富，以论坛（BBS）为基础核心应用的网络社区开始出现。作为在互联网空间较早萌生的自媒体形式，用户通过论坛提供的公共电子白板自由发布信息或观点。1991 年，我国创立的"中国长城站"，是 BBS 论坛的最早雏形。1994 年，第一个真正意义上的互联网论坛"曙光站"上线，此后，1995 年中国第一个可由多人在线的 BBS 论坛"水木清华"正式创立。可以说，随着互联网的逐步普及，论坛这种自媒体开始大量出现，猫扑、天涯、西祠胡同、凯迪、百度贴吧、豆瓣、强国论坛等纷纷上线，呈现出百家争鸣之势。

用户特征：群体的分类。论坛这种自媒体形式的流行，是中国人在触网之后普通民众对利益诉求、情感表达的初步尝试。论坛虽然为用户提供发帖、看帖、回帖等交互式服务功能，但却引发了网络空间话语的狂欢。在论坛话语的交织中，论坛具有的互动特征集中体现了出来。参与话题互动性的网民，拥有平等陈述自己意见的机会，不受现实生活中社会身份、经济能力、权利地位的影响。因此，以论坛为代表的虚拟空间，构建起了一种全新的社会组织关系和社会结构。在这一新型社会组织关系中，互动的群体是匿名的，仅表现为一种 ID 形式的存在。也正是这一特性，使得互动的群体能够以一种相对自由的身份参与到活动之中，能够塑造一个全新的自我，以及相应的网络人际关系。

社会效应：网络爆红。论坛作为一种自媒体形式，既为网友之间话语交流提供平台，同时，也为个人展示提供了舞台。由于互联网论坛的信息传播具有速度快、地域广的特点，因此，正是借助互联网的扩散效应和优势，一些用户通过有个性、夸张、搞笑的方式而使自己一夜爆红。慕容雪村、流氓燕、芙蓉姐姐、天仙 MM 等人在网络的迅速蹿红，不仅体现了我们这个时代的躁动，某种程度上，也改变了人们固有的生活方式和心理状态，并对传统社会的伦理规则、价值取向和行为规范等产生了较大冲击。但从本质上来说，这些变化和冲击并不能完全归结为爆红的各路主角，他们只是整个互联网生态中的一个要素，各路主角背后的推手是互联网对全社会组织关系、结构关系的重构。

2. 博客：自媒体个人化的尝试（2002—2009 年）

传播特征：私人空间的公众化。2002 年，"博客中国"的出现，宣告了自媒体具有了另一种新形式。2005 年，随着 Web 2.0 技术的成熟，博客用户的数量以惊人的速度增长到 1600 万人。一时间，博客成为最流行和最时尚的互联网文化形式，它通过超链接并以一种极具个人化色彩的网络日志的形式来展示自己。博客作为一种新型的互联网文化，在空间层面上打破了个人与公共的界限，代表着一种新的生活方式和工作方式。博客突破个人和空间的界限，以博客的信息共享为标志。博客的私人化体现在它是一种自我意识非常强的自媒体形式，适应的是以个人为中心的表达形式和内容，在个人交际、个人知识选择、个人作品出版等领域发挥着自媒体的传播与展示功能。由于博客本身的便捷性，使其可以不受权威、体制的影响而自由地发表意见，这在某种程度上降低了公众进入公共领域门槛的可能性，使得普通网民能够对公共生活的话题表达见解。因此，博客虽然是个人的，在传播上却具有群体性和大众性，是私人化的公共空间。

用户特征：由喧嚣走向落寞。博客的用户群体经历了一个较为鲜明的变化过程。在博客创立之初，博客是专业人士较为推崇的一种书写方式。2002 年方兴东创立"博客中国"之时，吸引了一批专家学者注册，也正因为此，博客创立之初具有较强的思想性和学术性，是一个属于小众的自媒体形式。但在 2003 年出现的"木子美风波"，使公众对博客产生了一定负面性的认识，但这一事件也使得公众开始认识到博客这种自媒体形式。博客终于走入普通网民的视野，成为一种流行的自媒体形式。但是随着移动互联网的兴起，博客用户开始大量流失，活跃度下降，以致部分博客平台关闭所有免费博客并清零用户数据。尽管如此，一些人气较旺的博客依然发挥着自媒体的功能，仅从流量来看，目前财经类的博客较受欢迎。在新浪博客排前 10 名的博客中，财经类占 8 个，文艺和美食各占 1 个，说明财经作者在这个以经济发展为意识形态的社会中仍具有较强的号召力。

社会效应：平民化书写的到来。博客推动了大众书写时代的到来。以往，书写总是专业作者的专利，但是在互联网时代，随着书写门槛的降低，普通人对博客书写有了狂热的追求，书写不再是大众遥不可及的范畴。由于互联网的便捷性，所写文字的"发表"没有了纸媒的各种限制或制约，因此，在一个没有编辑审读的时代，博客作为一个极具个人化色彩的书写显得无关发行、无关趣味、无关严谨、无关对错。在互联网空间里，人人都可以当作家。也正因为如此，博客虽然一度繁盛，但用户却也鱼龙混杂，内容参差不齐。"木子美风波"就是博客极度平民化、极度个人化的典型案例。当然，博客书写作为一种精神产物，也带给了人们以思考和分享，尤其是博客的分享以及博主和网友的互动，拓展平民化交往的深度和广度。

3. 微博：自媒体公共参与的开始（2009—2011 年）

传播特征：无违和的现场感。与博客相比，微博是一种更加注重时效和随意性的自媒体平台。某种程度来说，Twitter 的诞生催生了微博的出现，在经历了饭否等早期微博试验品的探索之后，2009 年，伴随着智能移动终端的普及和新浪微博的正式开放，以及腾讯微博、搜狐微博等与之相伴随的发展，中国微博用户数量和月活跃用户数量均进入了一个爆炸式的增长期。微博之所以备受关注，一个重要的原因在于它的实时发布和分享，给予了微博用户和关注者以无违和"零距离"的现场感。正是这种现场感，进一步增强了微博信息传递的时效性和快捷性，使得人们能够通过微博"随时随地发现新鲜事"。因此，一些突发性事件或引起全球关注的重大事件，通过微博的在场传播，以及博友的即时分享和互动，能够迅速在社会中传播开来。

用户特征：意见领袖凸显。微博的传播与以往媒体的形式不同，传统媒体是一种扇形的单向信息传递，效果难以预估，而微博的信息传播则是建立在他者对博主微博关注的基础上，且博友间的即时分享和互动，使得博主发出的信息会以几何裂变式的模式进行传播，能够在较短的时间内将信息进行扩散，迅速形成一个公众探讨的话题和舆论关注的中心。这就为网络意见领袖或"网络大 V"的出现提供了必要契机。互联网空间中的意见领袖或"网络大 V"均有海量的粉丝，如姚晨在新浪微博上曾一度拥有 8000 万的粉丝，是名副其实的"网络大 V"。某种程度上，"网络大 V"的话语在互联网空间里具有一定的舆论引导力和影响力。作为意见领袖，这些"网络大 V"打破了传统媒体的话语垄断，改变了传统网络舆论格局，为丰富话语意见提供了多种可能性。

社会效应：提升民众公共参与积极性。微博在改变传统舆论格局的同时，也在悄悄地改变中国社会。这不仅是微博的即时性和互动性增加了参与过程的真实感，而且在于微博已经成为民意表达和公共参与的重要手段。2011年，"微博打拐"就是微博利用其传播效力，吸引传统媒体跟进报道，并促进有关部门积极解决社会问题的典型案例。所谓"微博改变中国"，就是指微博依托其强大的舆论影响而展示出的"反向议程设置"能力。在这场变革中，微博为公众提供了参与公共事务的便捷渠道，微博用户则成为时代讯息的记录者和关注者，微博变成了舆论监督利器。

4. 微信：自媒体个人与公共边界的消弭（2011—2015年）

传播特征：融媒体平台的创建。微信是中国当下最流行的智能即时通信方式。作为一个自媒体公共信息平台，它将人际传播与大众传播相结合，使得信息的传递凸显出快速、及时等特点。在内容传递上，依托智能移动终端，可以发送语音、视频、图片和文字等。正是基于此，微信的应用领域甚为广泛，如产品销售、移动支付、新闻发布、品牌传播、高校教育、生活缴费、游戏、物流、酒店服务等多个领域，已成为一个融媒体平台。随着微信平台效应的不断增强，微信自2011年上线后注册用户迅速攀升，根据《2017微信用户&生态研究报告》的数据，截至2016年12月，微信全球共计8.89亿月活用户，可谓数量庞大，成为世界社交应用软件上升速度较快的软件之一。

用户特征：推送者与接收者的身份转换对于微信信息的传播与微博有较大不同。微博的信息推送者与信息关注者的关系以兴趣为基础，注重的是信息传播的广度和速度，而微信的信息推送者和关注者是一种熟人关系，二者之间呈现出较为复杂的双向互动或多向互动关系。这是因为微信朋友圈的信息互动过程，既包括信息推送者与关注者之间的一次互动，但由于关注者之间存在的相识关系，因此信息互动过程也包括关注者之间的二次互动，以及推送者对二次互动的再次互动关系。这也就意味着，微信信息的推送者可能在互动过程中也是二次互动的信息接收者，而信息的接收者在信息接收的过程中也可能构成新的信息的推送者。在这一复杂的身份转换中，传播者与接收者的界限被打破了。在微信的复杂互动中，没有纯粹的信息推送者，也没有纯粹的信息接收者，微信强化了信息推送者主体和接收信息客体的双重性质，构成了一个网状的组织结构关系。

社会效应：文化生活方式的塑造。微信的零成本、低门槛的特点，使其迅速成为商家关注的对象。在所有对微信的开发利用中，微信支付是重要的服务品牌，是微信平台开通的移动支付创新产品，它的出现将线上与线下、人和机器、物品和网络紧密地结合起来，构成了一个新的产业链条，对银行业、电商业、娱乐业、餐饮业等众多行业的发展均产生一定冲击，它便捷了支付方式、催生了新商业模式、打破了金融垄断。作为一种支付手段，微信支付已经拓展出刷卡支付、二维码支付、公众号支付、APP 支付等多种支付方式，并创新性地推出企业红包、代金券、立减优惠等营销方式，为用户不同的支付场景提供支持。虽然，微信支付只是微信的一种功能，但这一功能消弭了个人与公共的界限，引领的是以智能移动消费为主的文化生产模式、传播模式、休闲模式，成为一种真正的文化生活方式。

5.直播：自媒体公共性的充分彰显（2015年至今）

传播特征：面向粉丝为核心的平台。直播是一种与移动互联网和智能移动终端为依托的自媒体形式。2015年，YY 直播开始在游戏方面进行直播，后来相继出现了映客、快手、花椒；新浪、腾讯等大的互联网平台也开始加入，一时间，直播成为传媒产业的一个风口。直播以实时的音像内容为主要形式，用户通过移动终端实时观看直播，并通过弹幕与主播进行实时互动，极大提高了传播效率。主播与粉丝的即时互动，打破了空间的隔阂，使得直播的体验性、参与性和沉浸感超越了以往所有的自媒体形式。某种程度上，直播的传播与消费对象就是粉丝，庞大粉丝群体是培养优质主播的土壤，由此直播所具有的公共性充分彰显，而增强主播与粉丝的互动，无疑是增强粉丝黏性的重要手段。

用户特征：90 后群体占据主导。直播的用户群体有一个变化的过程，80 后的真人秀直播创造了"超女""快男"，那还是一个互联网 PC 端占据主导的时代。随着 90 后消费能力的日渐增长，以及这个群体逐渐走向社会，他们所喜爱的文化已经开始成为文化发展的主流，90 后的真人秀直播则与移动互联网紧密结合在了一起。他们敢于通过直播展示自我，并被自我认同所驱动，随着兴趣走，也正因为如此，多样的直播平台为 90 后提供了多样的选择，也激发了 90 后群体蕴藏的巨大的文化创造力。随着 90 后消费能力的日渐增长，以及这个群体逐渐走向社会，直播这种自媒体形式，将不再是一种小众的亚文化，它会逐渐与主流文化融合，日益展现出强大的经济效益和社会效益，成为新的经济增长点。

社会效应：追逐利润的开始。直播所具有的社会效应正在逐步彰显，这不仅体现在它依托强大的粉丝群体而使得围绕直播的产业营销具有较高的精

· 045 ·

准营销度和成交转化率，而且在于作为一种自媒体它创造了历史。2015年Papi酱的横空出世以及2016年Papi酱拍出的2200万元贴片广告费，宣告了自媒体历史上第一次广告拍卖的成功，这一成功展示出以直播为代表的自媒体已具有搅动文化产业要素重新配置的力量，而且为自媒体的盈利指明了方向。可以说，以直播为代表的自媒体所蕴含的经济创造力正在逐步显现，各种自媒体形式也正在探索变现的各种可能性。

6. 移动短视频（2015年至今）

传播特征。2015年被称为中国短视频的黄金之年。短视频是指在各种新媒体平台上播放的、适合在移动状态和短时休闲状态下观看的、高频推送的视频内容，几秒到几分钟不等。内容融合了技能分享、幽默搞怪、时尚潮流、社会热点、街头采访、公益教育、广告创意、商业定制等主题。由于内容较短，可以单独成片，也可以成为系列栏目。不同于微电影和直播，短视频制作并没有像微电影一样具有特定的表达形式和团队配置要求，具有生产流程简单、制作门槛低、参与性强等特点，又比直播更具有传播价值，超短的制作周期和趣味化的内容对短视频制作团队的文案以及策划功底有着一定的挑战，优秀的短视频制作团队通常依托于成熟运营的自媒体或IP，除了高频稳定的内容输出外，也有强大的粉丝渠道；短视频的出现丰富了新媒体原生广告的形式。同时，短视频可以在QQ、微信、微博客等自媒体平台随意转发。

用户特征：90后、00后为主体。短视频的类型主要有如下几种。短纪录片一条、二更是国内较为早出现的短视频制作团队，其内容形式多数以纪录片的形式呈现，内容制作精良，其成功的渠道运营优先开启了短视频变现的商业模式，被各大资本争相追逐。①网红IP型。papi酱、回忆专用小马甲、艾克里里等网红形象在互联网上具有较高的认知度，其内容制作贴近生活。庞大的粉丝基数和用户黏性背后潜藏着巨大的商业价值。②草根恶搞型。以快手为代表，大量草根借助短视频风口在新媒体上输出搞笑内容，这类短视频虽然存在一定争议性，但是在碎片化传播的今天也为网民提供了不少娱乐谈资。③情景短剧。套路砖家、陈翔六点半、报告老板、万万没想到等团队制作内容大多偏向此类表现形式，该类视频短剧多以搞笑创意为主，在互联网上有非常广泛的传播。④技能分享。随着短视频热度不断提高，技能分享类短视频也在网络上有非常广泛的传播。⑤街头采访型。街头采访也是目前短视频的热门表现形式之一，其制作流程简单，话题性强，深受都市年轻群体的喜爱。⑥创意剪辑。利用剪辑技巧和创意，或制作精美震撼，或搞笑鬼畜，有的加入解说、评论等元素。也是不少广告主利用新媒体短视频热潮植入新媒体原生广告的一种方式选择。短视内容的新颖性、娱乐化吸引了大量90后、00后为主青年群体。刷快手、刷抖音几乎成为了青年群体日常生活不可分割的部分，并且，青年群体在刷短视时，往往在无意识间花掉大量时间。以音乐社交短视频抖音为例，从2016年9月上线至今，抖音热度只增不减，在不到4年的时间里，被广大用户89亿次下载安装。2020年1月6日抖音官方发布的《2019抖音数据报告》显示，至2020年1月5日，抖音国内日活跃用户数量突破4亿，抖音用户全面打卡6.6亿次，足迹遍布全世界233个国家和地区。

社会效应：泛娱乐内容需求大，政务短视频有发展。"短视频"一词最早起源于2011年美国移动短视频社交应用Viddy，是以网络和智能移动终端为平台呈现，由用户自主拍摄剪辑制作的时长短、可即时传播、内容形式灵活多样的移动视频新媒体。2011年，制作分享GIF动图的工具"GIF快手"上线。2013年7月，"GIF快手"从工具转型为短视频社区，APP名称中也去掉了"GIF"，改为"快手"，由此开始了我国的短视频应用。

据中国互联网络信息中心（CNNIC）发布的第43次《中国互联网络发展状况统计报告》数据，截至2018年12月，我国网民规模达8.29亿，手机网民规模达8.17亿，网民通过手机接入互联网的比例高达98.6%。手机网民庞大的规模基数为移动短视频行业带来了巨大的用户市场。目前，我国发展较为成熟的短视频平台主要可分为以抖音、快手为代表的社交媒体类；以西瓜、秒拍为代表的资讯媒体类；以B站（bilibili）、A站（AcFun）为代表的BBS类；以陌陌、朋友圈视频为代表的SNS类；以淘宝、京东主图视频为代表的电商类；以小影、VUE为代表的工具类这六大类别。而在这六大类别中，抖音、快手牢牢占据了目前短视频市场的龙头地位。无论是抖音的"记录美好生活"还是快手"记录生活记录你"的口号，都标志着目前移动短视频应用大多都还是定位在生活分享和社交互动的泛娱乐领域，且这类依靠算法推荐技术作为分发渠道的APP，都无可避免地面临着以娱乐内容来迎合年轻用户心理需求的问题。除头部市场以外，新晋入门的APP也都各自将泛娱乐内容作为自己的垂直领域主打：奶糖致力于构建属于年轻人的音乐短视频区；超能界注重录制真人特效短视频；美拍专注打造"女生最爱的潮流短视频社区"。总体来看，虽然短视频内容在深耕垂直发展中呈现出"百花齐放"的发展势态，但泛娱乐内容仍是当前短视频内容的主流。

对于短视频的垂直领域开发，不得不提到政务短视频这一新军。2018

年以来，越来越多的政府部门入驻短视频平台，借助制作形象直观的短视频来传播政府形象、发布政府信息、宣传旅游景点等多个方面的工作内容，打造为民服务的新形象。2018年3月，长安网率先进驻抖音平台；5月，国务院国资委新闻中心以"国资小新"开抖音号；8月，新华社官方快手号上线。截至2018年10月底，有4500多家政府机构完成抖音官方认证，包括人民网、央视新闻等多家权威机构，政务短视频累计播放量达850亿。其中，"北京SWAT""中国长安网"等成为当时粉丝量超过百万、点赞量接近千万的网红账号。官方媒体以更加平民化的叙事风格、更接地气的传播途径、更鲜活有趣的视频内容，实现了文化传播力价值推广，成为主流价值观载体与新媒体平台牵手合作的现象级事件。

（四）自媒体相关的几个概念

关于自媒体的思想政治教育研究，常常会用到"自媒体时代""自媒体环境""自媒体场域""自媒体语境"等学术用语。本书结合相关学者的定义和研究需要，对这个几个常用学术用语进行概念界定。

1. 自媒体时代

自媒体时代是指以个人传播为主，以现代化、电子化手段，向不特定的大多数或者特定的单个人传递规范性及非规范性信息的媒介时代，人人都有麦克风，人人都是记者，人人都是新闻传播者。这种媒介基础凭借其交互性、自主性的特征，使得新闻自由度显著提高，传媒生态发生了前所未有的转变。

2. 自媒体环境

环境是指人类生存的空间及其中可以直接或间接影响人类生活和发展的各种自然因素称为环境。自媒体环境可定义为：人们网络实践的自媒体空间以及其中可以直接或间接影响人们自媒体实践的各种因素总和。

3. 自媒体场域

场域理论，是社会学的主要理论之一，是关于人类行为的一种概念模式，它起源于19世纪中叶的物理学概念。提出者是库尔特·考夫卡等。总体而言是指人的每一个行动均被行动所发生的场域所影响，而场域并非单指物理环境而言，也包括他人的行为以及与此相连的许多因素。结合自媒体和场域理论，笔者将自媒体场域定义为：因自媒体网络技术发展和人们在自媒体中实践而形成的自媒体网络物理环境和特有的人际互动、交往空间。

4. 自媒体语境

语境是语言环境的简称，即指说话时，人所处的状况和状态。语言环境有多种：一般地说，有自然语言环境、局部语言环境和自我营造的人工语言环境。狭义的语境对语言的理解和表达影响最大。同样一句话，在这个场合由这个人说出，与在另外一个场合由同一个人说出，表达的意思可能不同；同样一个意思，在这个场合对这个对象说，与同样在这个场合对另外一个对象说，使用的语言也可能不同。一般来说，在口语交际中，有了狭义的语境，再加上谈话时的一些辅助性的非语言手段，如表情、手势、态度、语调等，要达到相互理解并不难。但是把语言写到书面上就不同了，孤立的一句话，如"你怎么回来得这么晚呀"就很难理解，是谁对谁说的？到哪去了？是责备、爱护，还是撒娇？这时就要依靠狭义的现实语境来理解。广义的语境对语言的理解和表达也有较大的影响。比如一个人说话粗声粗气，可能有几种情况：（1）对对方有意见；（2）刚刚生过气，心情还没有平定下来；（3）性格、语言习惯就是这样等等。到底是哪一种意思，需要根据广义的语言环境去理解。结合语境和自媒体的概念，可将自媒体语境定义为：因自媒体特征、行为惯性等因素作用，而形成的影响自媒体用户语言和非语言辅助表达手段运用、表达方式选择、他们话语理解的独特话语环境。

二、探讨：自媒体的思想政治教育价值

对于自媒体，刚开始思想政治教育理论界和实践界对其是听之任之，在其对大学生影响逐步加剧的情况，大学生在自媒体上凸显自我存在、发表独特见解、传播未经证实的负责信息等引发了一系列问题，甚至是造成错误舆情。高校最开始的做法是"堵"，比如，我国一些高校先后关门校园 BBS 外网接入端口，甚至有的高校直接关闭校园贴吧。在实践中，各方发现"堵"的难度太大，难以在技术上实现，加上自媒体在多方因素作用下迅猛发展，最终引起了思想政治教育理论界和实践界的高度关注，开始了自媒体思想政治教育价值的探讨，从而拉开了思想政治教育理论界和实践界探索自媒体的序幕。

（一）自媒体的规律把握

要研究自媒体的大学生思想政治教育价值，首先得认识并把握其普遍规律。不然，面对形形色色的自媒体平台更迭，思想政治教育研究与实践就难以找到切入点，一个一个自媒体平台地研究，显然费时费力，还难以提出普

遍适用的自媒体思想政治教育方式方法。目前，思想政治教育理论界和实践界主要从自媒体的特征、自媒体的属性、社会交往三个维度来把握自媒体的规律。

1. 基于自媒体的特征规律把握

以自媒体的特征入手把握自媒体规律是当前大学生思想政治教育理论界和实践界最为普遍的作法。关于自媒体的特征学者们又包括从自媒体的总体特征入手、从自媒体时代的特征入手、从自媒体场域特征入手、从自媒体语境特征入手。自媒体的特征：个性化、碎片化、交互性、多媒体、群体性、传播性。自媒体时代的特征：自媒体对于新闻传播的真实性难以考证，并且在发布过程中不受时间、地点的限制，可以实现即时性发布，作为新闻的接受者同样也可以成为自媒体新闻的传播者。除此之外，由于自媒体新闻的发布非常方便快捷，因而有着非常强的时效性，加之互联网的特点，依靠自己的社交网络新闻传播速度很快，因而能够很快引起社会舆论对于新闻事件的看法。另外，自媒体新闻传播还有着非常广阔的社会覆盖面，自媒体平台的开放性，可以使得社会中的任何个体都可以参与进来，源自不同阶层、不同职业领域等，都可以对同一个新闻事件发表自身的观点态度，有助于新闻内容从多个角度、多个层次的分析。而自媒体新闻中所表现出的个性化特征，其表现的形式也是多样性的，同一新闻内容可以由不同的自媒体媒介进行发布传播，从而使得自媒体新闻具有更多的传播者群体。自媒体的场域特征：虚拟与现实交织、匿名性、众声喧哗、沉默的螺旋与反沉默的螺旋现象并存等。自媒体语境特征：话语内容的图文并茂、音频、视频相结合，交互方式平等化，话语形式生活化等。

2. 基于自媒体属性的规律把握

马克思、恩格斯指出："人创造环境，同样环境也创造人"①。人的交往实践创造性产生自媒体，随着其对人全面而深入地发挥影响，其属性实现从单一工具属性到同时具备工具属性和环境属性的跨越，从时间、空间的双重维度不断创造和改变人们的网络实践。清华大学高校德育研究中心副教授张瑜2016年在《论自媒体空间交往生态的德育价值》一文中指出："对于自媒体条件下的德育内涵有两种不同的认识：一种是自媒体网络环境下的高校德育另一种是基于自媒体传播手段的德育工作"②。2018年在《论互联网的二重

---

① 马克思，恩格斯.《马克思恩格斯选集》第1卷[M].北京：人民出版社,1995年6月第2版.
② 张瑜.论自媒体空间交往生态的德育价值[J].高等教育研究，2016年09期.

性与思想政治教育创新发展》中指出："互联网既是思想政治教育的新技术，同时也构成了思想政治教育的新环境，互联网的二重性建构了网络思想政治教育创新发展的重要向度"[①]。这说明，不仅仅是自媒体具有二重性，自媒体的成长土壤新媒体、互联网也具备二重性。环境论者从整个自媒体信息传播环境来认识和界定，主要指的是在自媒体对人的生活方式造成全方位影响的宏观背景下，大学生思想政治教育的理念、内容、形式、方法、手段、体制、机制等如何发展与创新的问题，包括基础理论研究和应用实践研究两个方面；工具论者则是在狭义的界定上来认识，是把自媒体作为高校学生工作的新载体、新手段、新工具用以加强和完善新形势下的思想政治教育工作，所涉及的主要是自媒体应用的具体方式方法。这两种认识其实也具有内在联系，不少学者从工具与环境的作用范围来看，习惯于从环境的层面来研究大学生思想政治教育。

3.基于交往理论的自媒体规律把握

媒介的形式与人们的交往方式有着密切的关系，人类社会历史上每一种新媒介技术的出现，都会给人们的社会交往结构和形态带来新的改变，从口语到文字，从印刷媒介到电子媒介，媒介形式的变化伴随着人类社会交往方式的发展历程。互联网作为人类媒介发展史上的一个重要里程碑，产生着更为深远的影响，在一定意义上，媒介的多种形式就是多样化的社会交往形式的体现。当前社会进入自媒体时代，各种形式的新型媒体与传统媒体在网络中得到了广泛而深度的融合，与之同时呈现出的是具有多样化形态的网络社会交往空间。马克思指出："社会——不管其形式如何——是什么呢？是人们交互活动的产物"[②]。网络社会依然如此，人类借助网络媒介技术保存和延续了社会既有的交往关系和互动模式，并使之更加深入，更具活力。当前的自媒体环境作为人存在与发展的新型网络社会场域，就其社会本质而言，不外乎是人们交互活动的产物，只是具有了新的技术条件和媒介形式而已。因此，对于自媒体环境而言，无论其媒介如何变化，呈现面貌如何多样，我们仍然可以从社会交往实践的视角来把握其中不变的规律性。换而言之，依据马克思主义的交往理论，从自媒体环境作为网络时代人们互动作用产物的性质出发，我们可以把主体之间的互动关系作为分析自媒体环境的一条有效研究路径，并在此基础上研究和创新大学生思想政治教育。

---

① 张瑜.论互联网的二重性与思想政治教育创新发展[J]，教学与研究，2018年07期.
② 马克思,恩格斯.马克思恩格斯选集（第4卷）[M].北京：人民出版社，1995年.

（二）自媒体场域的高校思想政治教育价值

学者们在研究自媒体大学生思想政治教育时，都会涉及自媒体的大学生思想政治教育价值的探讨，但单独对自媒体的价值进行研究的比较少见，经查询相关文献，仅仅发现清华大学高校德育研究中心副教授张瑜 2016 年在《论自媒体空间交往生态的德育价值》一文中对自媒体社交场域的高校德育价值进行了专门研究。虽然，德育与思想政治教育是两个明显有所区别的概念，但考虑到思想政治教育理论界对德育、思想政治教育往往进行混用，除非专门研究，否则很少进行细的界定区分，认为二者只是大概念与小概念的问题，认为思想政治教育是针对全民，德育是针对在校学生，本书项目组研究的是在校大学生的思想政治教育，张瑜副教授也是研究的高校德育，所以张瑜副教授的研究对本研究还是有很多启发。

本书从研究需要，从马克思社会交往理论的视角把握自媒体，对自媒体的大学生思想政治教育价值进行研究。因为，自媒体在移动互联网技术、商业价值等因素的催化下平台快速更迭，环境非常动态复杂，从自媒体二重属性的角度把握其规律较难，从自媒体的特征入手把握其规律又不太全面，比如说自媒体语境具有平等的交互性，但在现实科层关系延伸到自媒体时，双方的互动其实是不平等的，说自媒体场域具有匿名性，但很多时代也存在实名性。所以，本项目团队讨论后，决定从马克思社会交往理论的角度对自媒体规律进行把握。

立足于本项目的自媒体语境研究视角，根据自媒体场域人们交往实践中，是否基于现实关系的网络延伸、彼此之间的熟悉程度、交往的平等性等因素，对张瑜副教授把自媒体分为自媒体科层社交场域、自媒体熟人社交场域、自媒体陌生人社交场域的借鉴，将自媒体社交场域分为：自媒体科层社交场域、自媒体朋辈社交场域、自媒体陌生人社交场域。科层社交场域、陌生人社交场域的分法和张瑜副教授一致，但对张瑜副教授的熟人社交场域分法，不完全赞同，因为科层社交场域是现实社会中不平等关系的网络延伸，虽然关系不平等，但他们却是熟人。本研究在张瑜副教授的基础上，把熟人社交场域改为朋辈社交场域，强辩这个细分自媒体中交往双方身份的平等，避免与科层社交场域的边界模糊化。下面分别对三个细分自媒体场域的大学生思想政治教育价值进行深入探讨。

1. 基于交往理论的自媒体社交场域类型

在社会学研究中，迪尔凯姆所做的机械团结社会和有机团结社会的阐述，滕尼斯关于共同体与社会的划分，以及韦伯关于传统支配、法理支配、人格魅力支配的社会学理论，都是以互动模式和社会整合为视角的社会类型学说。社会的技术条件和媒介形式对于社会互动模式发挥着重要的影响作用，自媒体把人们的互动与交往活动推向了一个新的水平，表现出各种互动模式竞争发展的多样性，各类主体间互动关系平等共存的共生性，虚拟与现实相互渗透的整体性，以及媒介与主体互为依赖关系的依存性等特征。总体而言，社会交往视角下的自媒体环境不再是一种外在于人的外部实体，而是一种反映多样化的主体间互动关系与交往场域的社会性生态空间。其中，自媒体科层社交场域、自媒体朋辈场域、自媒体陌生人社交场域是三种主要的交往场域类型。在自媒体科层社交场域中，主体之间存在明显的社会地位和角色差异，互动关系建立在具有明确的规章和程序要求的科层结构之上，这一场域的典型体现是校园网络空间中的师生交往场所。自媒体朋辈场域指的是主体之间主要以朋友，志同道合的人等关系进行互动的网络场域，学生之间的微信朋友圈、QQ 群多属于此类场域。自媒体陌生人社交场域指的是主体间互不熟识，不存在稳定交往关系的陌生人互动模式，匿名的各类贴吧、微博公共空间、新闻客户端的网友评论区都是此类场域的典型代表。

（1）自媒体科层社交场域。科层是组织学派代表人物韦伯提出的，原本用于组织机构设计与管理，强调的是一种官僚制度，上下级不平等关系。项目组以此延伸而来，从大学生思想政治教育的视角来看科层关系的自媒体场域就是教师与学生在网络空间中以正式的身份和角色关系进行互动的场所。在这一场域中思想政治教育工作者是在现实师生互动关系的主客体模式下对学生进行知识传授和价值传递，这里所讲的思想政治教育工作者，在全员育人的时代背景下，既包括学生处、团委、二级学院党总支、学工办、辅导员，也包括思想政治理论课教师及其他科任教师，还有科研处、就业处等高校职能部门部门工作者，要发挥思想政治教育工作者的教育引导作用。例如在学校主导建设的官方微博、官方微公众号、手机客户端以及网络学堂中。思想政治教育工作者作为制度化的教育权威在师生互动结构中居于主导地位。

（2）自媒体朋辈社交场域。朋辈在汉语词典中的解释是：汉语词语，指同辈的友人；志同道合的友人。朋辈关系的自媒体场域则是校园网络空间中的各种学生之间的老乡群、室友群、兴趣群等，是校园交往社区在自媒体环境下的发展产物。在交往过程中，互动关系平等，没有科层的关系。从 20 世纪 90 年中期开始兴起的高校 BBS 中不难发现，一些高校的校园网络亚文化传播圈现象盛行，"校园关系是虚拟网络空间中吸引和凝聚大学生群体的重要因素和连接纽带"。① 在自媒体环境下，微信等社交媒介进一步强化和提高了朋辈交往，在大学生进行信息传递、社会联系过程中的重要地位。校园网络社群，如微信朋友圈等成为融合人际网络和信息网络的新型社交空间。在这样的自媒体场域中，社交网络普遍应用于大学生的学习生活与各类学生组织、兴趣团体产生与之相对应的互动关系，有效承载和强化了大学生的现实社会交往。与此同时，自媒体的技术特性还促成了大量的弹性交往关系的出现，使得大学生社交行为更加即时、便捷、活跃、广泛，社会关系更加丰富多样。

（3）自媒体陌生人社交场域是网络空间中的大型公共广场，如微博公共平台、匿名交往的校园贴吧、百度贴吧、猫扑社区等，在这一类型的网络场域行为主体来源更加广泛、数量更巨大、流动更迅速。由于匿名机制而缺乏明确的社会身份，也无法保持稳定而持久的交往关系。信息内容的个性化、多样化、碎片化特征非常显著。这里的社会结构特性使其成为大学生进行公共表达和社会参与的重要平台。围绕校内外的各类热点以及重大新闻、突发敏感事件而形成的大量公共舆论，建构出一个连接校园与社会的公共信息空间和交往场域。

自媒体陌生人场域最大的特点就是"反沉默的螺旋现象"出现。沉默的螺旋（The Spiral of Silence）是一个政治学和大众传播理论。理论基本描述了这样一个现象：人们在表达自己想法和观点的时候，如果看到自己赞同的观点受到广泛欢迎，就会积极参与进来，这类观点就会越发大胆地发表和扩散；而发觉某一观点无人或很少有人理会（有时会有群起而攻之的遭遇），即使自己赞同它，也会保持沉默。意见一方的沉默造成另一方意见的增势，如此循环往复，便形成一方的声音越来越强大，另一方越来越沉默下去的螺旋发展过程。理论是基于这样一个假设：大多数个人会力图避免由于单独持有某些态度和信念而产生的孤立。"沉默的螺旋成立"的五个基本假定分别是："①社会使背离社会的个人产生孤独感；②个人经常恐惧孤独；③对孤独的恐惧感使得个人不断地估计社会接受的观点是什么；④估计的结果影响了个人在公开场合的行为，特别是公开表达观点还是隐藏起自己的观点；⑤这个假定与上述4个假定均有联系。综合起来考虑，上述4个假定形成、巩固和改变了公众观念"②。自媒体陌生人场域对"沉默的螺旋"理论成立的基

---

① 张再兴. 校园网络亚传播圈及其德育意义[J]. 清华大学学报（哲学社会科学版），2005年04期.

② 谢新洲. "沉默的螺旋"假说在互联网环境下的实证研究[J]. 现代传播，2003年06期.

本形成冲击，自媒体陌生人场域的匿名性，使得少数意见的发表不再担心会被大多数的"攻击"，也不会再害怕被孤立而感到恐惧，大量少众的意见的发表，可以聚少成多，匿名的环境下，即便是遭到大众的"攻击"，个别意见发表者，也可以新注册新账号，再次轻松进入，或者是转到其他自媒体陌生人场域，寻找"志同道合"者。这就使得"反沉默的螺旋"现象出现，个人敢于发表不同的意见。

2. 不同类型自媒体社交场域的思想政治教育价值

在介绍了不同类型自媒体社交场域的划分依据以及各自主要特征的基础上，对不同类型自媒体场域的主要思想政治教育价值进行了梳理。

（1）自媒体科层社交场域的大学生思想政治教育价值

自媒体科层社交场域就其实质而言就是正式社会组织的结构化力量与社会关系形态的网络延伸，因而表现出正式性、制度化、规范化和等级关系的显著特征。杜威曾指出，教育"本质上是一个使个人特征和社会目的和价值协调起来的问题。"[①] 在教育社会学的视域下，这一场域是受到社会决定和制约的教育场域，其中的网络主体具有真实的社会身份和明确的社会角色，交往结构表现为正式的师生互动关系，所承载的信息内容具有较强的权威性、导向性和系统性，因而这一场阈下的教育活动体现了社会的要求，发挥出学校教育所必须承担的传承知识、承载价值、引领生活、追求理想的神圣使命。在学校育人工作实践中，教师承担着网络教育的主体角色，这里所讲的教师，既包括从事大学生日常思想政治教育的学工队伍、思想政治教育理论课专职教师，在全员育人的时代背景下，也包括其他专任课教师以及学生各学生服务管理部门，本书将思想政治教育工作者与学生之间的关系界定为师生关系，后面，没有特别说明的情况下，师生关系中的教师，都是指高校的全体思想政治教育工作者。在网络空间中凭借其真实身份居于教育者的主导地位，通过信息发布、知识传授、理论教育、时政评论等方式向大学生传递主流价值观；学生用户则是知识的接受者、理论的学习者，处在信息追随者的客体位置。当然与此同时，自媒体的传播特性也使得学生的主体性大为提升，他们可以自主地选择和取舍信息，在互动交流中进行思考和判断。但总体而言，在这样的师生关系场域中，教师和学生对自身的身份和角色、职责与义务有着明确的认知，信息行为遵循各自的规范和准则，即使是在自媒体科层场域中，师生也更加随和，但各自行为遵循的规范和准则没有发生根本性变化。

---

① 杜威教育论著选读[M]. 赵祥麟，王承绪，编译. 上海：华东师范大学出版社，1981年.

另一方面，作为现实师生关系的网络延伸，针对学生的不当网络行为，除了"春风化雨，润物无声"的潜移默化的影响，对于一些大学生亟须改正，不然，可能导致严重后果的言行，还可以通过自媒体科层社交场域对大学生的不当言行，进行批评教育。当然，批评教育一般不轻易使用，教师更多的应该是潜移默化的影响。因此，有效发挥学校教育的主导性影响，将线下思想政治教育延伸到网络上是科层关系场域的思想政治教育价值所在。

第一，把教育者的主导性力量延伸至虚拟的自媒体网络空间。互联网对于高校大学生思想政治教育带来的重要挑战的重要原因就是源自网络的虚拟性。虚拟网络引发大学生认识方式和实践方式变革，从而极大激发大学生的参与创造和交互的潜能。同时，也使得网络空间信息混杂、真假难辨、权威消解、规范弱化。这对于青年大学生来讲，健全的人格和身心都处在发展形成期，极易受到外部因素的影响，网络中的不良信息给大学生人格发展和身心成长造成较大的负面影响。要有效应对这一挑战，化解负面因素带来的负面影响，思想政治教育工作者"要把握好网络环境与现实之间的平衡关系，努力达成虚实和谐的状态"[①]。而科层关系场域正是现实社会交往关系向网络空间的发展和延伸，是真实社会关系和社会结构力量的网络映射。因此，通过思想政治教育工作者要主动构建网络空间的师生互动场域，教师可以有目的、有计划地进行自媒体内容生产和信息发布，实现信息把关和有效管理；可以组织协调各类媒体平台，协同发挥作用，学校及其职能部门的各种官方公众号与思想政治教育工作者个体的各种自媒体账号形成合力，主动增强信息传播的覆盖面，并针对不同类型大学生群体的特点传递有效的教育内容。当前，高校都建有官博、官微，校内各级部门单位、院系机构也有微信公众账号，不少教师开通了自己的微博账号以及学生班级的微信群等。要注重建设好、运用好这些网络阵地，通过及时客观的信息发布和丰富优质的内容建设来吸引和引导广大青年学生，把师生关系的结构化力量和学校媒体的资源优势转化为正面教育的影响力和主流价值的主导力。既有学校及其职能部门自媒体公众号的全校大学生覆盖，也有二级学院自媒体公众号的全院覆盖，还有思想政治教育工作者自媒体账号的班级覆盖及其差异化的大学生个体覆盖。

第二，在多元的信息空间坚持一元价值导向的引领。互联网是一个多元信息的海洋，各种各样的思想文化在网络空间纷至沓来，多元思潮交流交锋交融，对青年大学生的思想成长带来巨大的冲击和挑战。对于95后、00后

[①] 张瑜.论自媒体空间交往生态的思想政治教育价值[J].高等教育研究,2016年第9期.

大学生来讲，从自媒体网络空间获取知识信息也成为一种习惯，青年大学生在获取信息方面的能力较强，是最新最奇信息的最先接触者，但是青年大学生在有效选择、判断、鉴别和取舍的能力上则需要培养和提高，特别是在网络这个"后真相时代"，最新最奇的网络信息，不一定都是真的信息、正面的信息，大学生在真相出来之前的踊跃参与，在真相被辟谣后又往往喜欢保持沉默。面对多元化的巨量信息，许多大学生往往缺乏识别、判断能力，或无从选择，或食而不化。因此，在这样纷繁芜杂、汹涌激荡的自媒体信息环境中，学校教育者要做青年大学生思想成长的压舱石，要以坚定的立场、科学的理论和鲜明的观点指引青年大学生思想发展的方向。一些高校网络文化建设与发展的经验说明，互联网上的舆论越是复杂多样，教育者的正面声音就越是要直面问题、旗帜鲜明。师生关系场域所具有的鲜明立场、主流价值、目标导向，就如同海上的灯塔，对身处信息海洋中的青年学生们以吸引、感召和指引。教师要在互联网上，尤其是在自媒体网络空间筑起社会主义核心价值观教育引领的新高地，坚持以科学的理论武装人，以正确的舆论引导人，以高尚的精神塑造人，以优秀的作品鼓舞人，努力在互联网上赢得当代青年大学生，实现对青年大学生思想成长的正确引导。

第三，建立更加和谐的师生交往关系，实现主流价值观的有效传递。思想政治教育同其他教育一样，说到底是师与生的交往活动，只是各自的教育目标不尽相同，学科教育更加注注"授业"，思想政治教育更加注重"传道"，一个侧重于教大学生如何做事，一个侧重于教学生如何做人，做事先做人，做人是前提，是基础，既要德才兼备，也要把德放在一位。古典的目的论教育观认为，良好的师生关系具有亲密性、友爱性和敬畏性。我们对古代教育智慧的汲取有助于推动今天的思想政治教育实践。网络信息时代极大提升了青年学生的主体性，赋予了青年大学生主动寻找、选择和接收信息的主动权，在自媒体场域同样如此。那么，什么因素能够影响到青年大学生的信息选择？从一些教学名师、优秀辅导员创办博客、微博等自媒体平台赢得了大量学生粉丝的现象可以看出，教师在现实生活和教学工作中对学生的亲和力、感染力以及人格魅力，是他们在网络空间赢得吸引力和影响力的关键因素。因此，在自媒体科层社交场域中，青年大学生对教师的尊敬与信任是他们主动关注和接受思想政治教育信息内容的前提和基础。当前，95 后、00 后大学生们作为网络原住民，他们的生活方式、思维方式等已经与网络深度融合，从学习工作、信息获取、人际交往、心理需求等方面都形成了不同程度的网络依赖。在这样的形势下，高校要大力推动具有自媒体科层社交场域性质的网络平台建设，主动把现实中大学生对教师的尊敬与信任以及师生之间的良好关系有效转化为网上的吸引力和影响力，主动把现实工作中的组织优势、资源优势、思想文化优势等有效转化为网上信息服务和价值引导的优势，努力把广大学生吸引、凝聚到正面教育阵地上来，通过网上与网下工作的紧密结合，实现主流价值观的有效传递。

（2）自媒体朋辈社交场域的大学生思想政治教育价值

自媒体朋辈交往场域的思想政治教育价值体现在思想政治教育工作者与受教者之间、受教育者与受教育者之间所形成的良性的主体际关系。这种主体际关系极大提升了大学生的主体性，促进了教育者与受教育者的主体作用的有效发挥，进一步消弭主客体间隙，从而在思想政治教育过程中实现了对话式的沟通理解和平等互动的思想交流。在一定意义上，自媒体朋辈社交场域中所呈现的是一种主体与主体之间基于熟识关系、情感联系、共同兴趣爱好和平等互动的交往式思想政治教育形态。思想政治教育工作者和受教育者都以网络主体的身份进行平等交往，皆以主体的身份关注并共同作用的客体——各类网络信息内容。思想政治教育活动的发生，正是由于思想政治教育工作者与受教育者共同针对信息内容展开的认识与对话、互动与影响。思想政治教育的过程是教育者与受教育者之间以平等的关系、真诚的情感、网络的话语、朴素的逻辑进行交流与沟通的过程。"人的活动的有效性的源泉就在人的活动本身，在于这种活动的投入过程中主体作用的有效性。"[①] 正是在这样的互动结构和情感纽带的作用下，思想政治教育工作者与受教育者的主体性都得到充分发挥，主体间实现了积极、深入的对话、交流及相互理解，极大地增强了思想政治教育的效果，提高了大学生对思想政治教育内容的认同，而不是选择沉默应对。如果说自媒体科层社交场域的思想政治教育价值更多地体现在思想政治教育工作者的主导性方面，那么自媒体朋辈社交场域的思想政治教育价值则更多的是体现在受教育者主体性的有效发挥。在这一场域的思想政治教育工作中，要注重发挥源自同辈文化认同的凝聚作用、基于理性交流的沟通功能和基于信任关系的传播影响，要在朋辈中树立先进典型，要在大学生的身边发现模范榜样，还要利用好班级的班委干部、党员学生，让他们在自媒体朋辈社交场域发挥好同辈人的引领作用。

第一，青年亚文化是青年群体在交往互动实践中共创共享的一种文化形式，大学生就是青年群体中十分重要的组成，承载了广大青年的归属感、认

---

① 郭湛.人活动的效率[M].北京：人民出版社，1990年.

同感、独特感和创造力。虽然开放的网络空间扩大了青年大学生交往活动的对象和时空领域，但是，基于大学校园的集体学习生活和同辈交往所结成的人际情感纽带依然是网络空间中强大的凝聚核。大学生的朋辈交往场域作为大学生群体的亚文化网络社区，具有加入自愿、情感共鸣、互动平等、校园文化充斥、流行元素丰富等特点。在这里，大学生们通过自媒体积极地开展网络创造和社会交往实践，在多元文化的网络空间中建构出属于青年大学生自己的自媒体文化场域，创造出属于青年大学生自己的精神交往自媒体网络空间。当前，在高校的自媒体社交网络平台上有着大量的网上班级、室友群交、老乡群、社团协会以及借兴趣纽带而结成的各类网络社群，它们不仅与各类学生组织、学习团体产生对应与互动关系，而且还包括大量的弹性交往群体，例如大学校园中的各类"微沙龙"社群等。学校要把握校园网络文化发展中的规律性因素，因势利导地规范各类网络文化社群的发展，挖掘学生社交网络中同辈互动的教育价值，积极开展学生网上集体的建设，发挥好学生自我教育的主体作用，完善"自我教育、自我管理、自我服务、自我评价"的"四自"教育。

  第二，自媒体朋辈场域中的人际纽带、熟识关系、情感联系等因素存在，使得人们的理性交流、对话沟通和价值共识在网络虚拟空间更易实现。网络空间中大量存在的非理性表达、情绪宣泄、人身攻击、极端言辞、不实信息等不良现象常常为人们所诟病。尤其是在突发事件过程中，在微博平台或公共论坛上往往呈现出众声喧哗的舆论交锋场景，与之相伴随的是不加控制的情绪发泄、毫无底线的语言暴力等现象。比如，在今年疫情的整个阶段，特别是国内疫情最为严重时，抖音、快手、微信等自媒体平台谣言不断，官方公众号在不断公开疫情最新动态的同时，还要天天出来花大量人力、物力和时间进行辟谣；然而熟人朋友圈里的讨论却与之不同，即使存在不同的观点争论，人们在多数情况下受朋辈关系的牵绊，也会表现出相互倾听的态度、理性客观的讨论和力求达成共识的沟通，以此来尽可能地维持所在社群的和谐状态。这种良性的自媒体网络对话模式的产生，正是由于其互动结构是现实生活中的朋友关系及其相应交往模式的网络延伸。因此，这一自媒体网络场域思想政治教育价值的开发显得更为重要，通过在日常工作中大力构建立足自媒体社交网络的同学间朋友圈、情感共同体，就可以在突发舆情来临时主动营造出一个情理交融、有效对话的沟通情境，实现青年大学生之间积极的情感交流、深入的心理沟通和理性的分析讨论。当前校园危机应对已经成为学校教育管理工作的重要内容，要注重朋辈社交场域所具有的沟通优势，立足校园自媒体网络互动社区建构有效交流平台，抓住学生群体中的先进分子这个关键少数营造客观理性的校园舆论氛围，实现深入有效的思想引导。

第三，朋辈交往关系中所蕴含的人际信任、情感归属、无代沟等因素极大地增强了信息传播的影响力。作为一种社会交往态度和价值倾向，信任和情感认同是人们建立社会关系的基础，也是社会交往互动得以实现的前提条件，反之，难以建立稳定的社会交往关系。长时间稳定的社会联系、互惠的交往行为可以增强人们彼此之间的信任。在自媒体朋辈社交场域中，真实而可信的人际关系是形成朋友圈和社交群的前提条件，同时主体之间稳定而持久的交往又进一步加强人际联系和相互信任，使之成螺旋形上升。因此，人际信任成为朋辈社交网络的重要基础和信息传播的有效机制。一项研究表明，对于信任的三种主要形态即人际信任、社会信任和政治信任而言，人际信任在信任评价中占据最主要位置；从媒介使用的角度看，平板、手机等新媒体所在网络空间，人与人之间不能随时的真实面对面，所以，对信任评价的影响远高于作为传统媒介的电视与报纸。作为人际信任与新媒体结合的产物，自媒体朋辈社交网络成为人的信息接收过程中的重要环节，对于人们的信息获取和价值判断产生重要的影响作用。当前高校大学生普遍使用基于手机通讯录的微信社交网络，不但提高了其群体交往的紧密度，更赋予了自媒体信息传播的信任基础。他们越来越习惯于通过自己的微信社交网络彼此分享、评价、转发、推荐各类信息内容，逐渐形成了一种基于人际网络与媒介网络相融合和交叠的新型信息结构。教育者要注重把握和运用好这种信息传播结构和机制，通过抓住融入大学生的"朋友圈"中的大学生这个关键少数，建立与学生的信任与沟通网络，实现主流价值观的有效传递。

（3）自媒体陌生人社交场域的大学生思想政治教育价值

自媒体陌生人社交场域作为网络空间中的"陌生人社会"，这一场域是一个开放的普遍交往场域，也是自媒体匿名性特征体现最为明显的场域，同时也是一个多元的公共舆论共鸣的空间。从大学生思想政治教育的视角来看，微博、贴吧等自媒体社交网络作为现代新型公共媒介，建构了一个电子网络架构之上的社会公共场域，从而打破了大学校园的围墙和边界，青年大学生的成长成才再也不是象牙塔式的闭门造车，自媒体陌生人社交场域使得青年大学生直面复杂多样的社会现实和多元竞争的价值观念。由此，大学不再是远离社会的象牙塔，思想政治教育活动不再局限于教育者所创设的情境之中，而是要面对真实的社会生活和多元的社会主体，回答复杂且多变的现实问题。在这一意义上，自媒体陌生人社交场域所产生的教育价值，正是在于其通过现实社会情境的呈现，让学校教育真正与政治、经济、文化和社会生活大环境发生密切关联，直面各种现实问题，使得教育内容不再与社会现实脱节，话语体系不再是空中楼阁，空洞而抽象，教育对象青年大学生也不再同质化、单一化，而是受外部环境的影响而变得差异化。换言之，由于自媒体社交网络所形成的社会联接，使得社会公共交往场域进入大学生的日常学习生活，成为他们成长环境中不可分割的重要组成部分。这使得大学生思想政治教育的实践与社会现实的视阈融合，克服学校思想政治教育对现实社会的关注不足的问题，和现实思想政治教育中不断强化的思想政治教育实践环节形成合力，贴近青年大学生生活实际，赋予大学生思想政治教育更多的生活趣味、现实韵味，丰富和扩展大学生思想政治教育资源。因此，大学生思想政治教育工作更加需要直面来自现实生活的"真实问题"，聚焦社会广泛关注的"热点问题"，扣准社会思潮脉搏的"大问题"，做到正视社会问题，把握思想动态，满足学生需要，引导价值共识。发挥自媒体陌生人社交场域的思想政治教育价值。

第一，要注重自媒体陌生人场域作为青年大学生思想动态的"晴雨表"的教育功能。作为网络信息的聚合地和众声喧哗的舆论场，自媒体匿名性特征体现最为显著，对"沉默的螺旋"理论假设形成强有力冲击，"反沉默的螺旋"现象出现。青年大学生这一场域所呈现的公共舆论在一定程度上折射出社会心态、表达着社会的诉求，在不涉及重大法律问题时，青年大学生可以畅谈自己对现实社会的最真实看法，不再担心被教育者发现，而受到批评教育。"知屋漏者在宇下，知政失者在草野"，互联网公共广场是国家了解社情民意、把握社会思潮的重要途径。正如国家网络安全与信息化座谈会上所指出的，要建设网络良好生态，发挥网络引导舆论、反映民意的作用。网民来自老百姓，老百姓上了网，民意也就上了网。要学会通过网络走群众路线，经常上网看看，了解群众所思所愿，收集好想法好建议，积极回应网民关切的问题并解疑释惑。青年大学生是自媒体的深度使用群体，他们的思想和心理通过网络平台得到充分表达。青年大学生是一个思想十分活跃的群体，是一个世界观、人生观、价值观正在逐步形成的群体，是一个极易在缺乏理性思考的情况做出冲动行为的群体。当前各类热点事件中出现的大学生政治参与现象，充分体现出大学生对公共事务的参与意识和热情不断高涨。学校在开展宣传教育工作时，要注重把握自媒体环境下大学生公共参与的发展特点和趋势，充分发挥校园网络公共论坛的舆情反映功能，及时了解学生群体的思想心理状况，开展深入细致的思想沟通，完善多层次多渠道的回应机制，要敢于广泛收集和积极回应学生关切的热点难点重点问题，以问题为导向，直面大学生成长中的各种烦恼和问题，才能真正说服大学生，而不是大学生的沉默敷衍，才能切实提高思想政治教育成效。

第二，自媒体陌生人社交场域具有"减压阀"的功能。95后、00后大学生两个心理极端：一是极端佛系，二是极端压力大。前者是在"421"家庭的过度宠溺下养成，大学生缺乏竞争意识，用这类家长的话来讲就是"对她/他没有其他什么要求，只要开心就好"。而第二种就是因为家长把自己当年没有做成的事寄托在大学生身上，对他们期望过高，过于严苛，导致大学生心理压力过大，这也是当代大学生心理问题特别突出的重要原因之一。大学生心理健康教育是思想政治教育工作的重要内容，在日常工作中加强学生的心理疏导和心态引导，是思想政治教育工作者的必做工作。由于自媒体陌生人社交场域所特有的用户匿名化、弱关系结构、广场性情境等特点，非理性的意见表达、冲动化的情绪宣泄、狂欢式的网络恶搞是这一网络场域的典型现象。实际上，在这些引发社会普遍关注的典型网络现象背后，是我国在现代化过程中出现的社会机制的发展变化。当前我国处在社会转型期的重要阶段，社会结构性变化的压力需要有合理合法的释放途径和机制。由于互联网的赋权作用，网民可以通过贴吧、论坛、微博、微信、微视频等网络平台充分表达个人诉求、释放心理压力。在一定意义上，互联网实际上产生了一种"社会减压阀"的效果。社会冲突论的代表人物、美国社会学家刘易斯·科赛认为，在不毁坏结构的前提下使对抗的情绪释放出来以维持社会整合的制度，是一种社会安全机制。在自媒体陌生人社交场域的网络公共广场上，社会问题与矛盾所激发的群体性情绪通过网络宣泄释放出来，可以避免导致更激烈的社会冲突，就像锅炉里面的过量蒸汽通过安全阀不能及时排出会导致爆炸一样，从总体上缓解社会压力。互联网的"减压阀"机制在学校教育管理工作中有着积极的实践价值。通过观察学生自媒体中出现的问题、矛盾、思想困惑等，教师可以及时了解和掌握学生的思想动态和心理状况，开展有针对性的心理辅导，主动疏导学生的不良情绪，青年大学生面对的一些问题是短时间内未能解决，甚至于长时间都难以解决的，长期闷在心里面，越积越重，没法或者是没有勇气告诉身边同学、老师，极易出现极端心理问题，在媒体陌生人社交场域的宣泄，大学生的心结可能直接就接开了。通过"疏"与"导"的过程把消极因素化为积极因素，实现对学生思想心理问题的及时发现和正确引导。

第三，自媒体陌生人社交场域具有历练青年大学生公民素质的价值。作为思想文化百花齐放、百家争鸣的公共空间，有助于青年大学生的现代公民素质的培育。思想文化观念是社会生活的反映和体现，社会生活的丰富多彩、纷繁复杂，必然促使社会思想文化多样发展、大众精神文化生活日益丰富。网络公共空间是体现社会思想文化开放多元特征的典型场域。在论坛贴吧、微博广场上，各类新闻事件、社会热点的消息和评论在这里汇聚、传递、转发；不同社会思潮、思想观点在这里交流、交锋、竞争；各种社会心态、利益诉求在这里发酵、表达、演变。在一定意义上，陌生人关系场域中百家争鸣的社会思想文化状况，恰恰打破了由于熟人社交网络所导致的社会"圈层化"趋势，避免"群体极化"现象对社会思想意识领域、政治生活领域的侵蚀，有助于打破交流壁垒，促进社会多样观点的交换、讨论、比较与鉴别。对于大学教育而言，这一场域促成了校园环境和社会环境之间的信息对称，使得大学生成长过程中的信息环境更加广阔和平衡。青年学生在互联网上关注热点、传播消息、转发文章、参与评论的过程，实际上是在社会多样化大环境中进行认知、思考、判断和选择的过程。而要实现正确把握，不仅仅要努力提高媒介素养、善于获取有效信息；更重要的是面对复杂多变的信息世界和相互激荡的社会思潮，要学会既把握主流、坚守方向，又尊重差异、包容多样，养成责任、尊重、理解、耐心、宽容、节制、协商、合作等现代公民品质以及批判性思维和能力素质。学校要注重引导大学生不断提升道德选择和道德判断力，在多元舆论环境中做到理性思考、全面分析、正确抉择，从而稳重自持、从容自信，坚定自励。经过长期的历练，可以提高青年大学生的网络素养和公民素质。

第二节 自媒体思想政治教育价值能否实现的争议与反思

对于自媒体，起初思想政治教育理论界和实践界对其是听之任之，在其对大学生影响逐步加剧的情况下，理论界和实践界开始了其思想政治教育价值的探讨。探讨的结果是理论界和实践界一致认为自媒体场域存在大学生思想政治教育价值。但此次讨论也引发了理论界和实践界关于自媒体场域思想政治教育价值能否实现之争，因自媒体对于大学生思想政治教育来讲，机遇与挑战并存，拥抱自媒体利弊皆有。乐观主义者认为自媒体社交平台开创了思想政治教育新渠道，拓展大学生思想政治教育的新场域，使大学生思想政治教育超越时空的限制成为可能，同时还能以生活化的方式潜移默化地发生作用。然而，在另一些人看来，自媒体社交平台大学生思想政治教育却很难有所作为，同时自媒体还带来了不少新的思想政治教育难题。随着部分学者和实践者在自媒体场域的初探，加上自媒体技术的飞速发展，影响进一步扩大。理论界和实践界互补达成了共识，与其被动应对，不如主动拥抱，占领自媒体这块大学生思想政治教育新阵地成为必然选择。

一、自媒体思想政治教育价值能否实现之争

当前，互联网发展进入 web 2.0 时代。戴尔·多尔蒂（Dale Dougherty）于 2004 年首次提出这一概念。Web 2.0 是相对于 Web1.0 的新的时代。指的是一个利用 Web 的平台，由用户主导而生成的内容互联网产品模式，为了区别传统由网站雇员主导生成的内容而定义为第二代互联网，web 2.0 是一个新的时代。抛开纷繁芜杂的 Web 2.0 现象，进而将其放到科技发展与社会变革的大视野下来看，Web 2.0 可以说是信息技术发展引发网络革命所带来的面向未来、以人为本的创新 2.0 模式在互联网领域的典型体现，是由专业人员织网到所有用户参与织网的创新民主化进程的生动注释。Web 2.0 模式下的互联网有以下显著特点：去中心化、开放、共享。这些显著特点主体现在四个方面：一是用户分享。在 Web 2.0 模式下，可以不受时间和地域的限制分享各种观点。用户可以得到自己需要的信息也可以发布自己的观点。二是信息聚合。信息在网络上不断积累，不会丢失。三是以兴趣为聚合点的社群。在 Web 2.0 模式下，聚集的是对某个或者某些问题感兴趣的群体，可以说，在无形中已经产生了细分市场。四是开放的平台，活跃的用户。平台对于用户来说是开放的，而且用户因为兴趣而保持比较高的忠诚度，他们会积极地参与其中。

自媒体社交平台作为 web 2.0 时代的产物，web 2.0 去中心化、开放、共享等特点在自媒体社交平台中得到了很好体现。自媒体社交平台大学生思想政治教育备受理论界和实践界关注，各方对自媒体的认识形成了两种截然不同的观点。乐观主义者认为自媒体社交平台开创了思想政治教育新渠道，拓展大学生思想政治教育的新场域，使大学生思想政治教育超越时空的限制成为可能，同时还能以生活化的方式潜移默化地发生作用。然而，在另一些人看来，自媒体社交平台大学生思想政治教育却很难有所作为，同时自媒体还带来了不少新的思想政治教育难题。双方的争议为 Web 2.0 时代通过自媒体

社交平台开展大学生思想政治教育提出了一个值得各方深思的问题，即面对日新月异的网络技术，思想政治教育工作者到底应该何去何从。

（一）乐观者：自媒体思想政治教育的新希望

Web 2.0 时代的到来，不少人为之兴奋，认为更加便捷、及时、隐性化、针对性强、互动性好的思想政治教育形式已成为现实，传统思想政治教育中大学生的冷漠局面有望扭转。传统的思想政治教育工作者垄断话语权的局面已经得到彻底改变，通过自媒体平台学生可以更加轻松地参与进来，进行良性互动。很多人认为，自媒体是一种包含不同沟通模式和内容的聚合性媒体，充分体现了自我话语权，不管是自上而下还是自下而上的对话交流都变得轻而易举，天生就与思想政治教育工作者、大学生之间的沟通互动需要高度契合，对思想政治教育工作的意义不言而喻。如果说之前人们对自媒体社交平台抱有种种顾虑的话，那么，现在似乎就是打开双臂拥抱这一思想政治教育新途径的时候了，Web 2.0 为大学生思想政治教育提供了无与伦比的技术环境。

1. 自媒体社交平台，扫除了思想政治教育的时空屏障

Web 2.0 时代自媒体社交平台不再仅仅是一种工具和手段，无处不在的自媒体社交平台对现实生活有着深远的影响，俨然已成为一种环境，为高校思想政治教育扫除了时间和空间的屏障，创造了更加广阔的思想政治教育空间，自媒体社交平台最主要的特征就是信息环境的开放性，一改过去信息渠道单一的状态，已经发展成为当今社会人们接受新鲜事物，表达个人思想，传播政治文化的新手段、新媒介、新载体。在自媒体社交平台技术飞速发展的当下，大学生作为象牙塔塔尖教育中的精英，他们对知识、新鲜事物的接受及运用走到了时代的前列，在自媒体社交平台上，大学生话语权空间日益增大，他们在民主、平等的思想政治教育环境中与社会上不良风气斗争，表达自己的政治观点、事件主张。因此，高校应积极挖掘和利用好自媒体社交平台技术，进一步发挥大学生主观能动性，挖掘不同特征学生的潜能，充分利用自媒体社交平台为高校提供更广阔思想政治教育空间，使自媒体社交平台成为各高校思想政治教育的重要手段。

2. 自媒体社交平台，实现了主客体的平等交流、良性互动

由于教育者与受教育者之间的特殊关系，作为受教育者的大学生在面对面的交流中一般不会轻易地在教育者面前完全展示自己的内心世界，而在自

媒体社交平台上，虚拟的社交网络、匿名身份赋予大学生更多的勇气来表达自己内心的真实想法，将自己的观点通过自媒体社交平台传播到网络，实现对各种事物的看法的讨论。通过自媒体社交平台开展思想政治教育工作，可以极大地简化程序、缩短空间，思想政治教育工作者可以通过微博、微信、QQ等与大学生加好友、加关注、互粉，及时地了解和掌握大学生的关注焦点、思想困惑和思考路径，便于有的放矢地开展工作，减轻大学生的拘束和抵触，提高思想政治教育工作的针对性和时效性。

3. 自媒体社交平台，实现了思想政治教育的潜移默化

当前，思想政治教育正面临"认同危机"，90后大学生对空洞的思想政治理论，表现出了空前的冷漠，甚至是极度的反感，亟须一种潜移默化式的教育手段，"春风化雨，润物无声"。Web 2.0时代的到来，自媒体社交平台在大学生群体中流行开来，思想政治教育工作者和大学生在日常的学习生活中通过自媒体社交平台进行了很好的良性互动，思想政治教育工作者逐步地成为了社交平台上的"意见领袖"，通过日常学习生活中的琐事，去引导大学生的思维方式、是非观念、价值取向，并逐步赢得了大学生的信赖，大学生愿意把内心世界真实地展现出来，在困境中愿意向教育工作者寻求帮助。

基于以上原因，Web 2.0似乎正在以前所未有的方式，沿着一些乐观主义者的预期向前发展。这无论对于陷入思想政治教育冷漠的大学生，还是受困于探索思想政治教育有效途径的教育工作者都是一个惊喜。思想政治教育工作者放下身段，转变思维方式，学会运用新的技术更好地与大学生平等沟通，良性互动，以一种更加平和、潜移默化的方式达到大学生思想政治教育的目的。

（二）悲观者：自媒体思想政治教育乌托邦式的幻想

然而，上述乐观主义的观点很快就遭到了一些人的质疑。在他们看来，Web 2.0网络技术在信息沟通方面确实有着不可替代的优势，不否认其对思想政治教育工作做出的贡献，但其本身毕竟只是一种教育工具和手段，本身并不包含思想政治教育的内在价值，过于强调Web 2.0网络自媒体社交平台在思想政治教育工作中的作用，显然片面地夸大了技术和手段在思想政治教育工作中的正面效应，而自媒体社交平台本身存在的种种弊端却被有选择性地遮蔽了。技术手段的进步并不意味着思想政治教育内在价值的丰富，相反，可能会给现实中的思想政治教育造成不良影响，企图通过自媒体社交平

台彻底改变思想政治教育局面的想法只不过是乌托邦式的幻想而已。

1."把关人"功能弱化,造成社会主义核心价值观的冲击

传播学奠基人库尔特·卢因1947年在《群体生活的渠道》一文中提出了把关人(gatekeeper)理念,认为"信息的流动是在一些含有'门区'的渠道里进行的,在这些渠道中,存在着一些把关人,只有符合群体规范或把关人价值标准的信息才能进入传播渠道"[①]。而在自媒体社交平台上,任何人都可以根据自己的需要和兴趣决定自己是否扮演传播者和传播什么样的内容;此外,海量信息的瞬间流动,使得对每条信息进行把关变成不可能完成的任务。因此,这就导致了在自媒体社交平台上,大学生议题碎片化、多元化趋势更加明显,信息内容繁杂,良莠并存,不同社会意识形态和思想文化同台竞技,从而对大学生的思想和价值观念带来巨大冲击和挑战,增加了思想政治教育工作的不确定性。

2.信息"裂变式传播",负面事件不良影响成倍放大

传统媒体的信息传播特点是一对一、一对多,因此传播者与受众彼此之间的交互性较差。但是,Web2.0时代,网络技术的发展,使分享与搜索同步化,自媒体社交平台信息传播不再是传统媒体的线性传播或网络传播,而是一种"裂变式传播",即一条信息往往在很短时间内就会被大量关注和传播。如新浪微博,简化了信息发布的内容和方式,大学生可以便捷地使用移动终端,如智能手机、平板电脑等,能"随时随地更新内容,其关注、互粉、评论和转帖等回应机制,使信息传播更为迅速,互动更为频繁"[②]。大学生运用自媒体平台发泄不满情绪、散布负面消息,这些偏激、片面的不良信息,能很好地迎合大众猎奇的口味,在极短的时间内引起其他大学生甚至社会的关注,造成恶劣影响,给大学生思想政治教育工作者造成极大压力。

3.传统教育主客体关系面临解构危机,思想政治教育工作者权威受到挑战

思想政治教育工作者和大学生之间通过教育过程角色定位来促成二者关系的形成。在传统的思想政治教育模式中,教育者和受教育者之间的关系往往体现为支配关系,教育者凭借自己积累的理论知识及获得的实践经验优势,在大学生面前展现的是一个授道者的形象。在自媒体时代,思想政治教

[①] 张甜,对新媒体时代"把关人"理论的新思考[J],新闻实践,2007年第11期.
[②] 李小玲,Web2.0时代创新大学生思想政治教育探析——以社交媒体为研究视角[J],高校研究与实践,2013年第1期.

育途径由单一的填鸭式教育演变为多向、多渠道的获取式教育途径,"途径及信息来源的多向化促使教育者对受教育者灌输式的教导优势逐步削弱"[①],自媒体的传播和教育功能被强化,必将导致思想政治教育主客体之间传统的关系面临解构的危机。自媒体时代高校思想政治教育中传统的教育关系危机主要表现在教育者与受教育者之间拥有知识的秩序被颠覆,受教育者可通过网络获得教育内容,并掌握一些教育者不懂的时髦术语,且被教育者在教育次序的优先,进而也打破了教育者与受教育者之间的信息不对称,使传统的关系秩序面临解构危机,从而导致思想政治教育工作者权威性的下降。

二、反思：思想政治教育拥抱自媒体成为必然选择

对于 Web 2.0 的评说众说纷纭,Web 2.0 时代对于大学生思想政治教育到底意味着什么？我们似乎很难做出有效的判断,但却给我们提出了一个非常值得深思的问题,那就是在 Web 2.0 的时代,到底应该怎样对待这种新技术与大学生思想政治教育之间的关系,技术与工具理性能否替代思想政治教育的价值理性？特别是对于我国来说,应该如何在这种无所不在的 Web2.0 环境中寻找最为有效的大学生思想政治教育模式。

（一）以自媒体社交平台技术为切入点，推动思想政治教育方式改变

Web 2.0 时代,再沿用传统的思想政治教育方式,则显得不足,要以自媒体社交平台技术为切入点。推动思想政治教育方式的改变。教育方式的改变要从改变教育者的观念入手,教育者要主动放低姿态,彼此回应性更加灵敏,从一个说教者向一个信息收集传播者转变。思想政治教育领域要向社会延伸,大学生通过自媒体社交平台接触的是大社会网络,深受社会主流价值和社会名人的影响,如明星、微博大 V 等。强化思想政治教育的及时性,自媒体社交平台影响迅速,这就要求教育者能立马获知信息和快速做出反应,在生活中运用自媒体社交平台,开展生活化的思想政治教育工作。

（二）应该警惕唯技术主义而产生制度变迁的迟滞效应

自媒体社交平台毕竟只是一种技术,它本身并不包含思想政治教育的内

---

① 王丹、刘明良,机遇与挑战：自媒体时代的高校思想政治教育研究[J],学理论,2013.08.10.

在价值。因此，面对思想政治教育改革使命，必须防范技术优化的喧宾夺主与本末倒置。技术优化的价值导向是效率，思想政治教育的目标不仅仅是效率，更重要的是培养大学生的社会主义核心价值观。因此，技术优化必须经过适当的调适，才能展示真正的意义。Web 2.0 时代，高校思想政治教育工作理智的策略应该是以自媒体社交平台技术为契机，以培养社会主义建设接班人为目标，转变思想政治教育方式，认清自媒体社交平台技术的功能边界与本质局限，在提高思想政治教育效率的同时，丰富思想政治教育内容，保证思想政治教育质量。

（三）对新技术可能带来的危机有足够的预见，并积极建立和完善有效的应对机制

由于 Web 2.0 的技术特征，自媒体社交平台上一件极为细小的事情往往可能在瞬间引发一场发泄式的"网络围观"事件，甚至引发挑战现有正常校园社会秩序的集体事件，这对高校的思想政治教育工作带来了前所未有的挑战。Web 2.0 时代的教育者应该具有高度的危机意识，改变传统媒体环境下僵化、滞后且封闭的行为方式，建立有效的舆情收集与处理机制，学会通过微博和其他互动平台，对舆情进行有效了解、跟踪和掌握，对可能的舆情变化提前进行分析、研究和判断。尤其重要的是，高校要打破过去横向和纵向部门间的壁垒，实现学工队伍的联动机制，实现跨部门、跨层级、跨地区的互动与协同。这样，高校面对网络谣言以及舆论风暴时，就能变被动为主动，在第一时间做出有效反应，公开相关信息，引导舆论走向。

当今时代，网络技术发展日新月异，当我们还在进一步深入研究 Web 2.0 的时候，Web 3.0 的初探就已经开始。所以，网络时代大学生思想政治教育对我们来讲将"是一个长久的课题，又总是一个全新的课题"[1]。这就要求我们在牢牢把握思想政治教育总体目标的前提下，正确看待新事物，勇于去探索，勤于去实践，在实践中去总结、学习和掌握新知识、新技术，不断挖掘和利用好新的思想政治教育技术和手段，将大学生思想政治教育同网络信息技术有机融合，形成网上网下联动协调的教育格局，为党和国家的事业培养合格接班人。

---

[1] 江玲、许立新、吴倩，Web2.0 时代大学生思想政治教育探索与实践[J]，电化教育研究，2010 年第 3 期。

第三节　自媒体场域的思想政治教育探索

在经历了理论界与实践界关于自媒体场域大学生思想政治教育价值能否实现的激烈争论与反思后，共识逐渐形成，那就是大学生思想政治教育拥抱自媒体成为必然选择。

从技术手段来看。在自媒体与大学生之间筑起"隔离墙"难以做到，早期的实践已经表明学校可以关闭校园贴吧的校外接入端口，甚至于关闭校园贴吧，但学校却无法禁止大学生在百度贴吧、猫扑、新浪博客等其他大型自媒体网络场域的网络实践，因为自媒体的匿名性、公开性、商业价值，社会也不可能对自媒体场域的广大用户进行区分限制。"堵"的路径行不通，那么拥抱自媒体就成了大学生思想政治教育的必然选择。

从利弊圈权衡来看。QQ、微信、微博、快手、抖音等自媒体平台可以作为大学生学习生活疲惫后的娱乐放松渠道，缓解学生学习生活压力；自媒体可以作为大学生日常管理的重要工具，比如：班级QQ群、班级微信群等，就便捷了大学生日常事务管理；自媒体平台还富含大学生思想政治教育价值，各种官方公众号可以进一步把宣传党的最新理论，加强价值引领；也可以作为学生思想状态的"晴雨表"，便于思想政治教育工作者把握真实学生思想动态。当然，自媒体对于思想政治教育来讲，也有弊端，比如，其极易导致现实问题的网络化，网络化的现实问题热点化，最终形成舆情危机。但总体上来讲，自媒体对于大学生思想政治教育来讲，利大于弊，值得广大思想政治教育工作者去创新自媒体场域的大学生思想政治教育。

从思想政治教育学科发展来看。我国思想政治教育学科设立于1984年，相较其他学科而言，其设立时间较短，涉及哲学、传播学、教育学、心理学、政治学等多学科交叉。同时，思想政治教育学科的实践性又非常强，不同的历史时期，思想政治教育的内容有所差异，不同的技术环境对思想政治教育学科实践又有较大的影响。因此，思想政治教育学科发展的现代化，必须紧密贴合时代特征和所处技术环境。研究自媒体场域的大学生思想政治教育，可以促进思想政治教育学科的发展。

所以，无论作为"网络移民"的大学生思想政治教育工作者是否愿意，从技术手段、利弊权衡、学科发展出发，都必须系统分析自媒体的媒介本质和技术特点，把握其规律，主动迎接自媒体带来的大学生思想政治教育机遇与挑战，占领自媒体这块大学生思想政治教育新阵地。

一、机遇与挑战的再审视

在经历了自媒体传媒技术条件下的大学生思想政治教育能否实现的理论界、实践界大争论后，大学生思想政治教育理论界和实践界逐步达成共识，那就是开展自媒体大学生思想政治教育势在必行，且利大于弊，大学生思想政治教育拥抱自媒体成为必然。要实施好自媒体大学生思想政治教育，占领自媒体大学生思想政治教育这块网络新阵地，就需要对自媒体进行深入的研究。大学生思想政治教育理论界和实践界对自媒体这把双刃剑进行了再审视，深刻剖析其对给大学生思想政治教育带来的机遇与挑战，以便用好自媒体这把双刃剑，开展好自媒体场域的大学生思想政治教育，用其利，去其害。

（一）自媒体给大学生思想政治教育带来的机遇

机遇在汉语词典中的解释是：指机会，有利的境遇。对于自媒体给大学生思想政治教育带来的机遇来讲，就是自媒体为大学生思想政治教育创造了怎样的机会以及有利的境遇。关于自媒体给思想政治教育带来的机遇与挑战研究，是早期自媒体研究的重点，相关研究成果十分的丰富，本文在梳理相关文献的基础上，对自媒体给大学生思想政治教育带来的机遇与挑战进行了归纳。

1. 自媒体信息传播的开放性为大学生思想政治教育提供了广阔的平台

自媒体依托数字技术、计算机网络技术和移动通信技术而形成了巨大的网络体系，具有信息容量大、资源丰富、传输快捷和交互性强、覆盖面广、形式多元等优势，较之以往任何一种传播技术和交流工具，都有根本性跨越。大学生思想政治教育既可以借助自媒体，挖掘大量、丰富的资源，吸纳人类文明一切优秀成果，进行继承与创新；也可以通过自媒体大规模地、主动地、快速地传播正确的思想、理论与政策，而无须受制度、体制和其他烦琐程序的制约，无论是工作场合和对象、教育方式与手段还是信息获取与传播，都获得了突破性的改善，从而为大学生思想政治教育提供了崭新的、空前广阔的理论与实践平台。

2. 自媒体的灵活性和快捷性有利于丰富大学生思想政治教育的手段

长期以来，高校思想政治教育依靠思想政治理论教学，也就是我们所俗称的"两课"教学，以及思想政治教育工作者开展或者推动的座谈、讨论、谈心、班会、团日活动、社会实践等是高校开展大学生思想政治教育的基本手段。而在自媒体时代，博客、微博、QQ、微信、网络论坛以其灵活、快捷的特点，日益成为一种崭新的思想政治教育载体并显示其独特优势。自媒体能够更为方便和快捷地发布更具个性化的信息，在最短的时间，通过文字、语音、图片、短视频或者相互交流等方式，把教育内容迅速传递给受教育者，使思想教育更直接、更深入。通过自媒体，大学生不必按传统方式在规定的时间到规定的场所，如辅导员办公室、心理咨询室、教室等，接受面对面教育，而可以通过QQ、微信等自媒体在任何一个地方、任何时间获取所需的知识和教育，极大提高了思想教育信息的传播效率。

3. 自媒体信息传播的多边和平等性使大学生思想政治教育主客体双方的信任度大为增强

师生之间的信任感，一直是影响和制约大学生思想政治教育效果和质量的关键。由于人的思想隐蔽性的客观存在，在现实思想政治教育中，如果没有恰当的环境、适当的契机，大学生一般不愿意向老师讲真话和说实情，一言堂式的灌输，这是当前高校一个较为普遍的现象，并成为大学生思想政治教育过程中的情感教育阻碍，大学生往往更多的是听，更少的是说，很难有机会把自己内心的矛盾表达出来，在思想政治教育工作者不能触及其灵魂深处，打动和感化大学生时，大学生往往选择沉默以对，或者敷衍式地满口答应，实际在心理上本能的抵触，不能真听、真信、真做。当前大学生思想政治教育可以借自媒体虚拟传播手段与大学生进行双向交流，消除大学生的心理戒备和隔阂，增强大学生思想政治教育主体与主导者之间的信任，达到良好的教学效果。

4. 自媒体信息传播的互动性有利于增强大学生思想政治教育的自主性

大学生的分层化是思想政治教育工作者在实践中不得不考虑的一个问题。大学生中既有大学生党员、入党积极分子、班委干部、学生会干部这样的先进分子，也有表现一般以及思想时常"抛锚"的大学生，对于不同层次的大学生，思想政治教育工作者在共性教育的基础上，要有所区别地开展大学生思想政治教育。在自媒体上，层次各异的文章和图文并茂的资料使不同水平和基础的受教育者在同一时间里都有适合自己的内容选择。受教育者可以在轻松的环境中，自由地选择浏览信息，在主动的探索和寻求新的视觉听觉内容的过程中使思想政治教育的效果潜移默化和不断提升。这种信息传播的双向互动使受教育者由消极被动接受转变为积极主动的参与与互动交流，从而有利于增强大学生在思想政治教育过程中的自主性。

5.自媒体的时髦性减小了思想政治教育工作者与大学生的心理代沟

自媒体是新媒体发展的最新阶段,对于"互联网原住民"大学生来讲,自媒体是体现他们青春活力,走在时代前列的重要体现。思想政治教育工作者在大学生心中,不可避免地具有死板、呆板、"老学究"等刻板印象,认为思想政治教育工作者与他们的潮流思想存在着天然的代沟,就像一位啰唆的母亲一样,凭着一张"旧船票"不断重复着昨天的故事,把守旧当成个人思想政治教育的资本,跟不上他们青年人的时代,不会讲"亲""有木有""杀马特"等新兴的网络时髦火星语。思想政治教育工作者主动拥抱自媒体,通过优秀的自媒体作品呈现,比如分享一个时髦的抖音短视频,还可能在青年大学生中火一把,可以让青年大学生感受到思想政治教育工作者仍然朝气蓬勃,跟得上时代,能够成为他们成长道路上的知心朋友,而不仅仅是他们成长道路上的一个说教者,可以减小思想政治教育工作者与青年大学生之间的心理代沟。

6.自媒体的虚拟空间可以创造一个舒适的谈心谈话环境

谈心谈话需要技术,也可以说好的谈心谈话是一门艺术,再好的沟通技巧,也需要一个适宜的谈心谈话环境。当前,大学生谈心谈话的一大难点,就是大学生不愿意打开自己的心扉,恰恰大学生在心里所藏匿的秘密,就是思想政治教育所要直面的问题,是大学生思想"抛锚"的病症结点,找不到这个结点,思想政治教育就很难对症下药,只能凭借思想政治教育工作者的主观经验进行,现在大学生日益活跃的思想动态、不断拉大的差异化,仅仅凭借思想政治教育工作者的主观经验,难以进一步提高思想政治教育实效。大学生在直面辅导员时,往往受现实教育主客体身份的影响,不是每一个同学都能克服心理上的困难,和辅导员等思想政治教育工作者敞开心扉地平等交谈,担心自己的想法不能被理解和认可。自媒体恰恰能创造一个舒适的环境,让思想政治教育工作者与大学生在网络上交流,而且两个人之间的自媒体互动,还可以非常的隐私,不用担心被他人听去。

7.自媒体的虚拟性和匿名性有利于提高大学生思想政治工作的实效性

网络实现了虚拟与现实的交织,网络技术发展造就了新媒体,在新媒体土壤中成长起来的自媒体仍然具有虚拟与现实交织的特征。自媒体传播技术打破了真实世界和虚拟世界的界限,从根本上改变了人的认识方式,交往中个人的性别、年龄、相貌、种族、身份、职业等一些重要的社会特征被掩盖了,自媒体人际交流中的虚拟环境和角色,缩小了人际交往的心理距离,减少了心理防范,教育者和受教育者只有符号的交往,这种虚拟性和匿名性可

· 073 ·

以使大学生将内心深处的孤独、苦闷、迷惘等倾诉出来，教育双方可以在通过短信、论坛、网络聊天等形式"毫无顾忌"地进行真实心态的交流，发表自己的意见，真正实现畅所欲言。教育者能够通过新媒体了解受教育者最真实的想法，对于学生思想、学习和生活中暴露出的一些问题进行组织讨论，会收到一般思想政治教育方式不可比拟的效果。

8. 自媒体可以提升思想政治教育的亲和力

自媒体的主要针对群体，是广大青年，当然这里面就包含了青年大学生，只是他们的知识水平总体上要高于一般青年。确切地讲，自媒体就是95后、00后青年大学生的一种学习生活方式。思想政治教育主动拥抱自媒体，可以更加贴近大学生。这也是我党在群众路线中积累下的宝贵经验，要想改造群众，首先得尊重群众、适应群众。同理，要开展好自媒体时代的大学生思想政治教育工作，思想政治教育工作，首先得尊重青年大学生的自媒体学习生活方式，适应他们的自媒体使用习惯，用他们的时髦网络语言和丰富化的表达方式，引得他们的认可，这样我们才能在思想政治教育中提高亲和力与实效性。

9. 自媒体延长了思想政治教育的作用时间和拓展了思想政治教育的作用范围

现实中的思想政治教育内容，大学生很少去记录，去主动宣传，也不便于更大范围的宣传，思想政治教育工作者的教育内容往往只能在与大学生沟通时发生作用，也仅仅作用于一起交流的人。在自媒体平台上，思想政治教育工作的一篇好的博文、微信公众号上一段有趣的感悟分享，大学生在很长一段时间内都能看到，延长了思想政治教育的作用时限。另一方面，好的思想政治教育作品，往往会被大学生自主转发，自媒体的爆炸式传播、病毒式传播，往往能使含有思想政治教育内容的作品传递到更多的大学生，这就拓展了思想政治教育的作用范围。

（二）自媒体给大学生思想政治教育带来的挑战

挑战一词在汉语词典中有主动尝试战胜对方，激使敌方出战等意思。对于自媒体给大学生思想政治教育带来的挑战来讲，自媒体给思想政治教育带来了许多困难，试图给大学生思想政治教育制造麻烦，激发思想政治教育工作者去占用它。从唯物辩证法我们也能知道，事物都具有两面性，自媒体的发展为大学生思政教育带来诸多发展机遇的同时，也带来许多的挑战。在自媒体环境下，必然存在着信息的自由传播、传播途径虚拟化、传播对象大众化、信息海量传播以及不良信息充斥等等缺陷，这些问题会严重破坏受教育者的信息接收和发布，从而引发自媒体时代的网络行为缺失。如不及时解决这些问题，不但会给高校思想政治教育工作造成诸多负面影响，而且还会给大学生的成长造成很多不利的影响。

1. 自媒体信息传播的"无屏障性"使大学生思想政治教育内容受到挑战

自媒体时代的信息传播也具有"三无状态"的特点，即"资讯无屏障""时间无屏障""空间无屏障"。在互联网上，每个人既是网络信息创造作者、发布者，也是网络信息的接收者、转发者。正是由于网络传播存在的这种交互性强的特征，使得网络上的信息良莠不齐、真假难辨、极端片面，充斥着谣言、错误思潮、网络暴力的群魔乱舞的场景，浩如烟海的网络信息给大学生道德认知和思想观念带来深刻影响。大学生在自媒体平台不断拓展的网络实践中，它所具有的负面影响，增大了大学生思政教育的难度，削弱了传统思政教育的功能和效果。

（1）大学生思想政治教育的主旋律受到冲击

自媒体时代的思想政治教育在极大拓展了大学生知识学习、知识选择空间与渠道的同时，也对大学生思想政治工作的主旋律发起了冲击，需要引起思想政治教育工作者的警觉。以往的思想政治教育的一个共同的特点，那就是可控性，包括思想政治教育场景可控、思想政治教育内容可控、思想政治教育议程可控、思想政治教育传播途径可控、思想政治教育作用群体范围可控等。思想政治教育工作者利用"两课"教学、主题班会、团日活动、谈心谈话、校园文化活动等形式，一定程度上结合广播、报纸、电视、杂志等传统主流媒体，教育者可以根据教学目标选择教育材料向被教育者讲授特定的内容，促进被教育者思想的转变、行为的落实，在不断引导、纠偏等环节下促成教育目标的最终实现。在自媒体时代下，信息的传播途径日益增多，自媒体平台使用门槛低，自媒体平台上人们可以随时随地地上传信息、发表看法，使用起来简单，传播速度快捷。不同地区、不同意识形态、不同年龄、不同职业、不同阅历的人可以同时在线匿名交流，形形色色不同思想境界的人发布的各种信息，就使网上的交往环境变得相当复杂。一些充斥着消极、腐朽的思想泛滥，例如一些反马克思主义、反社会主义的论调也利用自媒体的途径大肆传播。尤其以美国为首的西方国家，通过话语霸权和网络技术优势，传播所谓的人权"自由"等资产阶级的思想观念，对我国的政治制度和党的路线方针政策进行攻击，恶意歪曲、夸大、炒作一些负面事件，破坏我国安定团结的局面。近年来，自媒体平台上对革命英烈邱少云、黄继光的质疑、对红色经典《黄河大合唱》的恶搞、湖大教师梁艳萍的不当言语等为大学生思想政治教育敲响了警钟。而在现阶段针对自媒体中信息的控制和过滤技术又相对滞后，相关的法律法规尚未健全，对自媒体中信息传播内容的控制难度很大，导致不同思想观念、政治观点、价值观的广泛流行。这对于正处于世界观、人生观和价值观形成的重要阶段的大学生来说，还不能完全有效地对大量网络信息进行区别处理，极易在不同程度上受到西方发达国家资产阶级意识形态、价值观念和生活方式的影响，有些大学生对于我们一直坚持的共产主义的理想、社会主义的信仰、民族的道德理念提出了质疑，出现了动摇，这些都给大学生思想政治教育工作者敲响了警钟。

（2）违反社会道德的信息泛滥

自媒体的开放性使其所包含的信息鱼龙混杂，其中健康的、积极的、向上的正面信息很多，而低俗、恶俗、媚俗等不良的方面信息也很多。毫无疑问，这些垃圾信息形成的负面影响极不利于青年大学生的健康成长。据苏格兰一家软件公司对互联网所作的调查显示，全球每天新增色情网站两万多个。互联网上非学术性信息中，有的内容与色情有关。自媒体环境下低俗文化的传播，严重影响着大学生的身心健康。网络传播的门槛较低，每个人都可以成为信息的发布者，因此信息的质量良莠不齐，存在大量虚假信息，让人难辨真伪。网络信息的庞大审查困难重重，一些网站为了获得高点击率而成为非法信息的传播者。垃圾信息成为伴随自媒体产生的一种营销手段，广告商未经许可所发送的大量垃圾邮件、垃圾信息，干扰了用户的正常生活。自媒体传播速度快、范围广的特征，给诈骗信息以可乘之机，利用互联网实施诈骗行为屡见不鲜。诈骗者利用网络技术和多媒体技术制作电子信息进行诈骗，无须投入大量资金、人力、物力。据中国互联网络信息中心发布的《中国互联网络发展状况统计报告》中的数据显示：有的网民账户或密码被盗过，网络安全的问题制约着中国网民深层次的网络应用发展。自媒体中的大量腐朽落后、低俗、夸大事实、颠覆我们主流价值观念的内容及对奢华享受的生活方式的过分鼓吹等负面宣传，在大学生思想政治教育过程中制造了大量杂音，严重干扰了大学生的价值判断，使自身辨别力不强，世界观、价值观尚未完全成熟又缺乏生活阅历的青年大学生陷入选择的困境，具体表现在理想信念的迷失，社会道德意识的缺失，法律意识的淡漠，看重金钱利益忽视个人诚信，而且庞杂的信息内容也使通过思想政治教育传达给学生的主流价值观要想在学生头脑中扎根生长变得困难，降低了高校思想政治教育的效果，不利于高校思想政治教育目标的顺利实现。

（3）西方社会意识形态的渗透

意识形态安全是国家总体安全的重要组成部分。意识形态工作是党的一项极端重要的工作，作为思想政治工作的核心和灵魂，事关高校"培养什么人、怎样培养人、为谁培养人"这个根本问题。"意识形态是时代的产物，从来就不是一成不变的。"[1] 苏联解体、东欧剧变都是西方社会意识形态的结果，非常值得思想政治教育工作者深思。一位前苏联共产党员私下心情沉重地告诉一位作家：苏共在有约35万名党员的时候夺得政权，在有约550万名党员时打败希特勒，在有近2000万党员时丧失政权。苏联老大哥的血泪教训，不得不让我们不断反思和总结。由于社会制度等因素，西方一些别有用心的国家，一直把我们视为潜在的对手，一直没有放松对我国的敌视和防备，对于他们已经在苏联解体、东欧剧变中尝到甜头的意识形态渗透，他们肯定不会放弃使用，只是随着时代的进步，他们渗透的方式更加高明，更加隐蔽，自媒体就是他们对我国意识形态渗透的新工具、新渠道。对于任何一个社会或国家来说，成功的意识形态不仅能够起到让人们认同现行制度的功能，起到维护社会发展与国家稳定的作用，还能够树立一种准则，帮助人们在现实社会生活中做出相应的价值判断。西方社会深谙此道，当不能在政治制度等方面对我国做出直接性的强制和控制的时候，它们往往从意识形态领域进行渗透。当前，自媒体已成为某些西方国家对我国进行意识形态渗透的重要媒介。有关个人主义、享乐主义、拜金主义等各种腐朽的生活方式和价值观的信息随着自媒体的发展不断地涌入我国，像毒药一般侵害腐蚀着青年人的头脑。生活成长在这种复杂的文化环境中，对于涉世尚浅、政治辨别力不强的大学生来说，很容易受到这些不良思潮的影响。个别大学生非常崇尚西方资产阶级那种奢侈浮华的生活方式，过于看重追求个人利益，陷入了个人主义的泥潭。导致很多高校学生的人生观、世界观、价值观出现混乱，迷失了自我，所宣扬的优秀的道德伦理价值观受到冲击，社会责任感淡化，不少大学生把金钱的多少作为衡量自己人生是否成功的标准。这些错误价值观的传播给大学生思想政治工作带来了一定的难度，削弱了主流价值观的影响，不利于大学生正确价值观的形成，我们不得不面对这样一个问题，培养的社会主义接班人被西方世界争夺的问题，这个问题在自媒体上表现得尤为明显，使思想政治教育工作者不得不慎重对待自媒体带来的西方意识形态渗透，重视自媒体场域的意识形态风险表征识别，生成理论剖析，化解策略探

---

[1] 桂理昕. 做好意识形态这项党的极端重要工作[EB/OL]. 中国共产党新闻网, http://theory.people.com.cn/n/2013/0910/c40531-22873182.html

索,以此来不断强化对大学生的意识形态教育。

2.自媒体时代的信息传播特点对高校思想政治教育模式提出挑战

传统的大学生思想政治教育采取的是面对面的方式,与学生进行沟通交流、引导、启发学生加强思想道德学习,增加爱国之情,树立理想信念和社会责任感。这种教育方式情感互动性强,有针对性,交流的效果突出。自媒体改变了传统大学生思想政治教育的环境,也让教育过程和教育方法面临新的挑战。

(1)自媒体的发展使大学生思想政治教育环境趋于复杂

线下思想政治教育,思想政治教育工作在开展时往往会提前预设一个场景,比如学生在教师、在辅导员办公室、大学生成长成才咨询室等,报纸、广播、电视、杂志报道内容也有专业人士的把关,能有效地屏蔽杂音,创建一个相对简单的环境。传统媒介经过政府和学校的过滤可以自觉删除各种不良信息,此时主动权掌握在思想政治工作者手中。在自媒体环境下,大学生受教育的空间广泛、自由,而自媒体的开放性特征,使各种非主流的声音,各种政治的、社会的谣言甚至危害国家安全的信息从网上到网下到处流传,给大学生群体造成十分消极的影响。在这种情况下,高校必须充分发挥党和政府在思想政治教育方面的领导作用,站在"培养什么人、如何培养人"这一事关社会主义事业发展的根本问题的高度,充分认识争夺互联网阵地的艰巨性和重要意义,要采取有效措施,有针对性地、以足够的主流网络信息占领网络空间,最大限度地减少非主流信息,引导大学生吸收有用信息、抵制不良信息,增强抵御不良文化和思想的能力,从而保证大学生思想政治教育的实效性。

(2)自媒体的发展对思政教育的过程提出新要求

当代青年大学生思想日趋活跃,有各种各样的成长成才烦恼,大学生在遇到社会上各种疑难问题时,急切需要得到能够令人信服的答案,解开他们思想上的种种疑问。大学生往往有两种途径来解除他们成长成才中的疑虑,一是通过现实社会关系中特定对象的求助,比如询问家长、同学、朋友、辅导员、科任教师、学校心理咨询师等,还有就是通过网络的方式寻求帮助,尤其是习惯性地通过自媒体寻求帮助。但是,当学生运用自媒体来表达自身的思想状况、心理需求时,会给教育者的工作带来很大的难度。因为,在自媒体环境下,大多数人会用虚拟身份代替真实姓名,这就让教师们无法判断思想意见的发布者,不清楚学生正在关注什么、遇到了什么难题、思考些什么、想知道什么,因而大学生思想政治教育工作就难以做到切实地从学生的心理需求出发，有针对性地解决学生实际遇到的问题，甚至有时非但达不到理想的教育效果，还会引起学生的逆反情绪，产生负面效果。

（3）互联网的发展使传统教育方法受到挑战

摆事实、讲道理、谈人生、谈理想、讲团结、讲奉献、话未来、话价值是传统教育的主要教学形式，当然也应用在传统大学生思想政治教育工作上，教育者通过课堂的理论教育、主题班会、团日活动、个别的谈心谈话、校园文化活动等方式来实现教育目标，面对面地解决问题。这种方式的针对性强，反馈及时，有一定的成就感。但是，在自媒体环境中，大学生思想政治教育面临着新的情况：一方面，讲课、谈心这些方式是必须在合适的地点、时间才能进行的教育方式，在自媒体环境下面临着挑战，学生受教育的空间广泛，比较自由，再采用这些教育方式能否取得理想的教育效果，尚有待进一步考证；另一方面，在自媒体环境下，脱离了现场教育的环境，教育的感染力如何保证？因此，在运用的自媒体信息传播的快速、互动、多元、个性等特点的前提下，如何改革高校思想政治教育的方式方法，是教育者所面临的迫切需要解决的问题。

3. 自媒体对教育工作者的权威性提出挑战

由于时代的飞速发展和社会的进步，大学生对新事物的认同感和接受能力越来越强，在对网络新兴媒体上的表现就十分明显，很多自媒体平台的流行都是始于在大学生群体中的流行，青年大学生在新事物的接受方面已经走在了时代的前列。这样的特性也使得自媒体能够在大学生中得到快速的认同、使用和推广。而相对来说教育者由于对新事物的接受能力要弱一些、慢一些、自身网络技术的较为匮乏、思想观念较为落后等原因，与受教育者在信息的接受和发布中处于不对等的劣势地位，无法及时有效地与受教育者进行信息沟通与交流。这就带来了对思想政治教育工作者权威的诸多挑战。

（1）大学生思想政治教育工作者信息优势地位动摇

在传统教育中，思想政治教育工作者具有理论上的优势，同时也具有丰富的历史人文知识以及人生经历，加上对传统媒介的熟悉和知识的积累，占据着绝对的主体地位。在这种环境下大学生思想政治教育的教育内容和实施过程都在较易控制的范围内。在整个的教育过程中可以及时把所掌握所了解的社会经济、政治、文化知识和信息与思想政治教育相结合，从而使教育的形式和内容更加丰富。然而，自媒体时代这种格局已经逐渐被打破。大学生作为自媒体使用的主力军，对社会现象非常好奇也很敏感，他们运用自媒体自己动手，可以方便快捷地寻找到自己需要的各种信息，绕过了高校教师作为大学生思想政治教育中信息媒介的作用。在某种程度上讲，当代青年大学生的知识面、知识量在一些方面并不弱于思想政治教育工作者，甚至是在某一方面超过思想政治教育工作者。长此以往，大学生思政教育工作者教育主体与教育主导者的地位也随之动摇。两者的地位由隶属关系变成相互学习共同促进的平等关系。所以，过去的思想政治教育需要"一桶水"，现在需要的是"一潭水"。

（2）对大学生思想政治教育工作者的知识结构的挑战

自媒体技术的出现，打破了知识单向传输模式，信息的多样性为大学生提供了很多的空间，学生的自主学习能力得到增强，有时候会出现教育者的知识储备量少于或者迟于被教育者的现象。在自媒体搭建的这种交互性平台上，大学生获取信息的渠道更宽，接触不同知识的途径更多，使大学生不再像以前那样被动地接受教育者的灌输和安排。他们运用自己的能力去判断什么是对的、什么是错的，他们不仅可以主动获取知识还能与教育者进行平等的对话。所以，这不仅反映出教育的进步，而且也对教育者对于知识的掌握提出了更高要求。大学生思想政治教育工作者要科学评估并且研究互联网尤其是自媒体的普及对大学生思想政治工作所产生的影响，不断加强网络技能和知识的学习，进一步提高运用网络新媒体与学生的交流能力，才能更好地成为大学生全面健康成长的指导者和引路人。

（3）对大学生思政教育工作者的素质提出了更多的要求

大学生思想政治教育工作者的素质应该包括多方面的内容，包括在思想、政治和文化素质方面必须具有较高的修养。不断提高思想政治教育工作者的素质，可以更加有效地提高他们的人格魅力，以及对受教育者的吸引力。随着网络技术的迅猛发展，在自媒体条件下，高校思想政治教育的很多内容借助自媒体展现出不同的形式，极大地吸引了大学生的注意力。相比传统思想政治教育工作的灌输方式，大学生更喜欢通过网络来了解自己想要获取的知识。大学生思想政治教育工作者想要通过网络引导的方式来指导大学生，不仅要具备政治文化等基本素质，还应有基本的网络技能知识和信息筛选的能力。因此，自媒体时代的到来对高校思想政治教育工作者的素质和能力提出了更高的要求。这就要求思想政治教育工作者的自媒体作品，要具有对时事、敏感事件的观察能力，要有独特且正确的见解，以大学生喜闻乐见的形式出现，而且还需要保证大学生看得懂，真正信，确实服。

二、自媒体场域的思想政治教育创新

机遇与挑战是一对反义词，是一个事物两面性的体现，共生共存，同时机遇与挑战也都是一种可能，不是必然发生。对自媒体场域的大学生思想政治教育来讲，思想政治教育工作的目标就是要抓住自媒体带来的思想政治教育机遇，迎接并战胜自媒体带来的思想政治教育挑战。思想政治教育理论界和实践界从自媒体的特征出发，深入地剖析了自媒体给大学生思想政治教育带来的机遇与挑战，并以此为依据，深入地开展了自媒体场域的大学生思想政治教育研究。自媒体作为一种全新的媒介形式，一种新的思想政治教育工具，一种新的思想政治教育环境，沿用思想政治教育老办法，显然难以提升思想政治教育实效。当然，传统思想政治教育中积累的宝贵经验，还是值得借鉴和沿用，在这基础上，思想政治教育工作还有不断学习和掌握互联网思维方式、自媒体思维方式，用全新的思维方式做好自媒体场域思想政治教育和自媒体时代的线下思想政治教育。所以，迎接自媒体给大学生思想政治教育带来的机遇与挑战，创新大学生思想政治教育工作方法是一种非常不错的选择。

（一）转变观念，从思想上高度重视和不断推动思想政治教育主动拥抱自媒体

无论思想政治教育工作者是否正视自媒体的发展，自媒体已日益影响着大学生思想政治工作这一趋势是不会改变的，当前已经有很多高校开通了自己高校的微博、微信公众账号，利用群、飞信、主题网站和学校论坛等多种自媒体方式实现与学生的沟通，科技运用的速度有时一天两天即可达到，即使高校缺乏专业技术和专业人才，也可以将一些业务外包、引进专业人才来实现。

然而，一个人观念的转变却是要经历一定的反复磨炼，会是一个漫长的过程。特别是那些年龄稍长的老辅导员，他们作为"互联网移民"，对于不断更迭的自媒体平台，有一个熟悉和适应的过程。即使在学校的要求下开设了微博账号、建立了微信群，但其还是一个较难的适应过程，心理上或多或少存在着一定的排斥心理，这样就难以实现好的自媒体思想政治教育。现在，就高校来讲，在相关政策引导、实践需要等多方因素作用下，从校级层面应该对自媒体等网络思想政治教育已经十分重视，但对一些年长的、适应能力略差的思想政治教育工作者来讲，转变教育观念是当务之急。

在自媒体时代，高校要高度重视自媒体背景下的思想政治教育工作，

深刻认识自媒体给大学生思想政治工作带来的机遇和挑战，加大专业投入，整合师资队伍，让科技和人文充分融合，变封闭性、静态性思维为开放性、动态性思维，不断适应网络传播的新方式，抢占网上宣传教育的制高点，宣传社会主义核心价值观，弘扬时代主旋律。应该掌握自媒体技术的多种使用方法，积极主动地树立自媒体与思想政治教育工作有机结合的教育理念，更新教育的观念，在传统观念里大学生思想政治教育是主客体的关系，学生只是作为被动的一方接受教育者给予的知识，与老师之间的交流具有不平等性，而且传统的这种观念完全忽略了学生真正需要什么，大大影响了大学生的创造性和能动性。而当前和今后的思想政治教育，教育者和受教育的大学生作为参与主体，双方的关系是自由、平等、和谐的，我们称之为"主体间性"，这种新的观念不因为教育关系影响彼此的主体地位，也不因为思想政治教育工作者是教育者而显得居高临下。"主体间性"思想政治教育可以更好地发挥大学生的参与性、自主性和创造性。新时代的高校教育工作者要充分利用自媒体与大学生进行沟通，及时地通过多种媒介多种手段，随时随地进行思想政治教育，鼓励和帮助大学生能够充分自由地表达出自己最真实的想法，调动学生的积极性，促进双方平等的交流，遇到分歧时应该彼此理解、沟通，最后达成共识，把传统的师生关系进一步发展成为"朋友关系"。此外，高校思想政治教育工作者要特别注意大学生自主性的发挥，利用好自媒体的相关特点，更好地帮助大学生提高自身的素养和自我教育、自我服务的能力。

（二）提高大学生网络、媒介素养是当务之急

1. 大学生网络素养

大学生网络素养是当前理论界研究的热点，网络素养一词由媒介素养延伸而来，是媒介素养的重要组成部分。网络素养最早由美国学者麦克库劳（McClue）提出，他认为网络素养是个人"识别、访问并使用网络中电子信息的能力。"可见，该定义更多指向"找寻和掌握某领域的知识"和"使用网络的技能"。进一步看来，这种"知识"的形成需要与自己设定目标有关，而"技能"的养成用来与外界有效互动与沟通，以满足当前和未来社会生活的适应。随后的研究，把网络素养分成"理论"和"实践"的不同论域。学者 Selfe C. 从理论方面将"网络素养"进一步区分，认为网络素养不仅仅是个人使用计算机、网络的技能，更包括个体的价值观、实践技巧等一系列操作。这一解释使网络素养的概念内涵超越了单纯的技能层面，扩展到

与社会文化相联系的动态过程。在实践方面,美国学者霍华德·莱茵戈德(Howard Rheingold)在其著作《网络素养———数字公民、集体智慧和联网的力量》中提出了颇具代表性的概念,认为网络素养是技能和社交能力的结合,它包括注意力、垃圾识别、参与、协作、联网意识等五个组成部分,这五种关键素养将给人的思维和社会关系带来较大影响,甚至具有改变世界的能量。这一概念完整阐述了网民如何通过网络进行需求满足和参与协作的一系列过程,超越了传统的"媒介依赖论",体现个体与网络的建设性互动关系。近20年来,国内对"网络素养"的研究重点是网络素养概念内涵和理论渊源等基础性研究。相关研究发端于1997年。学者卜卫将网络素养界定为媒介素养,认为主体在使用媒介的同时,不仅要具备判断和分析信息价值的能力,还应掌握有效创造和传播信息的能力。该定义强调了网络素养的能力维度。2000年后,网络素养研究逐步开始有了越来越成熟的概念认知。自2000年以来,国内学界对网络素养的概念逐步明晰。特别是需要具备哪些与网络相关的技能有了较为明确的归类。郑春晔(2005)对网络素养进行了分类,认为网络素养除了指用户正确并有效使用网络的能力之外,还包含网络媒介的认知、信息识别、网络安全、网络道德、网络技术应用、网络参与、协作和利用网络促进自我发展等。该网络素养的分类在学界具有一定代表性,影响了后来学者对网络素养概念的研究。黄发友(2013)、叶定剑(2017)等对网络素养关注较多的在于网络安全、道德、自律等基本素养以及认知层面的网络素养,而对于网络社会结构、如何培养网络参与意识,如何发挥社会资本在提升自我网络学习、社交与工作等能力有待进一步挖掘与深化。喻国明(2017)认为网络素养是媒介素养、信息素养和数字素养三个层面与网络的社会性、交互性和开放性的叠加,表现出更加宽泛的视角。如果说安全、道德与法律、价值判断、个人和社会需求满足等方面是媒介素养培育的基石,那么对"利用网络参与、生产和传播信息能力和智力"和"网络接触行为的自我管理能力和智力"则更加体现了信息素养和数字素养的内涵特征,两者也应是提升网络素养建设的重中之重,也是移动互联、大数据时代背景下每一位公民需予以重视培养的侧重点。

(1)网络认知:工具性和实践性

网络素养实际上是人作为主体使用网络媒体工具的素质养成。"网络"作为物的对象性存在,在主体的实践进程也即是可按照人的主观意识进行改造的过程。因此,这里讲的"网络"本质上具有二重性:作为工具的网络和作为实践的网络。当网络作为人实践工具的时候,则体现出主体对工具的认知和使用的过程。从这个维度上看，存在一个主体怎样认识和使用工具的假设，这也直接决定了"目标定位"和"网络道德"指标内涵。当网络作为实践对象而存在的时候，"网络"则是可以被人的主观意识不断加以改造的过程，这更多地涉及"网络技能"和"知识结构"的指标范围。辩证唯物主义认为：生产力包括劳动者、劳动工具和劳动对象三个要素，整个生产过程中三者截然不能分开孤立地分析。在网络实践的过程中，主体也是通过网络工具对网络对象进行改造。网络作为工具的认知显然是主体网络实践的前提和基础。因此，培养青少年网络素养首先要解决网络认知。

（2）网络技能：价值理性和批判性认知

移动互联网的迅速发展已将生活日益撕裂成"碎片化"。从"看"到"刷"的转变，体现出他们注意力的变化。在青少年网络素养培育过程中，要注重网络信息注意力的训练。信息的筛选和分析重点在于批判性认知，让青少年自己能从浩瀚的网络信息流中辨识出信息是否具有价值。在互联网社会环境中，人无时无刻都与网络相互连接，从而也改变了我们认知世界、了解世界的方式。很显然，我们通过网络认识世界的图景只是网络提供给我们的"镜像"。然而，真实世界到底如何存在？是不是如同媒介传递给我们的信息？作为网民主体的青少年不得而知。当前，互联网已渗透到当代青少年的日常生活中，他们了解到的外部世界的变化很大部分是网络提供的信息。每天信息爆炸式地涌入，作为网民主体的青少年群体，应需辨识网络信息的真伪以及是否符合主流价值标准。互联网社会是一个多元化的存在，每个人都可以和世界相连。青少年网民需培养信息的辨识能力。在众多信息中，要能分辨出信息的真伪、有用与无用以及它的合法性。只有这样，才能把自己变成网络的主体。

（3）网络行为：从信息生产到协同合作

网络本来只是传递信息的载体，网上的任何信息都需要网络主体主动贡献。如果没有网络主体的参与，每个人都在观察着对方的行为，那么，网络世界便也不会快速发展。参与是个体走向网络世界的重要一步。在网络参与的过程中，便形成了网络互动，由此可形成网络社会。如何参与，参与的内容是什么都是判断主体网络技能的重要标准。网络主体的情感、美学和道德素养便由此形成。培养青少年网络素养，必须以参与为路径。然而，仅有参与是不够的。因为参与并不能改变并形成良性互动，协作是建立理性网络交往的核心。在互联网交往过程中，每个人都是一个个网络主体，这些"单个化"的个人因个体技能、素质、资源等因素的影响，并不能很好地完成网络任务，协作已成为网络技能的重要内容。通过协作，每个主体都可在别人的帮助下完成网络任务，实现信息共享，建构网络环境。在扁平化的网络世界中，协作符合网络社会交往格局，有利于网络环境良性发展。因此，培养青少年网络技能的一个重要方面是培养协作能力。协作能力需网络主体主动参与，积极实现网络交往，促进网络信息的传播。

2.媒介素养

自媒体已成为我们日常生活中不可分离的有机组成部分。作为社会主体的每一个人都参与其中，社会的和谐发展也离不开每个人，所以每一位参与者的素养都关系到整个社会环境的良好状态。高校教育工作者作为大学生成长的导师和引路人，所以对每一位高校教师的要求就更高，不能只埋头于传统的学术研究，而是要更接地气地学习好、利用好新媒介，把人文思想融入自媒体中，顺利达到教育目标。这就要求高校教育工作者一方面积极学习自媒体，并且要精通，才能进一步担负起自媒体信息的结构和建构。另一方面，如何利用自媒体来融入教育教学目标理念，让学生乐于接受、乐于学习也是教育工作者面临的重要任务。媒介素养最早产生于英国，英国学者利维斯和他的学生丹尼斯桑普森在其出版的文化批评论著《文化与环境：培养批判的意识》中，首次阐述了"媒介素养"思想。媒介素养指的是一种能力，是一种认识媒介产品并能正确地运用独立的批判的眼光看待传播媒介的内容和建设性地利用大众传播资源的能力。大学生媒介素养同样对思想政治教育工作以及自媒体具有重要影响。因此，在自媒体时代，要大力提高大学生的自媒体素养，很多高校通过自媒体这一平台普及媒介知识，大力加强大学生的媒介素养能力，达到提高学生辨别筛选信息和抵制不良信息等能力的要求。而且，还能使广大的大学生利用自媒体增长知识，更好地促进人际关系的和谐并能提高自身的生活品质和能力。在课程设置方面，高校可以将自媒体融入课堂当中，通过开展知识讲座、选修课、学术报告、社会实践等活动帮助大学生更好地普及自媒体知识，树立正确的自媒体观念，培养学生媒介批评能力，能够遵守法律规范，合法利用自媒体，自觉做好大学生应尽的义务。政府等有关部门也应鼓励、支持自媒体的发展，对自媒体服务的经营者、提供者加以规范，明确其具体责任。要尽快出台自媒体相关的管理办法，对于散播违法信息的个人和团体做到严惩不贷。此外，要加强自媒体相关法律法规的宣传，增强每一个参与者的法律意识。

(三) 提高思想政治教育工作者的媒介素养

第一，构建思想政治教育媒介素养培育理论。媒介素养理论应该是融合了新闻学、传播学、社会学和教育学等众多学科理论知识，体现出一种新的教育理念和模式。在构建大学生思想政治教育工作者媒介素养培养理念的过程中，要坚持"以人为本"的思想，紧紧围绕高校思想政治教育工作的实际状况，将理论研究和实践工作相结合，落实好教育人、鼓舞人、引导人的目标。自媒体时代，高校思想政治教育工作者在借鉴传播学媒介素养培养理论基础上，要开放思路、拓宽视野、广泛研究经济学、政治学、社会学等理论，结合自媒体特点，结合本专业实际情况，不断探索大学生和教育工作者之间媒介素养培养的最佳模式，从而建立适合我国教育工作者媒介素养培养要求的、吸收相关理论精华的媒介素养培养理论体系，进而更好地指导实践。

第二，各级地方政府教育部门或者高校研究所等机构应该成立思想政治教育工作者媒介培养研究中心，有针对性地对从事思想政治教育工作者媒介培养的进行理论和实践研究，积极提升高校思想政治教育工作者媒介素养的实践活动。可以通过以下几种方式开展研究工作。首先，召集高校从事新闻传媒和思想政治教育的工作者，共同探讨提高教育工作者自身媒介素养的方案。其次，聘请社会相关领域的专家学者，莅临指导高校思想政治教育工作者媒介素养的相关培养工作。再次，按照性别、年龄、学科等指数选取差别样本，对本校思想政治教育工作者媒介素养进行跟踪调查和研究，掌握当前学校媒介素养的现状。最后，开展思想政治教育校园媒体实践活动。当前，各个高校都有广播、校报、电话、校园新闻网等在内的一整套校园媒体，校园媒体可以为高校思政工作者提供有利的平台。通过定期参与校园媒体节目的制作和传播，提升自己的媒介素养。此外，高校可以根据校园媒体的自身情况，开展研究教育工作者媒介素养研究室与其对接，制作个性化媒介产品，开展课题研究等，更好地将理论研究和实践操作相结合。

第三，多方参与共同提高高校教育工作者媒介素养水平。政府部门应当根据我国的具体国情，以及高校思想政治教育工作者媒介素养培养的现状，发挥立法和政策导向的功能，制定出一系列旨在提升高校思想政治教育工作者媒介素养培养的法律和政策。一是通过立法的形式保障高校思想教育工作者自身媒介素养提高与工作绩效挂钩，提高高校的重视程度；二是将高校思想政治教育工作者媒介素养的培养纳入学习型社会建设的范畴，为高校思想政治教育工作者媒介素养的培养提供财政保障，为其开展提供物质保障；三是国家教育部门出台相应的鼓励高校思想政治教育工作者媒介素养培养的文件和政策。此外还可以借助媒介机构的力量，如与专业的媒介机构进行合作，可以为其提供短期参观、访问，乃至学习的机会；媒介机构资深制作人可以定期到高校参观、访问、开座谈会等等，为高校思想政治教育工作者解说媒体信息制作过程，通过传授媒介知识、讲解媒介使用技巧，来让高校思想政治教育工作者第一手信息资料来自具体的教育实践活动中，更加直观地了解媒体发展的状况，增加对媒介总体把握，加深高校思想政治教育工作者对媒介本质的认知能力。最后还可以调动民间社会组织的参与。可以对相关的社会组织进行了解，进而合作；由这些社会组织为高校提供免费的人力支持，为高校教育工作者提供实践的机会，还可以在高校组织义务教学活动，不仅教授教师，还可以带动学生参加，从而提升高校教育工作者自媒体媒介素养的理论和实践的水平。

（四）不断创新自媒体时代大学生思想政治教育路径

1. 拓展理论教育的渠道

作为大学必修课的思想政治理论课，目的是帮助年轻的大学生树立正确的世界观、人生观和价值观。自媒体背景下，各高校要积极主动利用网络等载体对高校思想政治教育工作进行研究，提出适合学生接受的教育方式和教育内容，提高新时期思想政治理论课的教育实效性。

第一，实现思想政治理论课的课堂互动。高等学校应广泛采用多媒体技术，丰富高校思想政治理论课的教学形式。多媒体课堂应具备实现多媒体课件的直播、广播和点播的功能，以便更好地实现高校思想政治理论课的双向交流。充分利用自媒体技术，将文字、图像、视频音频等手段，和超文本技术进行融合，将其巧妙地在高校思想政治理论课的教学过程中实施，不断提高高校思想政治理论课的感染力和吸引力。

第二，努力实现思想政治理论课的课下互动。现代高校思政理论课的教学应该视频化，通过网络和论坛，以及其他方式，让学生可以实现课上课下，随时随地的自由观看学习，努力实现课程学习的自由化，这样一方面可以不断增大教学内容的辐射面和覆盖面，另一方面也能增强教学效果的吸引力和影响力。

2. 牢牢把握校园贴吧

当下，在校园上发布信息、看法的行为已经成为大学生日常生活的一部分。在这些论坛中，大学生可以随心所欲的表达自己的看法，因此校园是了解大学生真实情感的有效途径。高校应该充分利用自身资源对本校大学生的思想行为进行引导和规范。

首先，依托本校校园网校园论坛等建立网络舆情疏导机制。大学生思想政治教育者通过疏堵相合、交流沟通等方式，把主要的工作阵地转移到网络上来，积极参与学生的讨论话题适时进行引导和规范。通过校园网还能够快速关注到学校日常管理工作中出现的各种问题，为问题做出及时的处理打下基础。通过问题的反馈和及时解决，充分互动和交流的情况，避免误会和冲突，用正确健康的思想文化帮助大学生树立正确的人生信仰和理念。

其次，依托校园论坛建立一支网络专业人员。各大高校要积极建立一支高效专业的网络管理队伍。如，主管学生工作的教师、辅导员、校园网主管、学生中的党员、学校的网络管理员、学生骨干等成员组成的专业队伍，将成员分布在网络论坛的各个板块及时清理和回应一些违反国家法律法规、政策的信息，以及一些违反学校规章、制度的信息。

3. 做好校园网络舆情工作

自媒体时代，高等院校不仅要进行自媒体文化建设，将其纳入校园文化建设体系之中，而且也要积极开展高校校园网络舆情工作，不断增强大学生思想政治教育工作的前瞻性、主动性，这样才能真正地做到防患于未然。大学生思想政治教育工作者要及时收集舆情信息，可以从以下几个方面展开：①关注学生经常使用的人人网、飞信群、群、贴吧、微信等网络媒体平台。②加强对网络媒体的管理和监控。学校应组建专门的机构对学校的教育网站进行管理和监控，增加网络舆情的控制力。③构建健康的校园自媒体环境，通过颁布学校的院系的学生管理规定来进行显性的营造自媒体环境；运用引导、交流等隐性方式建构将抗环境。④建设专业的网络监管队伍，这支队伍是由教师、学生、辅导员等共同组成，通过他们的调研、走访、观察，及时了解网络上的思想状态，对垃圾信息和不良信息进行及时处理，对不正确的信息和观点进行解释。

4. 用好其他自媒体平台开展好日常大学生思想政治教育

要建立并使用好班级 QQ 群、微信群。当前的大学生大都是低头一族，随时拿着手机，看手机、玩手机，已经是他们的一种习惯。某些时候，专门组织大家一起来讲个事，可能还有大学生不认真听，发个 QQ、微信通知，大学生立马就能收到并回复。这样，可以提高日常大学生管理服务的效率。当然，同时也要关注大学生的微信朋友圈、QQ 空间，大学生是一个非常喜欢在空间、朋友圈晒日常生活细节、表达心理情绪的群体。通过观察大学生QQ空间、朋友圈可以更好地掌握大学生生活状况，以便于开展贫困大学生的精准资助工作；大学生的朋友圈也是他们表达情绪的地方，可以帮助思想政治教育工作随时把握他们的思想状态和心理情况，以便及时干预；大学生的空间、朋友圈还有其他有用信息，比如：同学们之间闹矛盾了，在学生寝室违规使用大功率电器煮饭了，在外不按时归寝聚餐、唱歌，都非常有可能发朋友圈，可以便于思想政治教育工作者管理学生。

高校要建立并及时更新微信公众号。学校要建立起微信公众号，微信是当前大学生使用最为普遍的自媒体，高校官方公众号一方面要积极宣传党的最新理论、党的政策方针；另一方面，也要贴近大学生的日常学习生活，要"春风化雨，润物无声"，要聚焦大学生的关注点，正面地引导，不断地更新，逐渐吸引更多的大学生关注学校官方公众号，让他们在关注的过程中有所收获，受到教育。这就要求学校官方公众号要保证内容在意识形态上方向要正，在回复同学们关注时，要敢于直面问题，内容要可信，内容还必须对大学生有用。

思想政治教育工作要养成撰写微博的好习惯。辅导员、党总支副书记等要养成撰写微博的好习惯，特别是在一些关键性节点，比如：三月学雷锋、五月防溺水、校区搬迁这些重要的节点。写一些好的微博作品，可以引领大学生更好地接受教育，在一些可能引发大学生心绪波动的事件节点上，好的微博可以转移他们的注意力。曾经网络上有一篇非常火的微博，写作背景是学校拥有两个校区，大二结束后，大学生要搬回在主城的老校区，7月正值酷暑，大学生打包、搬运行李非常的热、非常的累，心中难免有所躁狂，学校党委书记发了一篇微博，"留下大一的青涩、大二的张扬，走向大三、大四的成熟，留给学弟学妹整洁的寝室，带走曾经的痕迹。"微博一出，引起了大二搬迁大学生的共鸣，开始憧憬未来的学生工作生活，少了一些抱怨，留下了整洁的宿舍环境。

（五）强化不同自媒体平台、思政治教育工作者之间的协同

三全育人，中心在"育"，重心在"全"，"全员育人要形成合力，全过程育人无缝衔接，全方位育人要有机联动"。在"三全育人"理论指导下，自媒体大学生思想政治教育要关注传统媒体与新媒体的协同，不同教育主体之间要协同。

1. 传统媒体和自媒体要实现协同育人

通过关注学生自媒体，可以对学生的生活、学习、思想有进一步的了解。学生自媒体不仅可以让思政工作者及时了解学生的不足，从而有针对性地帮助学生解决问题，还可以为思政教育提供丰富的素材。目前社会中存在着自媒体和传统媒体，信息的传播呈现新规律。即一个网络事件要想成为公共事件必须经过三个阶段：第一个阶段是网络宣传，第二个阶段是传统媒体的宣传，第三个阶段是重新回归网络宣传，只有这样才能吸引大众的目光。这主要是由自媒体的随意性特点会导致信息传播准确度较低、情绪性较强、权威性不够等而造成的。与自媒体相比较，传统媒体可以通过记者现实的深入采访核实信息，有效保证信息充足、事实准确，去除非理性因素，实现相关客观的立场、信息平衡的舆论格局，也因此具有权威性。因此，高校思想政治教育工作必须在传统媒体的基础上结合自媒体，将二者有机地结合到一起，才能取得思想政治教育工作的实际效果。善于整合资源实现大学生从意识到行为的转变。实践是检验大学生思想政治教育成果的最终标准。通过自媒体与传统媒体的循环互动，能够实现大学生的意识和认知的改变。不仅入心入脑，更重要的是要改变大学生的日常行为，使其养成好的行为习惯。但从意识到行为，是大学生思想政治教育完成质变的跨越。为了实现这个跨越，不但要借助自媒体对学生进行自我教育，还要对高校的有利资源进行有效的整合，从而促使学生实现从思想到行为的转化。组织有效的社会实践活动促使大学生思想转化为行为成为当前高校思想政治教育的重中之重。高校如何组织有效的社会实践活动，可以从以下几个方面着手：一是课堂教学的示范作用即通过课堂教学进行引导、示范；二是学校社团活动的强化，鼓励学生参加社团活动，在社团中得到提升和转化；三是媒体的正面报道和鼓励，对于那些成功转化的并有示范作用的予以鼓励，起到榜样的作用。综合这些方式，将其融会贯通，从而达到学生转化的目的。虽然讲学生的思想转化为行为很困难，但是并非不可能，只要采用正确的方法、合理的引导就能够取得一定的效果。

2. 各教育主体的自媒体协同

高校、各职能部门、党总支、学工办、辅导员都有自媒体账号，不同自媒体账号内容上要有层次性，覆盖的面不同，针对的群体范围有差异，但一定要很好地形成合力，实现"1+1>2"的协同效应。这就要求各思想政治教育主体之间要完善沟通机制、协调机制。根据不同时间节点，要有共同的自媒体作品主题，出台的内容要有宏观的、中观点、微观的，要分层分时开展自媒体思想政治教育，实现协同。

（六）要不断创新、完善自媒体大学生思想政治教育管理机制

大学生思想政治教育工作的内容涉及学校工作的方方面面，高校在自媒体时代的环境下，高校思想政治教育工作者面临着一项重要的任务就是怎样最大限度地发挥自媒体的功能来促进大学生的思想政治教育。有文件指出，要全面加强校园网的建设，要运用技术、行政、法律手段、加强校园网的管理，为了确保大学生思想政治教育这项复杂的工作能够正常运转，则需要建立合理、科学、高校稳定的机制作为它的保障，对思想政治教育网络传播过程进行调控、维护和监管。

1.加强常态管理机制

任何机构都需要一套管理机制，大到国家小到企业都是订立管理机制才能实现有条不紊地运转。思想政治教育工作也是一样的，它的管理机制的建立需要联合学校各部门如：学生工作部、信息中心、党委宣传部等，每个部门都要严格执行本部门的职责，将部门的职责落实到每个人。新闻中心需要做好对全校网络的建设、维护，以及及时对校内外的重要新闻进行报道，让学生了解校内外的重大事件。学校团委应该尽可能多地组织一些活动如：专题讲座、报告会、主题演讲等，开展相关的自媒体活动，提高大学生对自媒体的认识，大力增强学生的媒介素养。同时，鼓励辅导员、团干等开设微博、博客等，正确使用飞信、微信、微博、QQ群、移动短视频等平台开展工作，团支部党支部运用自媒体，对学生的动态予以了解，发现网络不良信息及时对学生加以正确引导。通过各方的努力都能够为大学生网络思想政治教育提供一个好的环境。

2.完善高校、家庭、社会"三位一体"合作机制

《关于进一步加强和改进大学生思想政治教育的意见》文件强调，"要建立健全党委统一领导、党政群齐抓共管、有关部门各负其责、全社会大力支持的领导体制和工作机制，形成全党全社会共同关心支持大学生思想政治教育的强大合力。思想政治教育要形成面向全社会的开放体系，要与社会发展趋势保持一致，与社会诸多主体共同改造和促进社会的发展"。抓好高校大学生思想政治教育，构建社会化的合作机制，应该要整合社会学校、家庭的资源和力量，更好地对大学生实现系统、全面的教育。随着社会的发展，社区成为人与人交流、活动的重要场所。高校思想政治教育也应该重视社区在提升大学生思想政治教育中的作用。高校通过与社区合作，组织学生去社区参加自愿性的活动，例如社区老人服务、社区知识讲座等等。通过这些活动

可以让大学生们更好地了解社区、了解社会,同时也可以锻炼他们的实践能力,提高他们的道德情感。高校要不断加强学生的媒介素养、理想信念教育,相关的主管部门也要加强对自媒体的监控,一定要确保从源头上净化信息。大学生思想政治教育的重要组成部分之一的家庭教育,是能够做好高校思想政治教育的依靠力量。在自媒体时代,作为学生的家长,也应具备一些自媒体知识、技能,如:微信平台;多和子女校、家庭、社会"三位一体"共同营造风清气正的自媒体网络环境。

三、聚焦:话语自媒体思想政治教育实现的最终落脚点

在经历了自媒体给大学生思想政治教育带来的机遇与挑战的再审视,以及在此基础上的自媒体大学生思想政治教育的创新探索后,思想政治教育理论界和实践界开始聚焦思想政治教育话语,尤其是自媒体语境的思想政治教育话语问题。因为,无论是一般思想政治教育方法、特殊思想政治教育方法或综合思想政治教育方法,最终的思想政治教育内容都要以话语的形式呈现出来,在自媒体上尤为如此,只是自媒体中思想政治教育话语的内涵进一步丰富,呈现形式更加多样。但无论哪种方法在自媒体上的使用都离不开话语,思想政治教育话语是各种方法的最终落脚点,决定着思想政治教育成效。

(一)自媒体思想政治教育常用方法

从自媒体工具属性的视角来看,自媒体是大学生思想政治教育的一种新工具、新技术、新渠道,线下思想政治教育常用方法对自媒体仍然适应,只是有所创新和发展。自媒体大学生思想政治教育方法主要有以下几种:

1. 说理引导法

说理引导法是思想政治教育的有效方法之一,即遵循实事求是的基准,晓之以理、动之以情地将先进的理论和健康的文化传递给受教育者的教育方式,并运用相应的手段开导受教育者,引导受教育者向健康的轨道发展。

2. 自我教育法

大学生思想政治教育中的自我教育法,是指大学生在教育者的引导下,按照思想政治教育的目标和要求以及自身发展的要求,有目的、有计划、自觉地对自我提出任务,通过集体或个体的自我教育方式促进自身的思想矛盾转化,提高和完善自我道德品质和思想政治素质的方法。

3.熏陶感染法

熏陶感染法可以弥补说理引导法和实践锻炼法的一些缺陷，它寓理于情，以情动人，表现出很强的隐蔽性、愉悦性、非强制性和无意识性，使受教育者在潜移默化中接受教育。

4.实践锻炼法

实践锻炼法在思想政治教育的应用中有着特殊的意义，它是我们坚持马克思主义实践论和求实原则的重要表现，是思想政治教育最基本的方法之一。

5.比较鉴别法

比较鉴别法是思想政治教育的主要方法之一。所谓比较鉴别法，就是指教育者对两种或两种以上的事物，主要包括观念、思想等，或者对同一事物不同时期进行比较，通过分析事物的内容、特点、本质、产生原因等的异同，得出有价值的结论和判断，引导个体认清对比对象的实质，从而对个体的思想起到一定的启发、教育作用。

6.隐性教育

隐性教育方法是在借鉴国外隐性教育方法上发展而来，"春风化雨，润物无声"的育人模式，常常被思想政治教育理论界和实践界提及。所谓隐性教育是指在轻松的环境中，学生通过情景对话、交流，无意识地获得非灌输式的、非强制性的教育感受。国外在思政教育中重视隐性教育的功能，使得其思政教育少有说教性质，更易被接受，效果更佳。以美国为例，法制教育、公民教育、历史教育等教育方式隐含了其思想政治教育的本质，这些各种形式的教育都成为思想政治教育的载体，是其思想政治教育的外在形式。隐性教育的本质是将思想政治教育的内涵融入生活与社会活动中，比如带领学生参观英雄纪念碑、法院；通过庆典活动，宣扬爱国精神；通过选举，宣传民主思想等。在这些活动中没有统一单调的教材和说教，却贯穿着各种对学生的实际影响，这种教育方式显然更容易让学生接受。

7.协同教育

协同教育也是当前比较受重视的思想政治教育方法。"三全育人"总体要求，就有着浓厚的协同育人色彩。全员育人，要求多元主体形成合力；全过程育人，要求各个环节的无缝衔接；全方位育人，要求多方的有机联动，这都体现协同育人的特点。从方法上看，思想政治教育不应该只是由学校开展，而应该在家庭、社会各方面全面开展，才能够收到实效。国外在思想教育过程中也很重视家庭和社会力量。例如日本就提出由学校、家庭和社会力量三者协同，共同提高思想政治教育水平。而大学生的思政教育也离不开家庭和社会的力量。一直以来，我国大学生思想政治教育单一地依靠学校，没有重视家庭和社会力量，造成了思想政治教育不系统、不全面，客观也造成了学生家里家外、校内校外不一样。只有重视家庭和社会力量，在学生的家庭生活和社会生活中也重视思想政治教育，再结合学校的教育，大学生的思想政治教育才是全面系统的。

8.交叉法

大学生思想政治教育方法的使用，往往不是简单的单一方法使用，很多时候会是两种或者两种以上方法的交叉融合使用。大学生思想政治教育，要根据当时的特定环境、思想政治教育要素，有效地开展大学生思想政治教育。

除去一般思想政治教育方法，还有一些特殊思想政治教育方法。在强调文化复兴、文化自信的今天，传统文化不断融入大学生思想政治教育，思想政治教育也开始关注古代思想政治教育方法——教化方法：包括礼乐教化、言传身教、对话式方法、环境染化等等方法。统治阶级依托儒家思想进行思想约束，其最终目的仍然是将各种理念付诸实践。自我修身方法：比较典型的有重学、自省、克己、慎独、力行、积善等。对古代思想政治教育方法进行了扬弃。还有一些特殊时期的思想政治教育方法，比如：战争爆发时的宣传动员法，我党在抗日战争时期就大量使用；在社会大变革时的思想改造方法，在新中国成立后的社会主义改造阶段就有所使用。

（二）话语是不同自媒体思想政治教育方法最终内容呈现形式

无论哪种思想政治教育方法都很难离开思想政治教育话语，可见思想政治教育话语是各种大学生思想政治教育方法教育内容的最终呈现形式，在自媒体中尤为如此，只是在自媒体中思想政治教育话语互动方式、传播方式、展现形式各加的丰富和多样。就话语内容而言，不再仅仅局限于口语和书面文字，包括了图片、语音、短视频、表情包等，很多时候都是以上几种话语形式的组合出现。就传播方式而言，线下的思想政治教育话语是一对一，或者一对多的传播，而自媒体中呈现的是一种网状的传播。就互动方式而言，线下思想政治教育主体体现的师生主客体关系，教育者与被教育者的关系实际上存在着不平等，教育者的话语权要大于受教育者，而自媒体中，除了现实师生关系的网络延伸外，还有匿名场域的众声喧哗，彼此间是平等的互动，即使在现实师生关系的网络延伸中，师生的关系都更加趋于平等，互动更加随和，主客体间性更小。

第三章 自媒体语境中思想政治教育话语转换基础的科学把握

自媒体语境中大学生思想政治教育话语转换的探索结果告诉我们,自媒体语境中的思想政治教育话语转换并不是一个简单的问题,而是充满复杂性的动态持续过程,它不仅涉及语言本身和话语权的变化,而且涉及自媒体话语系统和其他话语系统之间的关系,涉及自媒体话语与思想政治理论的关系,涉及思维在不同话语语境之间转换的问题。显然,并不是只要认识到自媒体语境中思想政治教育话语转换的重要性就能立马实现有效转换,尤其是好的转换。夯实话语转换基础是实现自媒体语境中大学生思想政治教育话语转换的前提条件,尤其是好的话语转换,必须夯实、夯牢话语转换基础。要夯实、夯牢自媒体语境中的大学生思想政治教育话语转换基础,科学把握自媒体语境中大学生思想政治教育话语转换基础是前提。我们不仅仅是要科学界定自媒体语境中的思想政治教育话语转换基础是什么,我们还得弄清楚自媒体语境中大学生思想政治教育话语转换基础的系统构成,以便广大思想政治教育工作者对照查找自身自媒体语境中大学生思想政治教育话语转换基础上存在的短板,"对症下药",补齐短板。

第一节 自媒体语境中思想政治教育话语转换初探

在思想政治教育理论界和实践界不断聚焦自媒体大学生思想政治教育话语后,自媒体的独特语境引起了广大理论界和实践界的关注。在自媒体语境中，如果全部沿用线下思想政治教育和传统主流媒体的话语内容及其表达方式显然不行。当然，线下思想政治教育和传统主流媒体中好的思想政治教育话语仍要使用，但不能完全不加变化地照搬，因为语境已经发生了变化，自媒体语境有着与其他话语语境不同的特征，而且这些特征还十分显著，已经涉及了大学生在自媒体中的话语内容偏好、话语表达习惯、话语接受模式等。在不同语境中使用同样的话语内容和互动方式显然不合适。于是乎，思想政治教育理论界和实践界开始重新认识大学生思想政治教育话语及其话语表达方式、研究自媒体语境特征，以便开展自媒体语境中的大学生思想政治教育转换研究。

因自媒体语境中大学生思想政治教育话语转换的必要性，理论界和实践界投入了大量的人力、物力、精力，其结果是相关学术研究空前繁荣。但与之形成强烈反差的是实践界不少人仍然愁眉不展，知道自媒体语境中的大学生思想政治教育要转换目标——要转换成什么样，要从哪些方面入手去实施，但一番转换实践后，不少思想政治教育工作者话语转换结果难以令人满意，没到达到预期的话语转换效果。就好比一个人站在河岸边，需要到达彼岸，知道可以通过游泳、撑竿跳、划船、架桥等方式过去，但他不具备游泳、撑竿跳、划船、架桥的技能，或者没有合适的撑竿、合适的船、架桥的材料，缺乏了前提条件，也就是到达彼岸的基础。所以，在一番跃跃欲试后，部分人过去了，还有部分人在望"岸"兴叹。道理说来很简单，但在自媒体语境中的大学生思想政治教育话语转换研究中，转换基础的发现却经历了一个复杂的过程。

面对部分思想政治教育工作者在自媒体语境大学生思想政治教育转换实践中的愁眉不展，思想政治教育理论界和实践界刚开始也没有意识到转换基础的悄然存在和极端重要性，而是进一步深化了转换成什么样的研究。本项目科研团队也对此问题进行了深入反思，在不断重复梳理自媒体语境思想政治教育话语转换的各个环节后，本项目组对重庆、四川的部分高校进行了抽样调查，对抽样高校获学工领导进行问卷调查、对学工系统一线工作人员、思想政治理论者以及大学生进行问卷调查，在深入分析调研材料后，项目组才发现了话语转换是有前提条件的，也就是话语转换基础。然后，本科研团队以"思想政治教育话语转换基础"为关键词进行了检索，发现只有中国人民大学的知名学者刘建军教授在研究整体思想政治教育话语转换时，有过相关专门的研究。这为本科研团队带来了极大的启发，也坚定了团队的研究方向。

第三章　自媒体语境中思想政治教育话语转换基础的科学把握

一、自媒体语境中的思想政治教育话语转换概述

在研究自媒体语境中的大学生思想政治教育话语转换之前，要厘清几个核心概念，分别是语境及自媒体语境、话语及思想政治教育话语、思想政治教育话语转换及自媒体语境中的思想政治教育话语转换。

（一）语境及自媒体语境

1.语境、自媒体语境的内涵

语境是语言环境的简称，即指说话时，人所处的状况和状态。语言环境有多种：一般地说，有自然语言环境、局部语言环境和自我营造的人工语言环境。狭义的语境对语言的理解和表达影响最大。同样一句话，在这个场合由这个人说出，与在另外一个场合由同一个人说出，表达的意思可能不同；同样一个意思，在这个场合对这个对象说，与同样在这个场合对另外一个对象说，使用的语言也可能不同。一般来说，在口语交际中，有了狭义的语境，再加上谈话时的一些辅助性的非语言手段，如表情、手势、态度、语调等，要达到相互理解并不难。但是把语言写到书面上就不同了，孤立的一句话，如"你怎么回来得这么晚呀"就很难理解，是谁对谁说的？到哪去了？是责备、爱护，还是撒娇？这时就要依靠狭义的现实语境来理解。广义的语境对语言的理解和表达也有较大的影响。比如一个人说话粗声粗气，可能有几种情况：（1）对对方有意见；（2）刚刚生过气，心情还没有平定下来；（3）性格、语言习惯就是这样等等。到底是哪一种意思，需要根据广义的语言环境去理解。结合语境和自媒体的概念，本文将自媒体语境定义为：因自媒体特征、行为惯性等因素作用，而形成的影响自媒体用户语言和非语言辅助表达手段运用、表达方式选择、他们话语理解的独特话语环境。

2.自媒体语境的特征

（1）自媒体语境的话语主体特征

话语主体涉及"谁来说""谁来听"两个方面。在传统思想政治教育中，思想政治教育工作者往往扮演"说"的角色，而大学生则更多的扮演"听"的角色，话语权更多地掌握在思想政治教育工作者手中。在自媒体语境中，思想政治教育工作者话语权式微已是一个不争的事实，思想政治教育工作者和大学生之间共同分享话语权，说和听的角色正在发生变化，双方互为说者和听者。自媒体赋予所有人平等的发声机会，教育者和被教育者都能平等地

表达思想；思想政治教育工作者的思想政治教育话语，也能引发大学生的转发，大学生也能从一个听者变成一个说者；思想政治教育工作者、大学生之间针对现实问题在自媒体公共区域的探讨，最终达成共识，双方的话语直面彼此的心声，以问题为导向，共同构建了一个完整的思想政治教育话语，都是说者和听者。所以，自媒体最大的主体特征为听者和说者的界限模糊。

（2）自媒体语境的话语内容特征

大学生之所以选择在自媒体场域聚集，是因为自媒体富有时代气息，青春而有活力，追赶潮流而时髦。这就决定了自媒体话语消费的快餐化、碎片化。①自媒体话语内容简短。自媒体话语一般比较简短，很少长篇大论，多数情况下往往是一张图片配上几行字，如果分享的信息中有文章，往往先用几句话介绍这篇文章，再加一个文章的链接。这样读者浏览的速度会加快，浏览的信息量会增多；反之，如果分享的信息吸引力不足，则很难引起读者的共鸣。②自媒体话语内容活泼。话语活泼、时代感强、富有青春气息是自媒体话语的又一大特点。自媒体话语在语法的使用上常常不严谨，甚至有意根据一些特定情景制造一些错别字，而这样的使用话语方式，往往受到人们的喜欢，成为一种流行趋势，比如"有木有""杀马特"，不经常使用自媒体的人，看到自媒体上的一些用语可能感觉不适应。③自媒体话语内容表现形式丰富。自媒体话语表现形式多样，自媒体上可以上传文字，也可以上传图片、音频和视频。在自媒体上分享的好内容，往往是综合运用两种或者更多形式，让读者有身临其境的感觉，内容十分有趣，不会让人感到枯燥和乏味，这也是人们喜欢关注自媒体各种朋友圈的原因之一。

（3）自媒体语境的话语方式特征

话语方式包含两个方面，一是如何描述话语内容，二是交互的方式。就话语内容描述方式而言，现实生活中的思想政治教育话语往往只能以文字、口语、板报等形式出现。在自媒体语境中，话语的表现形式更加丰富，除了文本、语音、图片外，还可以是3D动画、移动短视频等形式。就交互方式而言，由现实师生关系延伸的自媒体科层社交场域中，师生的交往比现实中更加亲近，彼此也更加随和，趋向于平等；在自媒体匿名的陌生人社交场域中，双方的交往则呈现出完全平等的特征。

（4）自媒体语境的话语评价特征

自媒体语境中的"话语最终效果怎么样"，去梳理相关评价指标非常复杂。其实，对于自媒体语境中的话语评价要比现实生活中的思想政治教育话语评价简单得多，在确保话语本身在意识形态方向、在大学生价值引导方向正确的情况下，我们只需通过自媒体话语的关注量、点赞量、转发量来评价。关注量、点赞量、转发量越高，说明话语效果越好，对大学生正确世界观、人生观、价值观的形成越有利；反之，则说明自媒体话语效果差强人意。这就使自媒体语境中的话语评价简便化，在没有其他话语评价需求的情况下，不用去关注更为复杂的评价指标体系，这也是自媒体语境中话语评价的最大特征。

（二）话语及思想政治教育话语

从广义上而言，话语是承载着整个人类文明发展的语言符号系统，无论是具体的实践活动，还是抽象的价值理念，往往都以或语言或文字等话语的具体表现形式作为其载体。在思想政治教育的学科视野下，话语不仅关系到思想政治教育"谁来说""怎么说""说什么"等问题，更在极大程度上阐释着思想政治教育者的主体立场，确定着思想政治教育各要素间的内在结构与关联，建构着思想政治教育的话语意义。

1. 话语

话语，究其根本而言是一种语言符号系统。人类对语言符号的概念性理解可以说源远流长。古希腊哲学家亚里士多德、中国古代思想家老子等先贤都曾对语言进行过一定论述。亚里士多德认为，语言是表达思想的符号，文字是记录口头语言的符号，在具体阐释中将文字、语言与思想内在关联起来。老子则提出了"道可道，非常道"的语言哲学观。就概念本身而言，"话语"一词来源于西方"discourse"，在语言学意义上，"词头 dis- 表示'穿越、对称、分离'的含义，而词根 course 表示'线路、行走'的含义，合起来表示'四下行走、到处跑'的意思，引申为'话传到各处'。"可见，话语一词在其形成之始就带有实践层面的意味，是一种"话传到各处"的实践活动。这种实践活动也不是盲目产生的，正如马克思所说，"语言是一种实践的、既为别人存在因而也为我自身而存在的、现实的意识。语言和意识一样，只是由于需要，由于和他人交往的迫切需要才产生的。"按照马克思的观点，"语言与意识具有同样长久的历史。语言是一种实践的、既为别人存在也为我自身而存在的、现实的意识。语言也和意识一样，只是由于需要，由于和他人交往的迫切需要才产生的。"可以说，语言是一种在与他人进行物质、生活现实交往的基础上形成与发展的社会产物。在马克思的概念中，语言作为思想的现实，是思想生命表现的要素，任何一种观念都不能离开语言而单独存在。这就是说，语言是思想和观念的直接存在方式，我们必须也只能通过语言的方式去研究思想和观念。事实上，马克思也是在对德意志意识形态的虚幻性和圣布鲁诺等人"语言戏法"的批判基础上对语言这一概念进行澄清的。对于德意志的"语言共同体"而言，"哲学语言的秘密"就在于"把语言变成一种独立的特殊的王国。这就是哲学语言的秘密，在哲学语言里，是想通过词的形式具有自己本身的内容。从思想世界降到现实世界的问题，变成了从语言降到生活中的问题。"无论任何一种语言，都不能形成自己独立的、特殊的王国，其终究是现实世界的具体彰显。可以说，语言是现实的，是实践的。这也是我们认识语言、认识话语的基本前提。

按照哲学界的普遍共识，进入 20 世纪后，西方哲学实现了从存在论向认识论、再从认识论向语言哲学的两次转向过程。"语言转向"可以看作是"从近代哲学离开对语言意义的省察而探究思想的客观性的认识追求，转变为对语言意义的分析与理解，意义问题成为现代哲学研究的切入点和中心论题。"对于语言的重要意义，当代西方哲学家们普遍认同，"语言在哲学中始终占据着荣耀的地位，因为人对自己及其世界的理解是在语言中形成和表达的，这一点甚至从柏拉图的《克拉底鲁篇》和亚里士多德的《解释篇》的时代以来就为人们所承认了。"而语言究竟何以能够发挥如此重要的作用？这就需要我们充分考察传统哲学语言观向现代西方哲学语言观转向的问题。传统语言观将语言视作人类感情表达的桥梁，看作人类认识世界与改造世界的重要工具。这种语言观将语言视作一种"外在于人"的存在，其存在、发生与发展是被动的。因此，按照传统语言观的观点，语言仅仅是向我们阐发"灯可以照明""椅子可以坐"等能够提供给我们以科学性、知识性的命题。这种语言观事实上仅凸显了语言的工具性，仅从传统的本体方式上凸显语言之于人的工具样态，而忽视了马克思所说的语言和意识的一致性。对于现代语言观而言，传统语言观所研究的是言语，并非语言与话语。现代语言观所认为的语言能够彰显其意义性与想象性的作用，能够为人们架构一个多维的话语空间，在这一空间中，人们可以尽其所能地进行思考、想象。可以说，语言所提供的不仅仅是概念本身，而是一种境界与遐想。就像 20 世纪初期的瑞士语言学家索绪尔所提出的，"概念和音响的结合叫符号，语言是一种特殊的符号系统，概念与音响之间的所指和能指的关系是任意的。话语的符号与符号之间没有社会制约性。"从这一界定中不难看出，语言在最基本的结构上是由"概念"和"音响"两部分构成的，其中"概念"就指代语言所意图传导的具体内容，而"音响"就是传递的过程。在这一过程中，采用什么样的语言、如何使用语言，事实上在根本上取决于"概念"，而"概念"的确定，既有着如何对内容进行界定的科学要素，同时又离不开权力的作用。可以说，语言符号总是与客观的社会现实保持高度的联系，而这种联系往往依托人类的文化世界与人的精神家园。因此，从这一意义上而言，有什么样的文化，就有什么样的语言符号系统。如何阐释概念，如何建构概念与语言的关系也并不是任意的、偶然的、人为的，而是一定的社会历史文化选择的必然结果。因此，话语也可以看作是人类文明与文化传承的具体媒介，古希腊话语、古罗马话语包括传承至今的中国话语等都承载着不同时期、不同地域、不同国家发展的历史文化，是人类文明最宝贵的文化遗产。"使用语言，就是理解历史文化、理解历史和理解人自身过程的发生。"可以说，话语依赖社会而存在，但同时，社会历史发展也需要话语的传达、阐释与发展来维持其进步。在这一意义上，话语也反映着广大人民的实践活动的具体成果，充分彰显了一定阶级、一定社会人们的价值观念、审美观念和意识形态。也正是在这样一种理解上，海德格尔在《关于人道主义的书信》中提出，"存在在思中形成语言。语言是存在的家。人以语言之家为家，思的人们与创作的人们是这个家的看家人。"在现代语言观中，语言不仅仅是人的产物，逻辑上、历史上与文化上的语言更能够在真正意义上确认人的存在。就像伽达默尔曾提出："一切理解都是解释，而一切解释都发生在语言的媒介中。"可以说，随着哲学意义上"语言转向"的实现，对于话语和语言的关注已经完全超越了认识论层面对语词、语法的具体关注，也不仅仅停留在传统语言观中对语义的具体关注，而是超越了语言本身的工具性、知识性特点，彰显了其逻辑性、历史性与文化性的特点；语言不再仅仅是一种人的行为能力和表达能力，也不仅仅是人与人的一种交往方式和沟通方式，而在更广阔的意义上成为人自我的生存方式与存在方式。

因此，以马克思的基本观点为立论基础，汲取西方哲学"语言转向"的理论成果，我们可以从宏观与微观两个视野来理解"话语"这一概念。在宏观视野上，可以将话语理解成为一种内在承载着不同文化、意识形态以及思想体系的具体要求，通过语言、文字等媒介的运用进而建构社会关系、推动历史文化进步的实践活动。在微观视野上，可以将话语看作是一种推动社会成员之间沟通和交流、反映话语主体之间社会关系的一种语言符号系统。可以说，话语作为一种社会意识形式的语言彰显，是社会交往必不可少的演说与交流的演说方式，是人类社会存在与实践的重要内容，其体现的现实特征包括以下三个方面：一是与思维意识的同一性。话语的形成源于社会成员与社会实践的现实发展需要,是社会成员情感、思想与意志的具体表达。马克思曾指出:"只要言语无法表达情感,他们就必定放声歌唱,如果凭歌声无法交往,他们便用言语表达思想。"在这一意义上,话语来源于人的思想,是思想呈现的物质手段和表达方式;反过来说,人的思想也是通过语言的具体运用才得以以物质形式和交往形式确定下来。而社会成员具体的思想观念在一定意义上取决于社会成员如何进行思考并产生思想,也就是社会成员既已形成的思维方式的问题。因此,作为思想的具体表达和承载的话语与思维、思想在具体的逻辑与内涵上具有高度的一致性和内在同一性。二是主体连接的交往性。语言学家罗曼·雅各布森在其研究中曾指出,接触(contact)是每一个言语事件都具备的重要构成要素。话语的原初意义就是对"概念"进行解释与阐发,正是在"接触"和"交往"的过程中,话语才有了进一步发展与建构的可能。由于人的发展具有极强的主体性,不同社会成员由于思维方式、价值观念与生活样态存在差异,其话语方式与话语选择也会存在一定的差异性。因此,话语作为一种主体之间的链接媒介,需要在这一过程中充分体现"桥梁"与"船只"的作用,推动主体之间形成"可通感"的话语交往机制。三是意识表达的实践性。话语作为一种思想、意识的表达,绝不是一种静态的、思想观念式的存在,而是一种开放的、动态的实践体系。通过对思想意识、文化观念甚至是意识形态予以实践性的阐发和解释,发挥话语的实践性与价值性作用,在实践的维度上建构话语的意义表达系统。

2. 思想政治教育话语

(1) 思想政治教育话语的内涵

聚焦至思想政治教育话语的内涵确定,应在话语概念的一般性观照下,充分确认思想政治教育的学科特殊性。在普遍性概念中,思想政治教育话语不是一种静态的抽象概念,而是运动的、内涵的发展概念;在特殊性概念中,思想政治教育话语以中国社会发展现实与思想政治教育的实践活动为基本依据,内在蕴含着思想政治教育如何展开并发挥作用的关键问题。因此,思想政治教育话语在内涵上应至少包括以下三重指向:

第一,思想政治教育话语是具有时代容涵性的问题指向话语。中华人民共和国成立以来,特别是从计划经济到市场经济、从传统媒体时代到新媒体时代的变化,不同的生产方式与发展方式对思想政治教育话语提出了不同的要求。以对社会主义概念的认识为例,改革开放前由于社会主义建设的现实需要,党和国家往往将社会主义理解成为一种实证性、制度性的科学,侧重于从经济、所有制的角度挖掘社会主义的本质。进入改革开放的新时期,邓小平通过对传统社会主义观念的反思，得出了"社会主义的本质，是解放生产力，发展生产力，消灭剥削，消除两极分化，最终达到共同富裕。"这一论断将"共同富裕"这一富有价值色彩的指标看作是社会主义的根本目的，将生产力标准及其相应的制度设计视为实现目的的途径和手段，既克服了对社会主义实证化、制度化的理解，又避免了在社会主义价值问题上的主观随意性。随着改革开放和中国特色社会主义实践的发展，党对社会主义价值、制度、思想和实践及其相互关系不断自觉，先后提出了促进人的全面发展建设社会主义新社会的本质要求、社会公平和正义是社会主义制度的本质要求、社会和谐是中国特色社会主义的本质属性等一系列重要论断。党的十九大的召开更意味着党对社会主义的认识进入了新阶段，明确了"新时代"的历史方位，提出了新时代中国特色社会主义的战略思想，并用"八个明确"确定了新时代中国特色社会主义的丰富内涵。可以说，在新的历史方位下，党对社会主义的理解更为深入，将其置于马克思主义中国化的历史继承、中华民族复兴的历史进程与世界社会主义运动的历史进程和人类思想与现实发展的历史进程中进行深刻体悟与认识。可见，思想政治教育话语与时代发展的现实需要具有高度一致性，在充分体现并彰显国家与社会所面临现实问题的基础上，通过话语的具体聚合与组合，建构不同语境下的思想政治教育话语意义。可以说，思想政治教育话语是在历史发展的动态进程中，不断应对新矛盾、解决新问题循环往复的系统过程。但值得注意的是，思想政治教育话语随时代发展进行更新并不意味着要对传承性、阶段性的话语进行彻底扬弃，从而形成话语思维与方式的根本性转变，而是遵循着思想政治教育话语发展的延展性与传承性，在吸收历史经验的基础上进行丰富与完善，增添时代性内容，使思想政治教育话语既有时代创新性，又突出其历史稳定性。

第二，思想政治教育话语是承载着意识形态发展需要的内涵指向话语。从思想政治教育话语的形成来看，话语的形成取决于思想政治教育的基本思维方式，即思想政治教育如何认识世界与认识自我的关键问题，也就是思想政治教育如何认识世界和中国发展大势、认识中国特色和国际比较、认识思想舆论与社会现实的重要命题。这也意味着，思想政治教育话语绝不仅仅是一种承载思想政治教育内容的工具与载体，更是一种内含着思想政治教育话语内容的历史的、运动的、内在的思想脉络。而思想政治教育活动就其本质而言，是一种意识形态与价值观教育。因此，思想政治教育话语在根本上要受到思想政治教育最核心的内容即社会主义意识形态与价值观发展内在逻辑的具体支配。正如习近平总书记所言，"宣传思想工作就是要巩固马克思主义在意识形态领域的指导地，巩固全党全国人民团结奋斗的共同思想基础"。巩固马克思主义意识形态的主导权是思想政治教育活动的重要旨归，思想政治教育话语也要承载意识形态发展与变化的内在需要，并在思想政治教育话语充分运用的基础上阐发社会主义意识形态，推动广大社会成员在自我身份确认与社会主义意识形态认同的基础上，巩固社会主义意识形态的领导权与主导权。尽管在社会主义意识形态的发展过程中，马克思主义思想始终占据一元主导地位，但在这一历史进程中，仍呈现出鲜明的制度性与价值性的阶段性特点。这就要求思想政治教育话语作为意识形态的承载者与阐释者，要随着党的意识形态产生相应变化。从这一意义上而言，党在意识形态领域的深刻变化事实上也标志着中国共产党成立以来党的思想政治教育话语的变化，换言之，思想政治教育话语不仅仅是思想政治教育究竟"怎么说"的实践命题，更是社会主义意识形态在思想政治教育活动中的集中体现，是意识形态逐步走向人民性、价值性与文化性的话语彰显。

第三，思想政治教育话语是包含批判性与建设性双重向度的辩证性话语。思想政治教育话语形成于思想政治工作产生之时，自其产生以来，就始终处于与其他意识形态话语争夺话语权的历史环境中。这就要求思想政治教育话语要不断保持其内在的合法性与合理性，既要充分解释与阐发思想政治教育的科学性，也要在诸多的意识形态交织交锋中展开对异质话语逻辑及具体话语的现实批判活动，运用深思的怀疑态度与批判方式对一些社会思潮与意识形态进行批判性反思。与此同时，思想政治教育话语也面临着"如何建设""怎样建设"的关键问题，这是思想政治教育话语在历史性与运动性的过程中开展自我建设的过程。可见，思想政治教育话语既面临着批判其他话语的现实需要，也存在着开展自我建设的发展需要。从这一意义上看，思想政治教育话语存在着批判性与建设性"二合一"的辩证发展向度，即在话语批判中开展话语建设，在话语建设中进行话语批判。

可见，对于思想政治教育话语概念内涵的把握，应该将思想政治教育话语视为理论与实践并存、历史与现实共进、批判与建设并举的系统思想体系。整体而言，思想政治教育话语是指承载着社会主义意识形态发展需要，彰显社会发展与时代特征的内涵指向话语与时代容涵性话语，包含批判性与建设性两个维度。在其"发声"的不同场域中，话语充分发挥其灵活性和具体性特点，对思想政治教育的具体内容以区别性的方式加以不同呈现，在不同的维度中体现出了不同的、相对具体的样态。可以说，思想政治教育话语的多样样态以其在多样维度中的具体发声内容与方式，承载着具有统一性与

第三章 自媒体语境中思想政治教育话语转换基础的科学把握

指导性意义的话语内容。在这一意义上，思想政治教育话语在历史发展与现实作用的维度上，其重要意义始终都在于掌握当下时代中的话语主导权，在多样繁杂的具体话语中实现"一元主导"与"多样并存"的有机统一。

（2）思想政治教育话语的构成要素

思想政治教育话语构成要素，事实上是思想政治教育话语的"单节"，也就是思想政治教育话语最基本的构成"原子"。"解剖"思想政治教育话语的具体构成，对思想政治教育话语构成要素进行科学合理的厘定，是进一步探究思想政治教育话语发展问题的基本前提。在这里，本文以语言学的两大基本学说即社会符号学理论与语言功能学说为理论参照。按照社会符号学理论的解释，话语中涵盖六个重要概念，即语篇（text）、情景（situation）、语域（register）、语码（code）、系统（system）以及社会结构；按照语言功能学说理论的解释，话语实践包括的六项组成要素为说话者（addresser）、听话者（addressee）、信息（message）、语境（context）、接触（contact）以及代码（code）。由于本文对于话语的探讨不同于语言学对于语义、语词、语法的探讨，而是基于思想政治教育学科特殊性，参照语言学相关学科的重要定义，认为思想政治教育话语问题事实上包含了"谁在说""说给谁""说什么""如何说""在哪说""说后取得了何种结果"六个核心的问题，因此，思想政治教育话语构成要素包括思想政治教育话语主体（说话者与听话者）、思想政治教育话语内容、思想政治教育话语方式、思想政治教育话语语境、思想政治教育话语评价五大要素。[1]

①思想政治教育话语主体——"谁在说""说给谁"

思想政治教育话语主体主要指代思想政治教育的"说话者"与"听话者"。由于思想政治教育的学科特殊性，从广义上看，思想政治教育的"说话者"事实上包含了"国家和政府、社会组织、广大的理论研究人员以及思想政治工作者"。而从狭义上来看，则是指代思想政治工作者。思想政治教育"说话者"在严格意义上是思想政治教育话语的制定者与具体的"操盘手"，其在一定程度上决定着在何种具体的话语语境下、选择何种话语内容、运用何种话语方式对广大社会成员开展思想政治教育工作。"听话者"则指代思想政治教育受教育者，尽管"说话者"相对多元，但其最终的话语归宿都归于思想政治教育的"听话者"，归根结底是要促使广大社会成员在根本意义上认同思想政治教育话语内容，并自觉将这一内容落实到实践行动

---

[1] 孙晓琳. 新时代思想政治教育话语发展研究[D]. 东北师范大学博士学位论文, 2019年.

中去。事实上,"听话者"是有主体意识的个人,受个人生命体验、接受能力以及具体的环境影响,"听话者"对思想政治教育话语内容的接受与认同程度也必将会产生差异。换言之,思想政治教育话语并不简单是一个由"说话者"到"听话者"的单一线性活动,而是由于"听话者"的接收程度与反馈程度不同,所导致的内容、方式等其他要素都要进行相应转变的过程。可以说,虽然就思想政治教育过程而言,"说话者"在话语系统中占据相对主导地位,但如果"听话者"不能对话语内容产生共情,不能深刻而准确接收具体的话语内容,不能对思想政治教育的言说过程进行评价与反馈,思想政治教育活动也就不算真正发挥作用。因此,从这一意义上而言,思想政治教育"听话者"与"说话者"一并构成了思想政治教育的话语主体,共同作用于思想政治教育的整个言说过程。

②思想政治教育话语内容——"说什么"

思想政治教育话语内容主要解决思想政治教育"说什么"的问题,事实上也是语言学研究中所必须涉及的"语篇"部分。"思想政治教育话语内容决定思想政治教育话语的发展方向",也是影响甚至决定思想政治教育话语性质与基本属性的基本前提。思想政治教育话语作为普遍性意义上话语的一个组成部分,究其根本而言是一种符号内容,是由不同的语词根据一定的语义与语序所组成的基本符号。而在更深层次的意义上,思想政治教育话语内容事实上是一种信息。在思想政治教育的话语场域中,话语内容并不是单一的,而是一个复杂的内容系统,包括"理想信念教育话语、政治观教育话语、法制观教育话语、价值观教育话语和心理健康教育话语"等等,对这些具体的话语内容进行整合,我们可以认为,思想政治教育话语主要包括以下三方面内容:一是意识形态话语。思想政治教育作为一种带有强烈阶级属性的教育活动,意识形态性是其根本属性。因此,带有意识形态色彩的思想政治教育话语内容是思想政治教育话语的重要组成部分。这一部分话语内容主要指代党、国家与社会所要求的关于思想意识、价值理念、政治观点、行为规范、法律规定等方面的基本教育信息,表现为政治观、法制观、价值观、理想信念、政策法规话语等等。二是非意识形态话语。思想政治教育在其活动属性上来讲,仍然是一种教育活动。思想政治教育话语内容不仅包括党和国家的基本政策、思想政治教育学等一些带有鲜明意识形态色彩的话语内容,也包括了一系列先进的人类文明成果,比如在一定时期适用的一些基本道德、带有鲜明国家和地区特色的先进文化成果等等,从而凸显思想政治教育话语的人文性,使思想政治教育话语不是一种"硬邦邦"的政治话语,更是一种"柔软的"、能够贴切社会成员现实需要的大众话语。三是时代性话语。思想政治教育是一项与时俱进的实践活动，时代特征在一定程度上决定了思想政治教育话语内容及其呈现方式。这并不是说现阶段的思想政治教育话语要完全推翻上一个阶段的话语，而是在对既有思想政治教育话语内容进行集成与发扬的同时，增添时代色彩，使话语在现时代具有更强的适用性，从而更加具有可接受性。

③话语方式——"如何说"

思想政治教育话语方式是思想政治教育话语"如何说"的问题。话语方式事实上是思想政治教育说话者阐释话语内容的方式，是思想政治教育话语的"可感"形式。话语方式虽然不能如话语内容一样发挥着决定性作用，但话语方式的选择与具体运用决定了思想政治教育说话者选用何种方式对话语内容进行一般意义的描述，并对说话者的立场以及思想政治教育具体的话语内容进行进一步阐发与演绎，决定了广大社会成员能否形成一种确定的、共通的、共同的共享信念，这种信念既是对于思想政治教育话语内容的信念，也是对于思想政治教育说话者的信念。可以说，思想政治教育话语方式事实上指代思想政治教育运用何种方式描述思想政治教育并与受教育者进行沟通交往的问题。在这个意义上，思想政治教育话语方式事实上包括描述方式与交往方式两个方面。就描述方式而言，思想政治教育话语描述方式指代面向思想政治教育听话者所开展的针对描述对象即话语内容而形成的或主观、或客观的描述，这种描述既包括对话语内容的一般性描述，也包括对思想政治教育主体间的关系进行描述。话语描述方式的重要意义既在于对话语内容的阐释，也在于向广大"听话者"充分反映主体在做什么、说了什么、做了什么，这对于微观领域思想政治教育话语而言显得尤为重要。就交往方式而言，则是指代回答"主体间以什么样的话语方式进行对话和沟通，以便达到最佳效果"的问题。简单而言，话语交往方式是思想政治教育话语主体之间通过知识、观念与情感等沟通方式进行相互联系，从而达成主体之间相互理解并达成共识的一种基本手段与方式，其关涉到在复杂的话语场域中，思想政治教育话语究竟是否能够实现真诚的、互动的交往，从而达成话语主体之间的可理解性。

④话语语境——"在哪说"

思想政治教育话语语境事实上是思想政治教育"在哪说"的问题。字面含义完全相同的语篇，在不同的语境状态下，也能呈现出与字面概念截然不同的语义。正如维特根斯坦在《哲学研究》中提出，"一个词的意义就是它在语言中的应用。"词是否存在意义，在于其在语言中的具体运用，而话语是否存在意义，在于其在语境中的具体运用。思想政治教育话语语境事实上包括宏观与微观两个维度：宏观上的话语语境指的是思想政治教育话语所处的时空语境与文化语境。所谓时空语境，是指思想政治教育所处的现时时空环境，在当代中国，则是指代中国特色社会主义进入新时代这一具体时空语境。在这一语境下，思想政治教育话语从内容到方式再到最终的评价环节，都要服从于、服务于这一时代的社会主要矛盾以及时代发展的战略需要。而文化语境则是指代中华民族在几千年文明传承过程中所形成的潜移默化的文化思维与习俗。正如语言学家韩礼德的观点，"所有文化都会在语言中反映出一些具有普遍意义的功能或纯理功能（metafunction）。"这种文化语境与文化的具体体现事实上就是广大社会成员包括思想政治教育说话者与听话者所形成的潜在共识，思想政治教育话语也绝不可能跳脱于文化语境之外而发生作用。狭义上的话语语境则指的是思想政治教育话语发生时的现实样态。按照《辞海》的解释，语境可以被认为是"说话的现实情境，即运用语言进行交际的具体场合，一般包括社会环境、自然环境、时间地点、听读对象、作（或说）者心境，词句的上下文等项因素。"思想政治教育说话者与听话者在现实的语境中有了相互沟通、增进认知的现实背景，思想政治教育话语也就有了"再生产"的可能。

⑤话语评价——"说后取得了何种结果"

思想政治教育话语评价是思想政治教育话语的最后一个要素，是在思想政治教育话语发声后解决"如何评价"的重要问题。按照冯契先生的观点，"所谓评价，就是要考察自然物的功能与人的需要之间的关系，评判其对人的价值如何。"可以说，评价的目的主要在于评价关系与评价价值两个维度。聚焦至话语领域，有学者曾经提出，话语评价事实上具备的基本功能包括"表达说话人或作者的意见，这反映了个人和社会的价值系统；建立和维护说话人与听话人，作者与读者的关系"等。在思想政治教育话语范畴下，话语评价可以看作包括这样两个维度，即对思想政治教育价值系统的评价以及对思想政治教育说话者与听话者关系的评价。思想政治教育话语评价事实上是整个话语系统的最后环节和要素，是对思想政治教育话语主体、话语内容、话语方式与话语场域系统运转的整体评价。无论是价值系统还是主体间关系，都是思想政治教育话语作用的结果，而二者在话语作用中又体现出了高度的一致性。因此，话语评价往往不会针对其中某一个环节，而是对二者进行系统性、统一性评价。就话语评价本身而言，社会成员对于思想政治教育话语的话语评价事实上包含由低到高的三个层级，即情感、判断与价值，也就是社会成员通过对感性话语资源、对基本知识内涵以及对话语中内涵的价值理念进行评价。而思想政治教育话语又会在话语评价与反馈的基础上，在新的话语场域内重新组建话语，确保思想政治教育话语能够在满足社会成员需要的前提下，不断更新，从而提升自身话语的科学性与先进性。

从整体来看，思想政治教育话语作为一个动态的过程，随着要素及其之间关系的变化而不断发生相应改变。在这一过程中，要素与要素之间绝不是一个个独立的个体，而是存在着一定的相互联系、相互作用的运行原理与机制。整体来看，思想政治教育话语是思想政治教育主体之间通过不同话语形式的运用，以达成在特定语境下传达特定内容目的的具体言说体系。而就各要素之间的具体作用而言，思想政治教育话语要素之间的联系与作用主要体现在静态构成上的内在耦合与动态过程上的循环递进两个方面。

（3）思想政治教育话语特征

思想政治教育话语特点是思想政治教育话语区别于其他话语的独特性与特殊性彰显，作为一种始终指向于现时代社会发展"大"环境具体变化的话语体系，思想政治教育话语自然充分彰显着时代发展的主题，呈现出了鲜明的时代性特征，但时代性并不意味着思想政治教育话语是不稳定的。在思想政治教育话语发展进程中存在着的一脉相承、发展性的具体特点更是思想政治教育话语本质意蕴的现实彰显，具体表现为以下三个方面：

第一，话语建构与话语批判相结合。话语的发展往往与一个国家的生产力水平息息相关。在国家的现实需要、发展目标与具体的发展方向发生变化时，话语的构成、内容与形式也随之发生深刻变化。就如同马克思提出的，"当人们还不能使自己的吃喝住穿在质和量方面得到充分保证的时候，人们就根本不能获得解放。"遵循这一基本逻辑，可以说，物质基础的发展与变化在根本上决定了话语的构建与发展。同时，话语也并不总是受到国家需要与发展的制约，而是在特定的时代与阶段彰显出了一定的超越性。即在落后的生产力和所有制关系下，也会产生出一种对既有权威进行批判的先进性话语，正是在这种话语的不断推动下，社会才得以不断向前发展。在世界历史的转变进程中，西方国家依靠殖民扩张、发动侵略战争等方式实现其自身的现代化，这就使得其他国家的话语整体性遭到破坏，本土话语与外来话语、传统话语与西方话语不断杂糅发展，这自然也包括在近现代战争中饱受磨难的当代中国。可以说，任何一种话语都是一套相对独立的权力结构，思想政治教育话语的重要特点就是在话语创新的同时兼顾历史对现实的特殊规定，从而避免"把一些词句和口号重复来重复去，而不去认真考虑运用这些词句和口号的条件以及这些词句和口号起作用的范围"的现象出现。在社会成员世俗生活的各个时期，都存在着思想政治教育话语针对落后的物质生产进行"自我建构"与"自我革命"，在话语建构的过程中开展自我批判与他者批判，从而发挥话语作为"批判武器"的重要力量。

对于思想政治教育话语的具体作用而言，对其历史与现实效果进行衡量的前提就是充分发挥话语评价这一要素的重要功能。评价系统的功能是可以分析出作者或说话者对某事的态度与感受，而这种话语态度行为表达了社会共有的价值系统，评价的行为都趋于建构这种价值系统。而要进行科学合理的话语评价，一方面在于对现有信息的阐释，在于对现时代样态的具体表达，在于话语的具体表述与建构；另一方面也在于话语批判功能的充分发挥。可以说，任何时代的思想政治教育话语都在批判异质意识形态和自我批判的过程中进行自我的建构与重塑。这种批判既是批判其他非社会主义属性的社会思潮对社会主义意识形态的侵蚀与影响，也包括了思想政治教育话语的自我批判，也就是说，在话语建构的同时，要淘汰掉一些不符合思想政治教育发展要求甚至已经"过时"的思想政治教育话语，对思想政治教育话语进行时代性革新。这种"革新"并不意味着要抛弃所有思想政治教育的历史性成果，而是意味着在历史话语中选择能够在现实中具有解释力，能够"为我所用"的现实话语，将一些在现实生活样态中无法适应的话语从思想政治教育话语中剔除开去。从这一意义上而言，思想政治教育话语就是在不断解构的过程中进行自我的建构与自我革命，从而在内在对立统一的矛盾基础上实现思想政治教育话语的现实发展。

第二，权威话语与大众话语相结合。按照马克思的观点，阶级社会里统治阶级的思想是"占统治地位的思想"，可以说，统治阶级调节着思想的生产、再生产与具体的分配活动。而任何一种思想与精神的产生，都需要受到物质的"纠缠"，"物质在这里表现为振动着的空气层、声音，简言之，即语言。"因此，在思想政治教育话语发生学意义上而言，思想政治教育的本质属性规定了思想政治教育话语的权威性特质，决定了"其话语体系在多元的大众文化所构建的狂欢式话语世界中的主导地位，且这种学科层面的主导是思想政治教育话语主导'众声喧哗'的大众文化话语的首要方式。"从更宏观的角度来讲，思想政治教育的对象是广大社会成员，其作用在于在社会范围内形成与国家战略发展、人民价值生成相一致的舆论氛围。对于思想政治教育这一意识形态宣传与教化的"主战场"而言，就需要充分发挥话语的规训、教化、引领与主导作用，确立思想政治教育话语的权威性地位，在多样思想观念与意识形态中牢牢掌握思想政治教育话语权，从而成为影响社会成员思想与行为的重要力量。

但在思想政治教育话语的具体使用和落实的过程中，不难发现，权威性话语的规训与教化，使得思想政治教育活动逐渐陷于以"主客二分"为表征的话语方式和表达方式，在这一概念中，"独白式表达"成为思想政治教育言说的主要形式，规范性话语成为思想政治教育话语的核心表征。这种话语在现实语境与状态中甚至会形成类似于威权主义的话语样态，这就使得社会成员无法在这种绝对主导的话语体系中发挥自己的主观能动性，进而建立一种能够彰显社会成员自身意志与观念的现实话语。因此，思想政治教育话语如何能够既巩固思想政治教育话语的权威性特质，又推动思想政治教育话语贴切大众关怀，从而实现思想政治教育单一话语体系规范性和权威话语唯一性的突破，提升思想政治教育话语的生命力与现实力，是思想政治教育话语在任何一个时代境遇中都普遍面临的一个重要课题。

可以说，权威话语与大众话语是思想政治教育话语的两个维度。过于重视权威话语而忽视大众话语，就会使社会成员在繁杂的思想观念与话语体系中难以发挥自身的主观能动性，并对话语内容产生自身迸发的"抵御感"，难以形成对思想政治教育话语的自我认同甚至是身份认同；而如果过于重视大众话语而忽视权威话语，就会使思想政治教育话语在复杂多样的社会现实中难以保持客观、理性、准确的话语态度，甚至丧失思想政治教育话语权。因此，思想政治教育话语在现实发展的层面上内在规定着实现权威话语与大众话语的有机整合，使思想政治教育话语能够在"说服"社会成员的意义上，以大众话题、大众话语为引擎，在与社会成员"真正交往"的前提下建构话语生态，从而既消除思想政治教育说话者与听话者之间的对立关系与内在矛盾，又能够充分巩固社会主义意识形态的主导地位，发挥思想政治教育话语在意识形态领域中的主导作用，从而形成一种既充分发挥引领力与影响力，又能够在现实上"接地气"的思想政治教育话语。

第三，话语稳定与话语革新结合。思想政治教育话语作为社会主义意识形态话语的具体彰显，其发展与变化有一个重要的前提，就是话语所承载的思想内容与具体含义本身就具有极强的稳定性，这也是如何在不同的时代发展要求与具体的社会发展需要基础上使话语表达达到更优效果，匡正话语方式的基本前提。在这一意义上，思想政治教育话语所传达的是党在历史实践过程中的性质、宗旨、纲领、路线以及方针政策的具体表达，这套话语既是严谨的，同时也是稳定的。可以说，无论是思想政治教育的何种话语，其内在承载着马克思主义意识形态对异质意识形态的批判以及对自我观点的宣扬，其在思想政治教育内容体系没有发生重大变化与变革时，需要也必须保持自身的稳定性。如果思想政治教育话语内容在时代变革中轻易发生重大地、颠覆性地变革，势必会影响思想政治教育话语权甚至马克思主义意识形态在国家中的主导权。同时，对于作为学科的思想政治教育而言，思想政治教育既是一门学科，也是一门科学。科学性的内在属性要求思想政治教育话语内容至少是可以言说思想政治教育规律性发展方向的。因此，思想政治教育话语的这一内在要求规制着话语必须要在一定范围内保持其内在稳定性。

但话语稳定也内含着思想政治教育话语发展中存在的一系列问题。比如说，"有同志总结文件的起草工作，文件的构成是三分之一的老套话，三分之一的新套话，加上三分之一的新话和连接词。"[①] 尽管这种界定显得有失偏颇，但其确实反映了思想政治教育话语发展中所出现的现实情况。在这一意义上，思想政治教育话语在稳定性的基础上，具有话语革新的自我发展需要。纵观思想政治教育话语发展史，可以看出，在宏观维度上，思想政治教育话语的发展往往着眼于话语方式的内在革新，即话语描述与阐释方式的调试性革新；在微观维度上，则指代思想政治教育说话者在教学过程中自觉对政治宣传话语、教育教学话语与科学研究话语进行自我革新，尤其是将思想政治教育话语以大众话语的形式展现和阐发出来。值得注意的是，在话语革新的过程中，无论是党、国家、政府还是思想政治教育者，都不会对思想政治教育话语内容特别是核心要义进行内容上的根本性更新。换言之，思想政治教育话语理论的彻底性和思维的顺承性不会在话语方式革新中磨灭掉，仍然会发挥着"支柱"的重要作用。

（三）思想政治教育话语转换及自媒体语境中的思想政治教育话语转换

1. 思想政治教育话语转换

要对思想政治教育话语转换进行界定，不得不提及思想政治教育话语的形成与发展。思想政治教育话语的形成和发展，既要符合相关的语言规范，又要遵循一定社会规则和发展规律，从本质来看，它更加倾向于符合后者。

[①] 刘建军.思想政治教育的话语转换及其路径[J].安徽师范大学学报（人文社科版），2016年04期。

第三章 自媒体语境中思想政治教育话语转换基础的科学把握

这是由思想政治教育话语具有政治性和引导性、发展性和时代性的特征所决定的，也是它进行发展转换时需要遵循的必要之处。当社会不断向前发展，文化底蕴变得越来越丰厚和多样时，我们所处社会中的某些规则也会随之发生变化。同样的，当思想政治教育所处的外部环境发生改变的时候，思想政治教育话语会出现与之相悖相反的某些地方，为了使其符合社会的发展，这就要求思想政治教育话语进行必要的转变与发展。这也就要求思想政治教育的话语主体采取必要的方式方法和通过一些方便可行的途径来使得新的话语能够与外部的变化相适应，从而使之与外部环境达到和谐统一。具体地说，思想政治教育话语转换就是，教育者和受教育者在思想政治教育过程中，受一定社会意识形态的支配，用以沟通交流、解释宣传的话语在内容和形式等方面的某些更新与转变。

思想政治教育话语的转换与思想政治教育的发展密不可分，张耀灿等学者认为思想政治教育的发展包含两个向度：一是传统思想政治教育向现代思想政治教育转变发展的过程；二是现代思想政治教育完善深化发展的过程。这两个向度都指向了现代化视域，因此，思想政治教育发展的实质是现代化问题。由此看来，思想政治教育话语的转换也与现代化问题紧密相关，思想政治教育话语的转换在现代化的发展视域下，不仅努力实现文本话语与实践话语的共通、民族话语与国际话语的共存等多种话语类型的互相促进与恰当结合，而且通过思想政治教育话语理念的更新、思想政治教育话语内容的创新和思想政治教育话语方式的丰富等多个角度进一步实现思想政治教育话语的科学合理转换。对思想政治教育话语转换的内涵有所了解之后，需要对思想政治教育话语转换的特征有一定的把握。

思想政治教育话语转换具有实践性与科学性、时代性与人本性的特征。其思想政治教育话语的转换不是单纯停留在文本上的纯理论的发展与转换，而是在与社会生活实践发生相互作用的过程中，当话语的内容或形式出现与实践不相符合的部分时，思想政治教育者和受教育者在结合实践的前提下对话语的内容和形式进行的转变。这种转换不是随意进行的，而是在遵循一定的语言规则和思想政治教育原理基础上进行的，是要遵循一定的科学规律展开进行的。其二，思想政治教育话语的转换是在适应新时代发展要求下，结合时代发展的特点，符合时代发展的规律而不断创新发展的。新型思想政治教育话语的产生，具有比较明显的时代气息。近些年来，思想政治教育话语的发展有一个明显的发展趋势，即从文本话语向人本话语转换，坚持"以人为本"，把人的主体性和创造性作为思想政治教育话语转换的立足点。"以人为本"的发展要求赋予了思想政治教育话语的转换具有人本性的特点。

2. 自媒体语境中的思想政治教育话语转换

结合思想政治教育话语转换的概念，立足于课题研究需要，本书将自媒体语境中的大学生思想政治教育话语转换界定为：在自媒体环境中，为了与其特定的语境相适应，教育者和受教育者在思想政治教育过程中，受一定社会意识形态的支配，用以沟通交流、解释宣传的话语在内容及其形式、表达方式等方面的某些更新与转变。

二、理论界的空前繁荣与实践的缓慢前行

当前，自媒体语境中的大学生思想政治教育话语转换有个非常有意思的现象，也非常值得研究，那就是思想政治理论界相关研究的空前繁荣，包括不少思想政治教育界知名学者也参与其中，写了不少高质量学术论文。但思想政治教育实践界在自媒体语境中的大学生思想政治教育话语转换中，仍有不少人愁眉不展，不是处于观望的状态，就是一部分人尝试后效果不佳，大学生主动关注的不多、主动转发的更少，有时为了扩大自媒体思想政治教育话语的覆盖面，思想政治教育工作者还会要求班委干部在班级群中转发，鼓励大学生关注相关自媒体公众号。当然，这其中，也出现了不少"网红"思想政治教育工作者，他们成为一股清流，深受广大大学生的喜爱，其撰写的部分作品关注量、转发量非常惊人。

（一）理论界的空前繁荣

广大学者的研究主要从自媒体给思想政治教育带来的机遇与挑战入手，通过话语主客体身份的转换、话语内容的转换、话语方式的转变提出相关的对策建议，相关研究成果主要集中以下三个方面。

1. 自媒体语境中大学生思想政治教育话语转换的机遇

（1）自媒体促进了高校思想政治教育话语理念的更新

"教育面临的最大挑战，不是技术，不是资源，而是……去发现新的思维方式"，可见，话语理念的更新在思想政治教育话语转换中起着关键作用。复杂多变的自媒体环境促使高校思想政治教育者要转变思维方式，更新话语理念。

首先，自媒体带动下的后喻文化打破了话语权的不平等性。后喻文化是指长辈反过来要向晚辈学习。由于自媒体的开放性、即时性等促进了信息资

第三章　自媒体语境中思想政治教育话语转换基础的科学把握

源的重新配置，动摇了教育者作为主要信息源的地位，消解了教育者的话语权威和优势，实现了教育双方在获取资源上的平等，加速了社会向后喻文化时代的迈进。自媒体在高校的普遍使用使得后喻文化的色彩在高校更为浓厚，这无疑有利于教育者树立开放、平等的话语理念，摒弃以权威者自居的高高在上的姿态，尊重大学生的主体性，主动向大学生学习，从大学生优良、丰富的话语资源中吸取养料，充实和完善自身的话语体系，使其丰富、开放、生动，进而增强自身话语的吸引力。

其次，自媒体是第一个重视受众感受和反馈的新型媒体，强调与受众互动，注重人文关怀。在这种媒体生存下的思维活跃、具有鲜明个性的大学生更愿意选择聆听那些与他们互动、反映他们心声的生活话语，而对那些只见整体、不见个体、控制式的思想政治教育话语感到厌恶和反感。这就要求教育者要树立以人为本的话语理念，转变过去那种强硬灌输的话语交往方式，主动与学生开展思想对话，实现话语权的共享；利用多样化的自媒体平台，密切关注大学生的生活、学习状态，针对他们思想、心理、情感上的细微变化，及时做好思想沟通、心理疏导和行为引导，从而体现思想政治教育话语的温度。

最后，自媒体的交互性和无中心性进一步加剧了传播的分众化、差异化、个性化趋势，有利于教育者树立细致入微的话语理念。面对复杂的教育环境和异质化的教育对象，高校思想政治教育者只有从微处着手，整合自媒体环境下多种话语资源，把握大学生不同层次、不同方面的话语期待，从单一化走向多元化，从漫灌走向滴灌，促成多层次深入沟通与互动，才能满足大学生群体的多种需求，提升教育话语的说服力和吸引力；只有构建立体化的话语传播平台，推动新旧媒体的协同发声、互融互粉，形成虚拟与现实相互联动的话语传播格局，实现全面渗透，才能增强教育话语的传播力和引导力。

只有身处困境，才会主动追寻脱身之策。传统高校思想政治教育话语在自媒体的强烈冲击下，也一定会积极寻找出路。这在一定程度上，有利于教育者将话语理念从单纯的工具性价值转向工具性价值和目的性价值的统一，从单一化走向多元化，从以教育者为中心转向以受教育者为中心，从灌输论转向接受论，从独白转向对话，使思想政治教育话语内容、话语表达方式、话语传播平台等的选取切合大学生的日常生活、身心特点和接受习惯，从而提高大学生对思想政治教育话语的接受度。

（2）自媒体促进了高校思想政治教育话语内容的丰富

传统的高校思想政治教育话语主要以宏观领域为主，宏大叙事性的政治性话语遮蔽了丰富多样的生活话语，话语内容较为单一。自媒体作为一个海量数据库，囊括了古今中外的话语资源，其在高校的普遍使用，无疑会使高校思想政治教育的话语内容更为丰富。

首先，自媒体有利于高校思想政治教育话语内容的结构更加合理。一方面，自媒体为高校思想政治教育话语内容结构的完善提供了理论诉求。自媒体的开放性、交互性、虚拟性等不仅开阔了大学生的视野，而且使得他们的主体意识日益觉醒，对话语的需求也更加多样，高校思想政治教育话语的宏观领域显然已经无法满足大学生的多样化需求，这就迫使高校思想政治教育话语向微观领域延伸，关注大学生的现实生活、虚拟世界和情感世界，从中汲取有益的话语内容，以形成完整、全面、开放的话语体系，使话语内容结构走向合理化，实现政治话语与生活话语、情感话语等的和谐共生。另一方面，自媒体为高校思想政治教育话语内容结构趋于合理化提供了现实条件。自媒体的开放性、即时性、海量性为充实思想政治教育话语内容提供了源源不断、丰富而鲜活的话语资源。通过对我国传统的优秀思想政治教育话语资源与国外优秀的思想道德教育话语资源的整合与创新，对大学生所使用的自媒体话语进行提炼和加工，使其展现包容性、体现时代性、把握对象性，实现历史与现实、国内与国外、整体与个体的交汇融合。体现命运共同体的中国梦话语、宣传建设美丽中国的生态话语、注重人文关怀的心理话语、倡导依法治国的法制话语等在高校思想政治教育话语中的逐渐显现就是对这一趋势的印证。

其次，自媒体使高校思想政治教育话语内容的形态更充实，更具吸引力。自媒体使思想政治教育话语内容的形态更加丰富，实现了动与静、平面与立体、现实与虚拟的完美对接。高校思想政治教育者开始将影像、图文、动漫等引入他们的教育话语中，进而使抽象的理论话语通俗化、具象化、生动化。例如高校为庆祝五四青年节、抗日战争胜利等进行的微视频点赞活动、宣传身边榜样的沙画展映活动、高校校长巧妙借用网络话语传达教育内容的开学致辞和毕业致辞等，都是借助多样化的话语形态成功进行思想政治教育最为生动的实践。

（3）自媒体促进了高校思想政治教育话语方式的拓展

传统的高校思想政治教育话语方式较为单调、枯燥，主要借助于文本话语对大学生进行控制式的单向灌输，课堂的独白、报告会的"一言堂"等是其典型特征。而自媒体形态的多样性则拓展了高校思想政治教育的话语方式，为大学生话语表达、情感抒发开辟了更为畅通的路径，为教育者和大学生之间开展平等、多维对话提供了更为便捷的渠道，推动了"一言堂"向"群言堂"的转变，单向灌输向交互对话的转变。

首先，自媒体使高校思想政治教育话语的传播手段多样化。自媒体技术的快速发展和在高校的普及应用，拓展了话语传播的平台，使得高校思想政治教育者可以借助自媒体多样化的、生动性的载体传播教育信息。自媒体技术实现了以图、文、声、像等形式来传播思想政治教育话语内容，尤其是自媒体的数字化，为思想政治教育话语创造出了一种全新的存在方式，使其传播呈现出"一对一""一对多""多对一""多对多"的多样性、裂变式、碎片化的传播特点，不仅增加了思想政治教育话语所承载的信息含量和辐射范围，而且增强了思想政治教育话语的感染力和吸引力。

其次，自媒体改变了大学生的交往方式，拓展了教育双方话语交往的空间，实现了教育者与大学生线上与线下对话、交往的无缝衔接。交往教育双方主要是面对面的现实交往，受限于固定的时间和空间。而电子邮件、微博、论坛、QQ群、微信等现代交往模式的日益普及化及移动客户端、APP等的广泛使用，则使传统的思想政治教育冲破了时空的束缚，随时随地都可以进行信息的发布与查看、议题的设置，使思想政治教育话语的传播处于流动之中，这无疑拓展了教育双方话语交往的平台，为教育双方的话语对话、话语交往提供了更为便捷的渠道，营造了更为自由、宽松、平等的对话场域，不仅有利于教育者及时了解大学生的思想现状和真实想法，对其所产生的思想困惑及时进行疏导，彰显思想政治教育的前瞻性，而且为教育双方开展对话营造了良好氛围，有利于拉近教育者与大学生的心理距离，从而更好地传递思想政治教育的内容，实现思想政治教育的目的。红色网站、红色微博、慕课、翻转课堂在高校思想政治教育理论课中的运用、传承优秀传统文化、弘扬正能量的"子曰师说""学习经典""别笑我是思修课"等微信公众号的建立与推广使用以"学习强国"APP为典范的思想政治教育APP为载体的创建等在某种程度上可以说是拓展高校思想政治教育话语方式的积极、有益的尝试。

2.自媒体语境下大学生思想政治教育话语面临的挑战

传统思想政治教育话语内容上严肃、规范，实践中以说教为主，这与自媒体话语的生活化、活泼化，时髦化形成强烈冲突，导致思想政治教育话语窘境，造成大学生思想政治认同危机。

（1）生活化缺失导致传统思想政治教育话语不接地气

由于历史和现实的诸多原因，革命岁月和计划经济时代政治性强、口号化的思想政治教育话语沿用至今，通常以政治话语、文件话语、权力话语呈现，在特定的历史背景下对统一人们的思想确实起到较好作用，但它疏离现实生活的问题在自媒体话语时代被不断发大。自媒体时代，大学生的主体性意识不断加强，生活化、活泼化、时髦化，植根于现实生活，反映他们对现实生活感知的自媒体话语受到当代大学生的追捧，而抽象、晦涩、空洞、宏观的传统思想政治教育话语更像是空中楼阁，不接地气，不但很难进入当代大学生所熟悉的日常生活语境中，而且还与他们所追捧的自媒体话语体系产生激烈的冲突，从而使当代大学生在内心深处萌发出对传统思想政治教育话语的排斥和反感。

（2）权威式的说教导致传统思想政治教育话语没有生气

长久以来，对学生的管控思维惯性导致了教育主体的话语霸权。在传统的一元思想政治教育话语体系中，教育主体在思想政治教育实践中，处于绝对支配地位，独霸话语权，而大学生的话语权被剥夺，话语空间被挤压，更多的时候是听教育主体说教，而不是双向的互动。这种管控式的"独白"，极大地忽视了大学生的接受能力和情感认同度，表现得毫无生气，被学生贴上"教条化""枯燥化"的标签。自媒体时代，信息获取平等、公开，信息发布多中心、多变性，使传统思想政治教育话语没有生气的问题更加突出，当代大学生对"苍白而没有生气，生硬而没有情感"的传统思想政治教育话语表现出了前所未有的排斥和反感。

（3）认同度不同导致传统思想政治教育话语没有底气

传统思想政治教育话语的政治性语境难以突破，思想政治教育实践中的说教形式难以改变。自媒体时代，多中心、平等互动交流的语境已经形成，大学生的交往互动话语已经转变，传统思想政治教育话语与学生话语的鸿沟已经形成，在自媒体语境中传统思想政治教育话语难以适应的问题已经显现，但自媒体平台又是思想政治教育必须占领的阵地，传统思想政治教育话语在这时显得没了底气。思想政治教育主体虽不想墨守成规，但却学习困难，创新乏力，要放弃话语霸权，通过自媒体平台去和学生平等互动交流来丰富自媒体话语，一时还难以适应。

3. 自媒体语境中的大学生思想政治教育话语转换路径

面对自媒体语境下高校思想政治教育话语转换的挑战，我们应更新话语理念，转换思维方式，准确把握大学生话语形成、传播的规律，改变思想政治教育话语不接地气、没有生气、底气不足的现状，因此增强话语的感召力和影响力。

（1）接地气——话语融入大学生

生活是所有人生哲理、道德智慧产生的土壤。只有走向生活，我们才能最真切地感悟这些箴言的价值，从而追寻自我存在的意义、实现人生的精彩。进行理论说服的教育话语同样依赖于生活这一丰厚的土壤。因此，融入大学生的生活世界，是高校思想政治教育话语接地气、聚人气的关键所在。教育者要在深入研究大学生生活实践的基础上，推动生活化话语体系的建构。

①回归大学生的生活世界

从某种意义上来说，思想政治教育过程是一个与生命共融，与生活世界共存的过程，这就意味着高校思想政治教育话语只有把自身放置于大学生的生活之中，才能葆有旺盛的生命力。

首先，借鉴大学生的生活话语，以扩充自身话语体系。大学生朝气蓬勃、兴趣广泛、求知欲强，他们拒绝平庸，拒绝一成不变，敢于求新、探险，这就决定了他们的生活世界是五彩缤纷、灿烂多姿的。而他们富有生活气息的话语也正是在他们的实践中得以产生和使用的。面对大学生多样丰富的生活世界，教育者不能熟视无睹、无动于衷，而要认真审视、加以解读；针对他们所使用的生动鲜活的话语，教育者也不能置若罔闻，而应仔细研究其形成的必然性和合理性，积极借鉴其有益的话语内容，以此扩充自身话语体系。"理论是灰色的，生活之树长青"，大学生的生活世界是不断变化的，而他们的话语也处于不停的生成中。教育者要紧跟大学生的生活实践，从他们的生活话语中提炼出新鲜生动、精致入微的话语元素，并及时将"给力""点赞""最美"等传递正能量的词语纳入话语体系中，使之保有开放性与包容性，达到教育话语常讲常新。此外，教育者还要大胆借鉴大学生合理的话语表达方式，灵活运用大学生所喜爱的话语表达方式去阐释火热的生活世界、高深的理论巨著，从而帮助大学生拨开笼罩在其上的高不可攀的虚无和不可捉摸的迷雾，理解和接受其所传达的教育内容，实现教育话语与大学生话语的同频共振和话语融合。

其次，注重个体叙事话语的运用。莫言曾说自己是一个讲故事的人，而习主席在重要场合的讲话中也善用故事来表明观点、态度和立场。可见，叙事性的话语更能够打动人心、触人心魄、启人心智。而传统的高校思想政治教育话语往往以远离生活的宏大叙事话语为主，而缺失了贴近生活、贴近实际的个人叙事话语，造成了大学生对其的反感和厌恶。这就要求教育者主动把话语从空中拉回到地上，融入大学生的日常生活中，使之散发浓郁的生活气息；用大学生所熟知的感性、鲜活的故事去充实、解读主流价值观，展现其蓬勃的生命力。大学生的生活世界中每天都在上演着精彩故事，教育者要充分利用自媒体的社交平台，以敏锐的眼光抓取大学生身边那些富有教育价值的鲜活事例来开展思想教育，把讲道理与讲故事结合起来，在生动、真实的叙事中启发大学生的思想觉悟。譬如，教育者在进行理想信念教育时，可选取复旦大学双胞胎姐妹孙雨朦、孙雨彤励志的成长故事来启发大学生结合自身实际树立远大理想并为之努力奋斗；在进行人生价值观教育时，可选取感动一座城的湖北黄冈"90"后女孩余康颖跪地抢救拾荒老人的故事来引导大学生在点滴小事中实现自我价值。通过叙说这些有血有肉的生命故事，有助于激发大学生总结自己的生命体验，反思自己的过往行为，重新建构生活的意义，寻求生命的力量，进而采取有意义的行动迎接未来。

最后，话语应凸显其反思特性，实现对大学生生活世界的超越与引领。回归生活世界，并不是停留于其表面，对其作简单的被动回应和消极服从，而是要对其给予反思、引领和预测，从而体现其超越性、前瞻性和科学性。自媒体环境下，大学生的生活越来越趋于碎片化、感性化、片面化，如果只是一味贴近大学生的生活世界，而抛却了话语特有的反思特性，就会使其先进性掩埋于众声喧语的舆论生态之中，使其流于形式，走向肤浅化、浅薄化，而失去其作为意识形态话语的严谨与深度。因此，教育者不仅要以大学生的生活为基本参照和基本场域，更要做好高校思想政治教育话语的顶层设计，为大学生的美好生活建构理想灯塔，以照亮他们的人生旅途。

②积极反映大学生的现实需求

马克思主义认为，人的需要即人的本性，是人的行为发生和社会发展的源泉和动力。教育者的话语之所以处于无人聆听的尴尬境地，主要就在于其未能真正满足大学生多样化的诉求。因此，教育者应立足于大学生的需要，使高校思想政治教育话语真正反映他们的心声和期待，成为大学生所思、所想、所感的代言人。

其一，立足多样化的生活实践，切实满足大学生多元化、多层性的现实需要。自媒体的开放性使大学生的知识面更为宽广，思维活跃的他们不仅关注与他们息息相关的校园生活，而且把关注的目光拓展到国内外社会热点事件上来；不仅关注现实生活，而且也积极参与到虚拟的网络生活中去。在丰富多样的生活实践中，大学生的需求也日益增多，这就要求高校思想政治教育话语对以往未能触及的方面及时进行补位和发声，不断拓展话语内容，对大学生的生理需求、情感需求、交往需求等给予积极回应，使生理话语、生态话语、网络话语、法制话语等不断融入高校思想政治教育话语中，构建多元化的话语体系，为他们应对复杂的生活实践指明道德方向和价值准则，从而满足大学生多样化的话语需求。

其二，立足独特的生命个体，满足大学生的个性化诉求。作为一个独立的个体，每一个大学生在心理、思想、行为等方面都表现出独特性。自媒体时代，大学生的个性更为张扬，其异质性和差异性更为明显。因此，教育者在对大学生进行思想教育时，所采用的话语一定要因人而异，切忌千篇一律，要根据每个大学生的思想特点和兴趣爱好来选取教育话语，使之具有针对性、差异化和对象化，实现思想政治教育话语的精准投送，从而更好地契合每一个个体成长与发展的诉求，体现出对大学生的人文关怀。同时，自媒体的隐匿性降低了大学生表达最真实自我的风险，他们所热衷使用的自媒体话语的背后，隐藏的是他们的价值观念和思想现状。教育者需要通过微博、微信等网络空间，密切关注每一位大学生的思想动态和细微变化，树立细致入微的话语理念，从"微"处着力，以"微"制胜，因材施教、因势利导，把握最佳教育时机，以促进大学生的健康成长和全面发展。

③打破理论话语与生活话语的鸿沟

列宁曾指出："最高限度的马克思主义＝最高限度的通俗化"。只有打破理论话语与生活话语的鸿沟，实现二者间的有效对接，使抽象难懂的理论话语通俗易懂，思想政治教育话语才能抓住人心、夺人心魄、撼人灵魂，从而更好地入耳、入脑、入心。"理需通俗方传远"，理论话语与生活话语对接，其目的就在于实现理论话语的通俗化。但通俗化不是意味着庸俗化、简单化，而是在坚持"信、达、雅"原则的基础上，用大学生喜闻乐见的方式来注解远瞻性理论，这就要求教育者要充分做好转译工作。教育者要具备高度的文化自觉意识和扎实的马克思主义理论素养，深刻领悟马克思主义理论体系内在的逻辑关系。在忠实经典著作的基础上，从大学生的接受能力出发，充分运用自己的创造力，结合现实生活来解释、翻译马克思主义理论，把抽象的理论具象化，把无声的教材话语转换成情理融合、贴地飞翔的教学话语。自媒体加速了微时代的来临，也使得大学生的信息获取日益走向碎片化，大学生对长篇大论、枯燥的理论话语已经产生了逆反心理，而对那些短小精炼的"微言微语"情有独钟。因此，在转译的过程中，教育者要坚持深入浅出、简约明快的原则，将僵化冗长的理论话语改造成质朴清新的生活话语，尽量达到"微言微语见大义"的境界；教育者还可充分利用多媒体技术，将抽象的理论话语以图像、视频等大学生热衷的形式呈现；或者是以平凡的叙事话语来传播社会主义核心价值观的内涵，因此提高大学生的学习兴趣和对思想政治教育话语的认同度和接受度。

思想政治教育话语作为时代的一面镜子，必须与它所处的时代紧密贴合，而"问题就是左右一切个人的时代声音"。大学生有着强烈的好奇心和求知欲，对于社会问题较为关注，如果教育者对社会热点问题、敏感问题避而不谈，势必会造成他们的思想困惑和价值迷茫。因此，实现理论话语与生活话语的有效对接，就需要教育者运用马克思主义理论来解读社会矛盾和社会问题，增强话语对时代问题、社会问题的解释力。特别是在获取信息便捷的自媒体环境下，思想独立的大学生更加关注社会热点。这就启示思想政治教育者应该找准理论话语与大学生所关注的社会热点问题的结合点，进行言之有物、言之凿凿的思想解读，避免言之无物、空洞连篇的宣传话语；多选取《辩证看务实办》《理性看齐心办》《之江新语》等马克思主义大众化的通俗理论读物作为辅助教材，用兼具思想性与生活化的话语为大学生的学习、生活、求职提供服务，在直面社会生活问题中增强思想政治教育话语的说服力与解释力，进而培养大学生的政治认同感。作为新形态的"中国梦""话语梦"的寓意来建构中国特色社会主义意识形态理论，将实现中华民族伟大复兴的美好愿景融于个人与社会、微观与宏观的各个层面上，更贴近民族自身，彰显大气，具有强大的感染力和感召力。更为重要的是它以中华民族千百年来筑梦、追梦、圆梦的问题为导向，是实现理论话语与生活话语有效对接的典型示范，其中以问题为导向来提炼话语的有益经验值得高校思想政治教育者借鉴。

（2）涵生气——实现话语对话与共享

哈贝马斯认为："成功的话语交往要具有可领会性、真诚性、正确性等特征，并促成双方相互理解、相互满足"。这就意味着在自媒体时代，思想政治教育必须从主客体性走向主体间性，扭转教育者独白、受教育者无言的话语交往，积极开展对话，实现教育双方的话语互动与共享。

①转变话语理念，营造自由、宽松的话语场域

教育双方平等的教育关系决定了他们之间的对话也应在平等、民主的环境中进行。正如戴维·伯姆所说："对话是促进对话者共享意义的溪流"。对话者之间毫无保留地互诉衷肠、分享自我见解，进而促进共同提高，正是对话所要达到的理想境界。因此，教育者要充分调动大学生的主体性，营造自由、宽松的话语场域，使他们能够畅所欲言，在各种观点的交汇中碰撞出智慧的火花，从而生成创造性思想及新的人生意义。

首先，教育者要转变话语理念，树立以人为本的原则和理念。一方面，

大学生主体意识的日益觉醒，迫切要求教育话语由粗暴灌输转向互动对话，尊重大学生的话语权；另一方面，自媒体时代下信息的共享使得教育者要从知识的传授者转变成与大学生共同学习知识、探讨知识的亲密伙伴，在达成共识的基础上实现意义的生成而不是简单的复制。因此，教育者应自觉放下"权威者"的光环，积极推动话语权的分流，调动大学生话语表达的积极性，使他们敢于言说、敢于质疑、敢于争论，并且对他们的话语表达给予及时、有效的反馈与吸收，以实现意义共享和促进教学相长。

其次，在宽松的话语环境中实现话语权的分流与共享。教育者的话语霸权主要是经由教育制度而被国家、社会所赋予的，其弥散于课堂和校园生活中，而正是这种话语霸权和话语权威严重影响着高校思想政治教育话语的有效性。因此，消解教育者的话语霸权，一方面，要在微观的课堂上要营造活泼、开放的话语场域，实现教育者与大学生的互动和话语共享，打破课堂上"教育者独白和学生默不作声"这一怪象；另一方面，这种宽松、平等的话语氛围不仅存在于课堂之中，在课堂之外的话语场域中也要延续。特别是在自媒体环境下，教育者要将这种平等、民主的理念贯穿于虚拟交往和现实沟通、线上线下的整个教育场域中，通过构建立体多维的话语表达平台，保障大学生的话语权，为他们的发声创造有利条件。

②教育者要发挥好疏导作用

在师生对话中，大学生的主体性与教育者的疏导作用并不是对立的。在尊重大学生话语权的同时，教育者的有效疏导也至关重要。所谓疏导就是指疏通和引导。以往高校存在的重灌输、轻疏导的话语模式已经显现出弊端。而党的十九大报告也旗帜鲜明地指出："加强和改进思想政治工作，注重人文关怀和心理疏导"。因此，教育者在与大学生对话时，一定要发挥好疏导作用。

一方面，教育者在与大学生进行沟通交流时，一定要及时疏通大学生精神、心理上的压力。自媒体拓宽了大学生的知识面和交际圈，也使得学习、交友、择业、情感等方面的问题一股脑向大学生袭来。对于心智尚未成熟、阅历还不丰富的大学生而言，很可能因为一时的诱惑、一时的冲动、一时的受挫做出令人咋舌的事情。高校每年大学生因失恋、人际冲突等原因造成的自杀、杀人事件的不断涌现就充分说明了这一问题的严重性。面对大学生由于遇到矛盾和困难所产生的精神空虚、心理阻塞、心理问题等，高校思想政治教育者一定要及时进行心理疏通，巧妙借用细腻体贴的心理话语与大学生进行心灵对话、思想探讨，在敞开心扉、平等沟通的过程中，帮助他们实现心理平衡与和谐。

另一方面，教育者要在尊重大学生话语权的基础上发挥好引导作用。引导的精神实质就在于教育者通过启发诱导，帮助受教育者内化正确思想，并更正错误观念。弘扬真理、批驳谬论是引导过程中必不可少的环节。首先，教育者要引导大学生自主地感知真理。对话的真理就在于教育者引领着受教育者在剖析错误理论中发现真理、理解真理。思维活跃的大学生对思想政治教育文本、社会道德行为有着自己的见解，针对大学生在内化教育信息时所遭遇到的困惑，教育者要及时找到症结所在，启发学生把碎片化的认识放置到整个理论框架中进行完整、系统地考察，从而帮助他们寻找到理性思维的光芒。以社会思潮为例，面对形形色色的社会思潮话语，大学生由于辨别是非的能力有限，难免会陷入迷失状态。这就要求教育者通过正反论证，引导大学生认识到其存在的合理性和危害性，并对其做出客观的评价。其次，教育者还要对大学生的话语表达进行引导。自媒体的自由性、虚拟性、隐匿性赋予了大学生话语权，但由于大学生的社会阅历还不丰富，辨别能力还不强，因此，他们的话语表达还处于自发阶段。根据人民网舆情监测室于2015年6月发布的《网络语言低俗化调查报告》显示，很多网民为了发泄不良情绪、恶意中伤他人、张扬个性而导致了低俗、粗俗的网络语言的滋生、使用和传播。作为网络的主要用户群，大学生在运用网络等自媒体进行话语表达时，很可能因为理性认知不足导致不文明的网络话语的散布和传播，从而使网络谩骂、语言暴力对他人造成伤害，对整个社会的道德风尚造成破坏。因此，针对大学生所使用的多样化和个性化的自媒体话语，教育者在与之对话时，一定要发挥好引导作用，帮助他们从话语自发走向话语自觉，在自媒体环境下合理使用话语权。对那些低俗的网络话语一定要给予批判，并向受教育者阐明其对整个国家文化形象的损害、对个人心灵的伤害；对那些健康向上的话语要给予肯定并大力传播和使用。同时，还要引导大学生辩证地看待网络话语所折射的社会矛盾，运用正确的话语方式，合理发泄自己的情绪，防止话语权的滥用，形成稳定的社会参与意识。

③融入积极的情感

情感是通往理性大门的一把钥匙，同样，情感的共鸣也是推动受教育者积极内化教育信息的驱动力。长期以来，高校思想政治教育话语以唯理性为主要特征，而脱离了情感性，从而只能使话语停留于受教育者的表层认知，未能真正入脑、入心，难以实现教化作用。特别是在自媒体语境下，虚巧化生存已经成为大学生的生活常态，教育者与大学生的话语交往很大一部分是

第三章　自媒体语境中思想政治教育话语转换基础的科学把握

在网络空间上展开的，由于缺失了面对面交流时的表情、语态的体验，大学生更加渴望话语交往中的情感关怀。因此，在话语中融注积极的情感是提升话语质量、增强教育效果的必要之策。

首先，话语要体现真诚。情真才能意切，教育者只有与受教育者开展触及心灵的真诚对话，才能取得对方的信任和认同。面对思想独立、情感外露、自由率真的大学生群体，教育者在宣讲时一定要以真诚之心融化他们的心理坚冰，畅通教育双方沟通的渠道。在这个过程中，言中有情和言必由衷是教育者所要采取的两种策略。言中有情是指教育者在话语说服时要情理兼顾，使话语富有感召力和亲和力。没有情感注入、硬生生的道德说教好似"一阵风"，只能从受教育者的耳畔刮过，而难真正入耳。而那种只顾情感宣泄，忽视道理阐述的话语只能搁浅于感性事件的琐碎中，未能进一步升华、实现启人心智的目标；言必由衷是指教育者秉承求是的心态，察实情、讲真话、动真情，不能为了自媒体催生下的"点击量"而矫揉造作、虚情假意，说假话；切忌无病呻吟，断章取义，不着边际的"花架子"语言，果断将那些空话、大话从高校思想政治教育话语体系中清扫出去。教育者所言只有实现情理兼顾，才能消释大学生对他们的误解，开启二者之间的真诚对话。

其次，话语要传递正能量。教师不仅是知识的传播者，也是人类文明的守望者，承担着教书与育人的双重使命，他们的一言一行在学生的灵魂塑造中发挥着重要作用。高校教师肩负着为国家、社会培养优秀人才的职责，其道德素质、思想观念、价值取向直接影响着人才培养的质量。这就要求高校教育者要以渊博学识、高尚人格武装自己，自觉守护社会良知和承担社会道义，传递正能量，引导、激励青年学子求真向善、追求进步。然而，目前在高校却一定程度地存在着抹黑中国的现象，部分高校教师尤其是哲学社会科学领域的老师在授课时将生活中的不如意、牢骚、怨气带到课堂，使灰色情绪充斥课堂。因此，高校思想政治教育者应具有高度的责任感和使命感，树立底线思维，以光明的心态解读社会矛盾，辩证对待眼前的苟且与远方的田野；优质话语传达中国精神，守护社会正义，少一些谩骂，多一些肯定，通过理论认同、政治认同、情感认同触发大学生的家国情怀，坚定大学生对祖国未来和自己人生的美好期待。

最后，在话语中融注积极的情感需要把握三大机制。第一是理论认同机制。情感认同是在理论认同的基础上产生的，因此，教育者要主动在理论说服上下功夫，提升自身的理论素养，坚定道路自信、理论自信、制度自信；向学生呈现完整的中国形象，讲好精彩的中国故事，展现中国特色社主义话语体系的科学性。第二是生活机制。情感是在现实的生活中产生、发展的,教育者需要在大学生点点滴滴的日常生活中灌溉积极的情感之花,并且鼓励他们在生活实践中多去体验、感悟,收获积极的情感之果,从而实现知、情、信、意、行的完整联接。第三是情境机制。情感的产生需要依附特定的情境,为了更好地实现话语情感的融注,教育者要高度重视情境的创设。情境运用的最大特点在于它的情真意切、情理交融和浸润渗透。自媒体环境下,大学生思维活跃、独立自主,注意力难以集中,教育者一定要抓住教育时机,针对社会现实中的热点问题,通过借用自媒体的声、光、影、像等多媒体技术手段,增强话语内容呈现形态的情境性,为大学生的道德认知、情感升华营造一种身临其境的氛围,激发大学生的道德情感,提升大学生对教育信息的接受度。

（3）蕴底气——强化教育者的自媒体思维

以政治性语境下的"旧话"面对自媒体环境下的受教育者,是导致教育者话语底气不足的重要原因。提升教育者的媒介素养,以自媒体思维来武装教育者的头脑是目前扭转高校思想政治教育话语不切合自媒体语境的有效法宝,也是彰显话语时代感、增强话语底气的不二选择。

①教育者要主动融入自媒体生活,巧用自媒体的传播技巧

自媒体话语不仅是自媒体时代个体之间进行交流、传递思想的快捷、有效的媒介,也是当前青年亚文化的一种集中表征。大学生广泛使用自媒体话语,很大程度上是为了获得大学生群体的认同感和归属感。大学生群体思维活跃,敢于挑战权威,而自媒体话语的草根化、碎片化、非逻辑性等正好符合大学生的个性特点和心理结构,是同辈群体之间沟通思想、发泄情绪、表达自我、张扬个性的重要媒介。

传统的高校思想政治教育话语由于没有与大学生所处的自媒体时代共境,未能观照他们的网络化生存境遇,脱离了大学生的亚文化圈,不仅造成了教育者和大学生之间的话语差异和话语断裂,而且引起大学生对其言之无物、空洞说教的反感。相反,青年作家周小平的网文之所以受到青年大学生的喜爱和好评,就在于他的语言充分契合了大学生在自媒体生活中的所思所愿,实现了与大学生的共境。从他的语言文字中,大学生可以寻找到类似的感性生活体验:对社会和自我既有困惑、无奈、批判,又有反思、鼓励、期待。此外,他的语言风格符合大学生的心理结构和个性特征:不故弄玄虚,不矫揉造作,用事实说话,拿真相说理,潜移默化中引导着每一位有思想的大学生在比较、鉴别中坚定爱国之情、报国之志。

第三章　自媒体语境中思想政治教育话语转换基础的科学把握

　　在高校，自媒体生活的常态化要求教育者要主动"触网""入微"，积极开通微博、微信等社交媒体，熟练运用自媒体跟帖、转发、评论等功能，开展渗透式思想教育；真正进入他们的网络社交圈，第一时间了解他们的即时状态和真实想法，感知他们在数字化生存境遇下的悲欢喜怒，用他们喜闻乐见的话语方式进行思想交流、心灵沟通。"别笑我是思修课"的创建正是教育者主动与大学生"共境"的典型表现。"别笑我是思修课"是中国人民大学马克思主义学院推出的思修课微博、微信公众号，推送的文章是老师关于学界的理论新知和大学生的学习感悟。秉承着"'微'调总开关，'指'发正能量"的理念，自成立以来，赢得了广大学子的好评和喜爱，让青年学子对高校思修课、思想政治教育话语有了新的认识。在这里，既有对信仰、爱国、社会主义核心价值观等理论问题的师生共同探讨，也有生活、学习小技能的分享；既有教师充满时代感的答疑解惑，也有青年学子的吐露心声、畅所欲言；既有精炼深邃的人生寄语，也有创意满满的微视频。此外，针对青年大学生所关注的舆论热点和流行文化，"别笑我是思修课"也给出了精彩点评。

　　自媒体作为一种新的媒体形态，具有强大的技术优势、独特的运行机制和传播方式。在信息裂变式传播的自媒体时代，我们可以毫不夸张地说注意力已然成为最昂贵的商品之一。同时，伴随自媒体而来的读图时代，也使得大学生更倾向于直观化的图像信息。图文并茂、视听同步的微博、微信等微内容更能深深吸引青年学子的眼球。微博网友"大萌子"的一条微博为例，为了感谢父亲的养育之恩，纪念自己的成长故事，她在新浪微博上上传了自己与父亲的３０张合影。没想到，这条朴素的微博却引发了大批网友尤其是大学生的转发、点赞和评论。而原因就在于微博中那一张张照片弥散着浓浓亲情，将父女间温情的瞬间定格，勾起了他们对父母的想念与牵挂、对家庭的渴望与向往、对逝去的美好青春岁月的怀恋。无须太多的言语，一张张充满回忆的老照片就足以承载"亲情、责任"的教育意义。显而易见，借助自媒体强大的技术优势来制造、选取、传播教育话语，无疑可以收到更好的效果。

　　高校思想政治教育话语要想在多变多样的话语体系中先声夺人，吸引大学生的关注，教育者就要充分认识并利用自媒体强大的的优势、功能和运行机制，熟练运用自媒体技术，掌握自媒体环境下话语传播的技巧，采用多样化的形式来传播教育话语，做好高校官方微博、微信的维护和更新工作，将优秀的道德思想、积极向上的价值观念内蕴于图文并茂、声像俱全的微博、微信等自媒体空间，在潜移默化之中引发大学生的思考，激发他们的共鸣，

· 127 ·

触发他们向善求美的心灵，从而认同、接受话语所传递的思想，并外化为行为。此外，教育者还要充分利用自媒体在空间上的全域性和时间上的全时性这一特点来传播思想政治教育话语，形成立体化、全辐射的传播格局，以增强其受众范围和影响的持续性，使思想政治教育话语深入、广泛、持久地渗透于大学生的日常生活之中。

②教育者要运用自媒体思维，积极推动高校思想政治教育话语创新

创新推动着世间万物的变化与前进，而话语的更新同样离不开话语主体的创新思维。面对自媒体语境下高校思想政治教育话语失语、失效的现状，教育者只有运用自媒体思维，加强对话语的创新研究，才能改变这一不利局面。由于高校思想政治教育话语发展是一个连续性、联系性的过程，因此，它的创新不是空泛的、没有根基的创新，它要在继承、借鉴的基础上进行。

继承中华传统文化中的优秀话语资源以及思想政治教育发展过程中的具有旺盛生命力的话语，使话语彰显中国风格、中国气派、中国情怀。中华优秀传统文化是一个宝贵的思想库，同时也是一个丰富的话语库，其中说理明事、人文教化、敬天畏地的好词好句散见于各种典籍之中，其寓意深刻、通俗易懂，充分反映了中国人的精神气质、价值观念和道德情操，即使在当代仍具有巨大的借鉴价值。因此，教育者应立足于中华优秀传统文化，对其中富有生命力的优秀话语进行整理、改造、加工，挖掘其时代价值。同时，高校思想政治教育话语在其发展与成熟的过程中，一定有很多历经实践考验、经久不衰、富有永恒魅力的话语资源值得我们传承与弘扬，比如"艰苦奋斗""自强不息""实事求是"等思想。对于这些具有旺盛生命力的话语，教育者要予以继承和保留，充分挖掘其中所蕴含的宝贵的话语价值，并根据时代特点和时代精神，不断延长其解释链条，赋予其新的内涵。

借鉴国外道德教育话语，使其体现世界眼光。思想政治教育作为各个国家都有的教育活动，虽然叫法各异，但的确是客观存在的。在长期的道德教育实践中，国外的很多国家也形成了符合本国国情的教育话语体系，这当中自然有许多有益的话语经验值得我们参考。与此同时，自媒体在高校的广泛运用开阔了大学生的视野，使其关注的眼光拓展到国际社会。在这一过程中，既有对国外有益文化思想的吸收，也有对其糟粕东西的盲目崇拜与传播。一些大学生由于辨别能力不强，极易被裹挟进"西化"的潮流中，产生"外国的月亮总是比较圆"的错误思想。因此，教育者要充分利用自媒体获取信息的便捷性，及时关注国外道德教育发展的风向标、研究动态以及大学生对国外社会思潮的认知情况，在批判错误话语理论、廓清模糊认识、纠正偏颇观

念的基础上充分汲取优秀的、全球性的话语资源，使高校思想政治教育话语体现世界眼光和国际视野，从而显示对全人类的道德关怀和责任担当。

借鉴自媒体话语，使其蕴涵时代特质。自媒体加速了信息的流变和话语的更新。高校思想政治教育话语要达到"常讲常新"的效果，就必须紧跟社会步伐，及时反映大学生数字化生存状态下的悲欢喜憎。自媒体话语虽然有不规范的特点，但其中也有一些生动活泼、清新幽默的因素存在，可以用于传播积极向上的思想观念。教育者要正确认识自媒体话语，充分汲取其中的有益成分来弘扬主旋律。以大学生所喜爱的自媒体话语表达方式来呈现意识形态性的话语，有利于增强其传播效果，提升大学生对其的认同度和接受度。近来，习主席巧妙借用自媒体话语的讲话风格受到了青年大学生的追捧。以2015年的新年贺词为例，在总结过去一年的工作时，总书记使用了"蛮拼的""给人民点赞"等清新拂面的网络语言，这一接地气的话语表达，极大地增强了政治宣讲的传播效果和影响力，赢得了广大青年大学生的好评。因此，在开放的自媒体、大数据时代，教育者要抓住青年大学生的关注动向与接受兴趣，以一种海纳百川的开放胸怀积极整合各种正能量的自媒体话语资源，以此推动话语的更新。

在继承、借鉴的基础上，教育者要以自媒体思维为导向，在教育实践的基础上，勇于进行话语创新，主动占领话语创新的制高点，积极推动话语向微观领域拓展。高校思想政治教育工作者要立足于社会发展和大学生的生活现状、认知结构与个性特征，了解和掌握大学生话语接受的心理结构，关注大学生的话语期待，对自媒体话语生成、传播的规律进行系统研究；寻求自媒体技术与高校思想政治教育话语的切合点，在话语内容、话语方式等方面进行大胆创新，弘扬"精益求精"的工匠精神，精心打造既符合大学生话语接受特点与发展需求又涵养核心价值观要义的思想政治教育话语体系，使其彰显人文性、内蕴政治性、体现时代性。青年大学生一般不愿意接受长篇大论、说教性强的灌输话语。因此，教育者要利用自媒体技术的声色交融、图文并茂，创造鲜活生动、可触可感的微话语、隐性话语、情境话语、影像话语，使大学生在寓教于乐中感知主流价值观的精神实质，达到教育无痕、启人心智、浸润人心的效果。

③教育者要重塑话语角色，营造良好的话语生态

打破教育者的话语垄断格局，实现教育者与受教育者的话语共享，并不是淡化教育者的话语角色。相反，教育者要树立高度的话语自觉意识，在形形色色的自媒体话语面前，保持思想定力，掌控主导方向，不断壮大主流思

想舆论，维护高校意识形态安全。

首先，教育者要提升理论素养，增强话语自信。"理论只要说服人，就能掌握群众；而理论只要彻底，就能说服人。"受教育者是否信服教育者的话语，首先取决于教育者所言的科学性和真理性。而这种科学性和真理性主要表现为对不良社会思潮话语的批判为对社会焦点问题的解释力、对人们思想认识的引领力。教育者要想理直气壮地宣讲，必须不断提高自身的理论素养，增强话语自信。那种"以其昏昏，使人昭昭"的做法是绝对行不通的。同时，教育者还要树立责任意识和使命意识，勇攀理论高峰。学习、研究、宣传马克思主义，是一项艰难的工作，使命重大，责任艰巨，特别是在自媒体时代，复杂多样的社会思潮在高校的传播，严重威胁着高校意识形态安全。因此，教育者必须以高度负责、求真务实的精神，做马克思主义的坚定信仰者、传播者和实践者，打牢开展思想宣传工作的基础；攻坚克难，通过自己的勤奋钻研，不断推出集时代性、思想性、通俗性于一体的马克思主义理论成果回应社会发展中的各种问题和质疑，提升为大学生解疑释惑的能力。正所谓"千淘万漉虽辛苦，吹尽狂沙始到金"，只有有了厚实的理论素养，才能穿透迷雾，对社会万象洞若观火，深刻揭示现象背后的思想根源和社会根源，带领学生了解复杂而真实的中国，疏导他们的思想困惑和社会情绪；才能对各种威胁主流意识形态安全的社会思潮话语，及时做出有定力、有价值、有深度、有力度的批判与反驳，不失语，敢发声，从而使大学生认识其荒谬性和虚假性，使其失去传播的价值。

其次，教育者要营造良好的话语生态，壮大主流思想舆论。形形色色的社会思潮话语、自媒体话语在高校的传播，无疑改变了大学生生活于其中的单纯的、独立的文化环境，冲击着主流的意识形态，侵蚀着大学生的心灵。教育者要充分利用自媒体技术，通过构建立体多维的思想政治教育话语传播平台，强化思想引领，壮大主流思想舆论，营造良好的话语生态。

第一，打造一批具有影响力和号召力的思想政治教育话语传播微媒介。只有借助一定的载体，话语才能实现其说服人的功能。传统的高校思想政治教育话语主要指向于现实空间，而在虚拟场域中缺席。目前来看，在微博、微信等平台，思想政治教育话语占主导地位、关注度高、粉丝量多的微媒介还很少。因此，教育者要创建和研发一批精良的思想政治教育 APP，依托微媒介更好地传播思想政治教育话语。在微媒介的创建中，教育者要增强"效果意识"，不能仅仅简单地强调媒介数量的增加，而忽视了话语质量、话语接受度的提升。要坚持"宁缺毋滥"的原则，努力推动关注度和认可度较高的微平台的运作和完善；不能只是利用自媒体技术来机械解读马克思主义理论和党的政策主张，而要科学遵循话语制造、话语传播的客观规律，实现自媒体技术和思想政治教育话语的有机契合，打造具有时代气息、充满生机的思想政治教育话语传播媒介。

第二，教育者应履行好"把关人"的角色。在"人人都能发声"的自媒体时代，信息传播呈现裂变式、病毒式传播的特点，也使得大学生接触到的话语信息泥沙俱下，这就要求教育者要强化"把关人"身份，在鱼龙混杂的自媒体话语面前做好筛选、过滤工作。有些自媒体话语简短精练，更易于传达信息、沟通感情；但也有些自媒体话语粗俗鄙陋，逻辑混乱，偏离了审美标准，混淆了价值判断，降低了语言文化的格调，对大学生的成长、成才带来不利影响。因此，教育者在选取教育话语时，必须坚持正确的政治立场和话语导向，保持思想政治教育话语独有的反思、引领特性，避免陷入"世俗"境地；教育者要树立底线思维和阵地意识，在舆论的喧哗中找准方向，保持清醒，大力弘扬"四个自信""中国梦""社会主义核心价值观"等主流话语，对那些污蔑党和人民的言论及时做出清理，挪除话语暴力滋生的土壤。

第三，发挥社交平台中"意见领袖"的作用。自媒体催生下的QQ、网络论坛、微信等社交平台，使大学生的交际圈越来越广，他们置身其中，不亦乐乎。共同的爱好、类似的学习与成长经历，使得交际圈中的好友们有了自我存在的归属感和认同感。在他们的交际圈中，他们更容易认同同辈群体的话语和思想，有时候，网上好友、网络"大V"的一句话抵得过教育者的千言万语。因此，教育者应该在这些交际圈中培养一批有影响力、有亲和力、有责任感的"意见领袖"，使其具有良好的政治素养和价值判断、价值选择能力，积极倡导大学生理性沟通和对话，不传谣、不造谣，弘扬主旋律，发出好声音，传递正能量，从而更好地引领网络空间纷繁复杂、良莠不齐的舆论，净化网络环境，还网络空间一片晴空。

此外，教育者还要借助自媒体，在微博、微信、QQ群等虚拟空间中积极传播国学经典和汉字文化，向大学生展示中华语言所独有的博雅气质。善语良言，其臭如兰。自觉抵制污言秽语和谣言谎言，使自媒体话语生态清新纯净，需要每一位大学生积极做出努力与改变。教育者应培养大学生使用语言的规范意识和理性的用语习惯，正确使用母语，传承中华优秀文化，提高自己的"言值"，从而有利于抵制不健康的自媒体话语的滋生、传播与渗透，营造健康、文明的话语生态。

（二）实践中的缓步前行

在相关政策引导和实践需要等多方面因素推动下，广大思想政治教育工作者开始了自媒体语境中的大学生思想政治教育话语转换实践。实践结果表明，话语转换成效分层现象十分明显。主要有以下几种情形：

1. 浅尝辄止

在自媒体语境中的大学生思想政治教育话语转换中，所有人都预见了话语转换，尤其是好的话语转换带来的思想政治教育实效提高。在政策引导、学校要求、自身实践需要等多方因素作用下，他们也对自媒体语境中的大学生思想政治教育话语转换进行了初步尝试，但却未能深入。究其原因是多方面的，一是工作中其他事务太多，没有时间和精力来撰写微博、公众号等，也没更多的精力去提高自身自媒体素养，大部分时间都花在了事务性工作中；二是学校缺乏刚性指标，只是在不断地倡导思想政治教育工作开展自媒体语境中的大学生思想政治教育，但却没有相应的指标考核，思想政治工作者刚开始积极性较高，认为是未来的趋势，但工作一忙起来，就将其视为次要，放在一边，久而久之可能账号、密码都记不清了；三是对于少量靠近退休年龄的思想政治教育工作者，他们对自媒体不够熟悉，手机也往往配置较低，不打算深入尝试对他们来讲陌生而难以逾越自媒体语境大学生思想政治教育话语转换。

2. 不温不火

不温不火是思想政治教育工作者中绝大部分的写照，他们也把自媒体作为大学生思想政治教育的新手段，都建立了班级 QQ 群、微信群，也有自己的微博、微信公众号，在公众号中也时常写一些东西，或者转发别人好的作品。但他们很少能写出好的思想政治教育作品，引发广大青年大学生的关注、点赞和转发。

3. 成为"网红"

在自媒体语境的大学生思想政治教育话语转换中也诞生了一批"网红"思想政治教育工作者。他们长期坚持自媒体思想政治教育作品的写作，而且能够蹭热点、关注大学生当前所需，将相关事理讲得透彻，走在自媒体语境话语潮头，引领时尚和潮流，引发青年大学生的追捧，潜移默化地引领青年大学生思想。

整体来看，当前自媒体语境中的大学生思想政治教育话语转换成效还不尽人意，实践中的进展情况要滞后于理论研究。自媒体场域对于思想政治教

第三章　自媒体语境中思想政治教育话语转换基础的科学把握

育工作来讲是重大机遇,也是严重挑战。时不待人,只有一小批的"网红"思想政治教育工作者难以进一步提升大学生思想政治教育实效。自媒体时代的大学生思想政治教育除了漫灌以外,还需要滴灌,只有带学生的辅导员、大学生的思想政治理论教师他们才更了解青年大学生,在漫灌后,需要他们用自媒体来滴灌。这就要求每个思想政治教育工作都要成为网红,至少成为自己学生的网红,才能更好地吸引青年大学生、引领青年大学生,成为他们成长成才路上的知心朋友和引路人。

三、发现:自媒体语境中思想政治教育话语转换基础的悄然存在

自媒体语境中大学生思想政治教育话语转换理论研究的空前繁荣,与自媒体语境大学生思想政治教育话语转换实践中不少人的愁眉不展形成了鲜明对比,相关理论研究未能帮助广大思想政治教育在自媒体语境话语转换中实现质的飞跃,只有一部分思想政治教育工作者能实现好的话语转换,这引起了本科研项目组的反思,笔者所在项目组对自媒体语境中大学生思想政治教育转换的各个环节进行了多次重复的梳理,通过相关文献研究、实地调研最终发现了自媒体语境中大学生思想政治教育话语转换基础的悄然存在。

(一)文献研究

在查阅相关指导文件、专著、教材后,分别以"思想政治教育话语转换""自媒体"与"思想政治教育话语""自媒体"与"思想政治教育"为关键词进行了文献检索,并对相关文献进行了深入梳理。在海量文献中,中国人民大学知名学者刘建军教授发表的《思想政治教育话语转换的三重基础》引起了笔者的重视,刘建军教授把思想政治教育话语转换的基础归纳为三个方面:一是话语娴熟、二是理论透彻、三是思维圆融。[①] 虽然,刘建军教授是从整个思想政治教育话语转换的角度进行的研究,并没有对自媒体语境中的大学生思想政治教育话语转换进行阐述,由于自媒体的特殊性,刘建军教授从更大范围进行的研究得出的研究成果,在自媒体语境思想政治教育话语转换这个更小范围中,是否全部成立,能否更详细地指导自媒体语境中的大学生思想政治教育转换问题还值得研究,但刘建军教授的研究给了项目组很

---

① 刘建军.思想政治教育话语转换的三重基础[J].思想理论教育导刊,2016年05期.

多的启示，也坚持了本科研项目组的研究方向。站在前人的肩膀上，对新时代大学生思想政治教育话语转换进行更深入的研究，探讨自媒体语境中的大学生思想政治教育话语转换。

在此基础之上，分别以"话语转换基础""话语转换前提""思想政治教育话语转换基础""思想政治教育话语转换前提"为关键词进行了文献检索，除刘建军教授的这篇论文外，没能再找到相关专门研究思想政治教育话语转换基础的文献。进而又在前面已经检索的文献中进行了查找，发现有学者的文献中存在"思想政治教育话语转换基础"的关键词，但相关学者论述的却是思想政治教育话语转换的理论依据和实践依据，除去作者撰写的《自媒体语境中大学生思想政治教育话语转换基础的夯实》外，没能再找到相关文献。

（二）现实调研

本团队对重庆、四川地区的10所高校进行了抽样调查，对学校分管校领导、学工干部进行了深入谈话，对一线日常思想政治教育工作者、思想政治教育理论课教师、大学生进行问卷调查。

访谈结果是，从学校及相关职能指导部门层面，高校非常重视网络思想政治教育，尤其是新媒体、自媒体场域的大学生思想政治教育，鼓励广大思想政治教育工作者开展网络思想政治教育。以辅导员职能大赛为例，在选择题、填空题部分非常重视辅导员对党的最新理论、思想政治教育基本原理、学生手册等的考察，在主观题部分除了案例分析外，还要测试博文写作水平。但在访谈中，可以发现高校缺乏对思想政治教育工作者自媒体语境中话语转换基础的大范围系统培训，都提到了转换基础的问题，却没有深入剖析转换基础是什么的问题。

经过对重庆、四川地区10所高校进行了问卷调查，共发放调查问卷1000份，实际回收有效问卷864份，对于填写不完整的问卷，本团队直接当作无效问卷处理，没有进行取均值等技术处理，因考虑到问卷填写都不完整，其他部分也存在乱填的可能，均指处理反而会影响问卷的信度和效度。

从学历上来看，高校思想政治教育队伍主要以硕士研究为主，其次是博士研究生，最少的是本科学历。总体上来看，思想政治教育队伍的学历层次较高，具体情况如表1所示。

第三章 自媒体语境中思想政治教育话语转换基础的科学把握

表1：学历结构

学历	占比 %
本科	20.51
硕士研究生	53.15
博士研究生	26.34

从二级学科来看，核心学科的占比已经超过了一半，但其他人文社科、理工科等还是人数不少，不容易忽视，具体情况如表2所示。

表2：二级学科结构

二级学科	占比 %
马克思主义	39.13
教育学	15.28
心理学	13.13
其他人文社科	22.12
理工科等	10.34

同时对一线思想政治教育工作者自媒体话语转换实践中的影响因素进行了调查，超过100人次选择的影响因素如下表：

表3：自媒语境思想政治教育话语转换影响因素

学历	人次
相关培训较少	105
现实工作太多，缺乏时间	237
政策、理论、规章学习的透彻性	423
自媒体话语的娴熟程度	637
话语内容的发现	454
情商	528
文字功底	437
不同语境差异	307

从一线思想政治教育工作的问卷调查可以看出，影响他们自媒体语境中的大学生思想政治教育话语转换成效的因素主要有话语的娴熟程度、政策理

论的学习透彻度、情商。

同时也对大学生喜欢关注、转发的自媒体话语进行了问卷调查，结果显示：接地气、热点事件、透彻的人生感情比较受他们的欢迎。

（三）比较研究

在前面的抽样调查基础上，本研究还对当前部分"网红"思想政治教育工作者，也就是自媒体语境中思想政治教育话语转换较好的思想政治教育工作者进行了深入访谈。与其他思想政治教育工作相比较，可以发现他们都有以下几个共同点：一是坚持创造自媒体作品，几乎坚持每天写微博、发微信朋友圈，他们把自媒体"玩得很转"，自媒体话语也十分娴熟；二是对相关事件的认识非常深刻、对理论的阐述非常透彻，只是领导干部政策水平更高、一线工作者更贴近于生活感悟，但他们的共同点是见解深刻独到，能打动人，给人恍然大悟的感觉，让人原来"知其然"的道理，现在更"知其所以然"；三是话语情商非常高，能快速地识别不同的话语语境，并使用与语境相适应的话语内容及话语方式，并且他们的话语非常具有感染力，在讲到深情处时，多有人落泪，在全国最美辅导员现场报告会时，也常见类似情形。

（四）自媒体语境中思想政治教育话语转换基础的悄然存在

通过相关研究，最终确定了自媒体语境中大学生思想政治教育话语转换基础的悄然存在。之所以说，是悄然存在，指在说明其客观存在，不以人的意志为转移，只是其存在被广大思想政治教育理论研究者和实践工作者所忽略。当其最终被发现后，有种"众里寻他千百度，蓦然回首那人却在灯火阑珊处"的感觉。

为了更为直观地说明自媒体语境中大学生思想政治教育转换话语的悄然存在，以一个形象的比喻来说明。就好比住在河岸边的一群人，发现宽广而波涛汹涌的大河对面有很多苹果树，高高的大树上挂着又红又大的香甜苹果，他们想到达对面去，占领河对面，并采摘到那些已经成熟的苹果，一部分人去摘，一部分人为那些去摘苹果的人出谋划策。河岸边这群人，就好比思想政治教育理论研究者和思想政治教育工作实践工作者，理论研究者主要负责出谋划策，实践工作者负责去摘苹果，当然实践者自身也会去思考摘苹果这个事。这条河就好比自媒体语境中思想政治教育话语转换的各种困难因素，那些苹果就好比自媒体语境中大学生思想政治教育话语转换会带来的思

第三章 自媒体语境中思想政治教育话语转换基础的科学把握

想政治教育实效的提高，河岸边的思想政治教育理论研究者和实践工作者已经看到了思想政治教育话语转换的美好前景，但要到达对岸却是困难重重。于是乎，思想政治教育理论研究者和同时从事理论研究的思想政治教育实践工作者开始探究到达河对岸的办法，也就是实现自媒体语境中大学生思想政治教育话语转换的路径。他们一起提出了通过游泳、撑竿跳、划船、架桥等到达对岸的办法。办法已经提出，于是负责到达对岸摘苹果的思想政治教育工作实践者就开始了实践。少量水性好的人，已经到达了对岸，并摘下了苹果树较低位置的苹果，在尝试着摘树上更高处的苹果，而大部分思想政治教育实践工作者要么畏水止步不前，就好比那些年龄较大、不会使用自媒体的思想政治教育工作者；要么因水性不够好，或者撑竿跳技术不到家、划船技术不好、架桥技术不佳及材料不全，一直未能达到对岸，和先前到达的人一道形成合力，摘下更多的苹果。于是，岸边的思想政治教育理论研究者和从事理论研究的思想政治教育实践工作者，进一步进行了研究，提出更多的过河办法，如乘坐热气球、滑翔机过去，但却没有人会驾驶热气球、滑翔机。在部分思想政治教育理论研究者和思想工作者非常茫然，不知所措。却没有人来思考通过这些途径过河，需要什么样的前提条件，去摘苹果的人如果游泳就必须会水，而且还要不断提高水性，才能战胜广阔的河面和时不时打来的各种漩涡浪花，其他途径同样如此，也需要具备相应的工具、材料和使用工具、材料的技能，而这些都是途径实施的前提条件和基础，却被广大思想政治教育理论研究者和实践工作者所忽略了。所以，自媒体语境中大学生思想政治教育话语转换基础是悄然存在。

当然，新时代面临培养的接班人被争夺的问题，西方的通过自媒体的意识形态渗透一直在进行，近年来，自媒体场域黄继光、邱少云等革命烈士被质疑、红色经典《黄河大合唱》被恶搞、中国奶粉不安全被炒作夸大等都是鲜活的例子。只是西方意识形态渗透、对社会主义接班人的争夺做得更加隐蔽和高明。时不待人，广大思想政治教育工作者不可能等完全具备了相应的基础才能做到自媒体语境中的大学生思想政治教育话语转换，只能边进行相关实践，边发现并夯实话语转换基础。

第二节 自媒体语境思想政治教育话语转换基础概述

本课题立足于新时代，研究自媒体语境中的大学生思想政治教育转换，为了学术研究的严谨性,我们不得不对相关术语进行界定,以明确研究的范围和边界。术语"自媒体语境中的大学生思想政治教育话语转换基础"比较长,直接界定比较困难,从构词法的视角,我们可以把它拆分为"自媒体语境""大学生""思想政治教育话语转换""基础"分别进行界定,最后再将拆开后的术语界定组合在一起。对于"大学生"来讲,是一个专门的指代词,我们不用专门进行界定,"自媒体语境""思想政治教育话语转换"已有不少学者进行了概念界定,可以为我们提供很好的参考,术语界定的关键就是"基础"。

自媒体语境。思想政治教育话语语境事实上是思想政治教育"在哪说"的问题。字面含义完全相同的语篇,在不同的语境状态下,也能呈现出与字面概念截然不同的语义。正如维特根斯坦在《哲学研究》中提出,"一个词的意义就是它在语言中的应用。"词是否存在意义,在于在语言中的具体运用,而话语是否存在意义,在于其在语境中的具体运用。思想政治教育话语语境事实上包括宏观与微观两个维度:宏观上的话语语境指的是思想政治教育话语所处的时空语境与文化语境。所谓时空语境,是指思想政治教育所处的现时时空环境,在当代中国,则是指代中国特色社会主义进入新时代这一具体时空语境。在这一语境下,思想政治教育话语从内容到方式再到最终的评价环节,都要服务于这一时代的社会主要矛盾以及时代发展的战略需要。而文化语境则是指代中华民族在几千年文明传承过程中所形成的潜移默化的文化思维与习俗。正如语言学家韩礼德的观点,"所有文化都会在语言中反映出一些具有普遍意义的功能或纯理功能(metafunction)。"这种文化语境与文化的具体体现事实上就是广大社会成员包括思想政治教育说话者与听话者所形成的潜在共识,思想政治教育话语也绝不可能跳脱于文化语境之外而发生作用。狭义上的话语语境则指的是思想政治教育话语发生时的现实样态。当然,本文的研究立足于新时代和我国的语言文化环境,涉及语境的广义层面,但本专著以往研究还是狭义层自媒体语境样态,在自媒体平台中话语主体、话语内容呈现、话语互动方式、话语评价的独特样态。

思想政治教育话语转换。要对思想政治教育话语转换进行界定,不得不提及思想政治教育话语的形成与发展。思想政治教育话语的形成和发展,既要符合相关的语言规范,又要遵循一定社会规则和发展规律,从本质来看,它更加倾向于符合后者。这是由思想政治教育话语具有政治性和引导性、发展性和时代性的特性所决定的,也是它进行发展转换时需要遵循的必要之处。当社会不断向前发展,文化底蕴变得越来越丰厚和多样时,我们所处社会中的某些规则也会随之发生变化。同样的,当思想政治教育所处的外部环

第三章 自媒体语境中思想政治教育话语转换基础的科学把握

境发生改变的时候，思想政治教育话语会出现与之相悖相反的某些地方，为了使其符合社会的发展，这就要求思想政治教育话语进行必要的转变与发展。这也就要求思想政治教育的话语主体采取必要的方式方法和通过一些方便可行的途径来使得新的话语能够与外部的变化相适应，从而使之与外部环境达到和谐统一。具体地说，思想政治教育话语转换就是，教育者和受教育者在思想政治教育过程中，受一定社会意识形态的支配，用以沟通交流、解释宣传的话语在内容和形式等方面的某些更新与转变。思想政治教育话语的转换与思想政治教育的发展密不可分，张耀灿等学者认为思想政治教育的发展包含两个向度：一是传统思想政治教育向现代思想政治教育转变发展的过程；二是现代思想政治教育完善深化发展的过程。这两个向度都指向了现代化视域，因此，思想政治教育发展的实质是现代化问题。由此看来，思想政治教育话语的转换也与现代化问题紧密相关，思想政治教育话语的转换在现代化的发展视域下，不仅努力实现文本话语与实践话语的共通、民族话语与国际话语的共存等多种话语类型的互相促进与恰当结合，而且通过思想政治教育话语理念的更新、思想政治教育话语内容的创新和思想政治教育话语方式的丰富等多个角度进一步实现思想政治教育话语的科学合理转换。对思想政治教育话语转换的内涵有所了解之后，需要对思想政治教育话语转换的特征有一定的把握。思想政治教育话语转换具有实践性与科学性、时代性与人本性的特征。其思想政治教育话语的转换不是单纯停留在文本上的纯理论的发展与转换，而是在与社会生活实践发生相互作用的过程中，当话语的内容或形式出现与实践不相符合的部分时，思想政治教育者和受教育者在结合实践的前提下对话语的内容和形式进行的转变。这种转换不是随意进行的，而是在遵循一定的语言规则和思想政治教育原理基础上进行的，是要遵循一定的科学规律展开进行的。其二，思想政治教育话语的转换是在适应新时代发展要求下，结合时代发展的特点，符合时代发展的规律而不断创新发展的。新型思想政治教育话语的产生，具有比较明显的时代气息。近些年来，思想政治教育话语的发展有一个明显的发展趋势，即从文本话语向人本话语转换，坚持"以人为本"，把人的主体性和创造性作为思想政治教育话语转换的立足点。"以人为本"的发展要求赋予了思想政治教育话语的转换具有人本性的特点。专著把思想政治教育话语转换解释为，为了与其特定的语境相适应，教育者和受教育者在思想政治教育过程中，受一定社会意识形态的支配，用以沟通交流、解释宣传的话语在内容及其形式、表达方式等方面的某些更新与转变。

基础。基础（Foundation）一词最早的意思是指建筑底部与地基接触的承重构件，它的作用泛指把建筑上部的荷载传给地基，因此地基必须坚固、稳定而可靠。所以，我们时常听到这样一种说法"基础不牢，地动山摇"，就是在强调基础的重要性。当然，我们不是在进行建筑学的相关研究，我们使用的是基础的衍生意思，基础是指事物发展的根本、起点、前提条件。对于自媒体语境中的大学生思想政治教育话语转换来讲，自媒体语境中的思想政治教育话语转换并不是一个简单的问题，而是充满复杂性的动态持续过程，它不仅涉及语言本身和话语权的变化，而且涉及自媒体话语系统和其他话语系统之间的关系，涉及自媒体话语与思想政治理论的关系，涉及思维在不同话语语境之间转换的问题。显然，并不是只要认识到自媒体语境中思想政治教育话语转换的重要性就能立马实现有效转换，尤其是好的转换。它的基础就是自媒体语境中大学生思想政治转换实现，尤其是好的思想政治教育话语转换实现应具备的前提条件。

综上所述，专著把"自媒体语境中的大学生思想政治教育话语转换基础"界定为：立足于时代语境和文化语境，在自媒体语境的独特话语样态中，为了使思想政治教育话语与自媒体语境的独特话语样态相契合，而进行的思想政治教育话语内容呈现形式、话语表达方式、话语主客体互动方式、话语效果评价优化和改变，以保证优化、改变后的自媒体语境大学生思想政治教育话语不失真、不变质，大学生更爱听、能听懂、真接受而需要具备话语娴熟、思想透彻、跨语境思维转换灵活等前提条件。

第三节 自媒体语境中思想政治教育话语转换的三重基础

自媒体语境中的大学生思想政治教育话语转换有两个最基本的要求：一是转换到自媒体语境中的思想政治教育话语"马克思"这个灵魂还在，这是保证思想政治教育转换转化后不失真、不变质的要求，也是保证价值引领、思维引导不出现偏差的要求；二是转换到自媒体语境中的思想政治教育话语95后、00后大学生更爱听、能听懂、真接受，这是保证思想政治教育话语在不失真、不变质的前提下，转换后的思想政治教育话语对95后、00后大学生更具吸引力、感召力，这也是确保大学生真听、真信、真做的要求。

从自媒体语境中大学生思想政治教育话语转换的两个基本要求入手，我们不难发现，实现这两个转换的基本要求，对于自媒体语境中的思想政治教育话语转换来讲，转换基础并不是单一的，而是多重的，由浅入深。既有显而易见的表层基础自媒体话语娴熟，这也是广大学者已经认识到的，只是提法有所不同，不少学者将其归纳到"媒介素养"中进行阐述；也有深层基础思想政治教育理论透彻，这也是不少学者在探索思想政治教育工具理性时容易忽略的教育内容本身；还有难以被发现的里层基础跨语境思维转换灵活，这也是对思想政治教育工作者的高层次话语情商要求。

一、表层基础——话语娴熟

对于我们来讲，任何人都很难用不熟悉的甚至是陌生的话语来表达深刻而复杂的思想，尤其是带有阶级意志的思想政治教育话语。话语娴熟是自媒体语境中大学生思想政治教育话语转换的表层基础，也是最容易被发现的基础。学者们在自媒体语境中的大学生思想政治教育话语转换中大都提到思想政治教育工作者自媒体网络素养的提升，自媒体网络素养就涵盖了自媒体话语的娴熟。本专著从两个方面来谈自媒体话语娴熟：一是从话语系统的角度来谈自媒体语境中的大学生思想政治教育话语娴熟；二是从话语构成要素的角度来谈自媒体语境中的大学生思想政治教育话语娴熟。

（一）基于话语系统维度的话语娴熟思考

自媒体语境中的大学生思想政治教育话语转换涉及不同话语系统的问题。自媒体语境中的大学生思想政治教育，除去一部分课堂教学使用到自媒体外，更多的是体现在日常思想政治教育中。思想政治教育话语包括了政治宣传话语、学理研究话语、教材、教学话语、日常生活话语。自媒体语境中的大学生思想政治教育话语，就是要把这些话语系统中的思想政治教育话语优化转换化，用于自媒体语境中。当然，因95后、00后"原住民"大学生的日常学习生活离不开自媒体，所以，自媒体语境中的话语主要也是日常生活话语的重要组成，只是它是以一种线上话语形式存在，不同于线下的日常思想政治教育话语。在当前，相关话语的使用实际上存在交织，也有自媒体话语延伸到现实生活中，比如自媒体用语"亲""有木有"等也在线下日常生活中出现。但无论是其他话语系统转换为自媒体思想政治教育话语，还是思想政治教育话语转换为其他系统思想政治教育话语，话语娴熟都是重要的基础条件。因为，人们都很难用不熟悉的甚至是陌生的话语来表达深刻而复杂的思想，尤其是带有阶级意志的思想政治教育话语。

1. 政治话语娴熟

思想政治教育话语最主要特征就是鲜明的阶级性、政治性。思想政治教育就其本质而言是一种以政治思想为核心的宣传教育活动。不论思想政治教育的内容有多么广泛，政治话语都是其核心和重要组成。我们党有自己的一套政治话语，它是我们党的性质、宗旨、纲领、路线、方针、政策的直接表达。这套话语系统十分严谨讲究，只要认真研读学习一下我们党的文件，聆听一下领导人的讲话，就会发现这种政治话语有其自身的逻辑和艺术，具有自身的魅力。文件中每一句话，每一个表达，都经过反复推敲和打磨，力求得到最准确而又最恰当地表达。可以说，党的文献在文字表达上所下的功夫，远远超过普通人的写作和学者的著述。

政治话语严谨、准确、全面，为何又不直接在自媒体语境中照搬使用呢？原因很多，一是政治话语非常严谨，因为要指导实践，防止实践中的片面化，所以，政治话语都十分全面和准确，文件往往由一些经常讲、反复讲的旧话、套话和一些新话组成，内容篇幅上比较大，这与自媒体语境中大学生的碎片化知识获取习惯不一致。二是因为学生的分层化，95后、00后大学生中党员、积极分子，关心党和国家的大事，在学习党的文件方面有的高度自觉，对于关注政治特别是热心政治的他们来说，在一定自媒体社交场域直接使用政治话语是理所当然的，他们并不排斥；但大学生群体中还有一般同学和思想觉悟不高的大学生，他们对政治话语的关注度不高，认为政治话语过于宏观，与其学习生活相关性较差，为保证政治话语准确性、全面性、严肃性，政治话语时常牺牲了生动性，对于这些大学生来讲，读来略显枯燥。三是政治话语为了加深人们的印象，往往会使用重复传播的手段，这会使得大学生觉得没有新鲜感。四是少量大学生对政治话语存在一定的排次心理。基于这些原因，政治话语需要转换，才能覆盖更多的95后、00后大学生。在全媒体融合背景下，主流媒体开始从政治宣传话语向政治传播话语思转变，对于自媒体语境的思想政治教育工作具有非常好的启发、借鉴意义，"一图读懂"、领导人金句等注重政治话语视觉效果、碎片化的精神核心要义呈现等形式非常有效果，非常受95后、00后大学生欢迎。很多这样的政治话语在自媒体语境中也被思想政治教育工作者直接使用，效果非常好，引起了师生们的强烈反响，引发师生热议。

政治话语内容是思想政治教育话语的核心和重要组成。政治话语要指导实践具有纲领性、指导性，思想政治教育工作者要把政治话语转换为自媒体话语，这有两个要求，一是转换后的政治话语其精神实质不能失真和变质，否则,在实践中就会出现问题;二是转换中要联系实践,政治话语往往是进行宏观上的指导,非常全面,思想政治教育工作转换中要能结合好思想政治教育工作本身。这两个要求,都对思想政治教育工作者的政治话语水平有很高的要求,这样才能保证转换后的话语"马克思"这个灵魂仍在。

2. 学理研究话语娴熟

立足于思想政治教育学科来讲,学理研究话语是思想政治教育学术研究中所使用的话语。这些话语往往由专家、教授等相关学术研究者所创作,其特征是话语中含有大量的专业学术术语和学术表达,没有一定学术水平的人读来可能有点似是而非,即使是在学术界大力倡导学术论文的通俗化的情况下,专业学术术语和学术话语表达方式仍不可避免。

对于思想政治教育工作来讲,对于政治话语,既要知道其是"什么",以要知道其"为什么是这样",知其然,又知其所以然,才能更好地运用思想政治教育话语开展大学生思想政治教育。学术话语恰恰是政治话语的学理支撑,很多时候学术话语是用来解释政治话语的,可以深入剖析和阐释政治话语,思想政治教育工作者在进行思想政治教育时,需要将这些学理研究话语转换到自媒体语境中,以便更好地开展工作。另一方面来看,思想政治教育工作者要结合所处时代、所处传播技术阶段来不断创新思想政治教育方式方法,自身也需要进行相关学术研究,在阅读梳理相关文献,了解研究前沿和热点的基础上,还要撰写学术论文,并将相关研究成果用于实践。

所以,学理研究话语娴熟也是自媒体语境中大学生思想政治教育话语转换的基础之一。思想政治教育工作者,只有在娴熟学术话语的基础上,一方面才能阅读相关专家、教授等学术工作者所撰写的学理研究话语,并将其转换到自媒体语境中用于大学生思想政治教育;另一方面,思想政治教育工作者都需要通过学术研究来提高自身思想政治教育水平,也需要使用到思想政治教育学理研究话语。

3. 教材、教学话语娴熟

教材话语主要是以文本的形式出现,教学话语主要是教师所用的口语,二者初看话语呈现形式不一致。但二者都是用于95后、00后大学生的课堂教学,教师课堂教学当然不能照搬教材,但也不能脱离教材,教材话语与教学话语二者有很强的内在联系,教师在教学中也大量使用教材话语原文,或者是对教材知识点进行详细阐释,以帮助大学生理解。从1993年以来,为适应形势发展和高等教育改革的要求,在国家相关政策的要求下,普通高等学校都开设"两课",并把两课确定为必修课,是对大学生系统进行思想政治教育的主渠道。"两课"是我国现阶段在普通高校开设的马克思主义理论课和思想政治教育课的简称，具体包括：马克思主义理论课——《马克思主义基本原理概论》和《毛泽东思想和中国特色社会主义理论体系概论》；思想品德课——《思想道德修养和法律基础》；《中国近现代史纲要》。"两课"教材都是由党和国家指定的相关部门牵头，组织相关专家编写，当然这样的课程还有《形势与政策》等。作为思想政治教育的主渠道，相关教材话语非常科学严谨，但教材话语又不像学理研究话语那样深奥，加之有"两课"教师的讲解，大学生都能掌握相关知识。"两课"设置的原则主要有四点：一是着眼于引导和帮助学生掌握马克思主义的立场、观点和方法，确立建设中国特色社会主义的共同理想，树立正确的世界观、人生观、价值观，为坚持党的基本理论、基本路线不动摇打下坚实的理论基础；二是针对新的实际、新的发展，比较系统地进行马克思主义基本原理和爱国主义、集体主义、社会主义教育；三是认真贯彻理论联系实际和"学马列要精，要管用"的原则，全面地反映中国实际和时代发展，着力于提高教学效果；四是注意各门课程之间以及与中学思想政治教育课程的衔接，做到结构合理、功能互补，减少重复。

  "两课"对于大学生正确世界观、人生观、价值观的形成至关重要，对于大学生理想信念的坚定影响深远，对于大学生良好道德品德和法律意识的形成起着重要作用。当然，在全面贯彻落实"三全育人"的今天，在全员、全方位、全过程育人的要求下，大思政格局逐渐形成，各专业学科也在不断挖掘自身思想政治教育要素。课堂这个主渠道很好地解决了学生"知"问题，也教育大学生要"知行合一"。但要真正做到"知行合一"，仅仅是课堂这个主渠道还不够，日常思想政治教育要与课堂这个主渠道协同育人。"两课"教材、教师所呈现的教材话语和课堂教学话语需要转换到日常大学生思想政治教育话语中，用"两课"话语所讲解的马克思主义方法论、唯物史观来剖析生活中的鲜活案例，用不断的反复讲解和实践，使大学生"知"与"行"在实践历练中，最终实现统一。

  对于日常思想政治教育工作者来讲，一方面要用"两课"的教材话语来帮助同学剖析现实学习生活的问题，另一方面自己也要承担一定的教学任务；对于思想政治教育专职教师来讲，在不断强化实践课程学时、教学效果的今天，也要教会大学生在实践中运用"两课"知识来认知现实问题。这都涉及教材话语、课堂教学话语向日常生活话语的转换，且离不开自媒体。

  所以，思想政治教材话语、课堂教学话语娴熟，也是自媒体语境中大学生思想政治教育话语转换话语娴熟基础的重要内容。

4.日常生活话语娴熟

日常思想政治教育，除了思想政治教育工作者自身行为的示范引导，更多的还是以日常思想政治教育话语的方式对大学生进行教育。日常思想政治教育话语更加生活化、更加鲜活、更加具体。强调摆事实，讲道理。思想政治教育工作者如果日常生活话语不娴熟，就很难做到情感上的感化，很难打动大学生的心，这就容易导致"伪认错"现象的大批量存在。现在的95后、00后大学生，他们其实对大道理都明白，只是他们在某些时候、在某些事情上不那么去做，当辅导员、班主任、团委老师和他们对其行为失范问题进行谈心谈话时，他们会心地通过点头、口头认错等形式表示自己认识到了问题，但如果不能感动他们，让他们真接受，后面他们仍然会重复错误的行为。

面对当前95后、00后大学生，个性化更加明显、性格更加张扬、自我意识更加强烈，还有他们的自媒体使用习惯，比如：有学者专门进行研究的"晒文化"，寝室同学、班级同学之间、社团学生会同学之间闹矛盾了，抑或是心理情绪出现其他方面的波动了，都会通过自媒体展现出来。自媒体有着思想政治教育"晴雨表"的重要作用，思想政治教育工作者为了工作的及时性、便捷性往往会单独的采取自媒体网络思想政治教育，或者配合线下思想政治教育合力对出现问题的大学生进行思想政治教育，这个时候就需要将线下的日常思想政治教育话语转换到自媒体上，对大学生进行及时有效地思想政治教育。

所以，日常思想政治教育话语娴熟也是自媒体语境中大学生思想政治教育话语转换话语娴熟基础的重要组成。

（二）基于自媒体话语要素构成的思考

本专著研究自媒体语境中的大学生思想政治教育话语转换基础。重点还是阐述自媒体语境中的思想政治教育话语转换问题。所以，话语娴熟的最终落脚点还是自媒体话语的娴熟。如果自媒体话语不娴熟，即使其他思想政治教育话语系统再熟悉，仍然难以实现自媒体语境中的大学生思想政治教育话语转换，尤其是好的转换。

思想政治教育话语构成要素，事实上是思想政治教育话语的"单节"，也就是思想政治教育话语最基本的构成"原子"。解剖思想政治教育话语的具体构成，对思想政治教育话语构成要素进行科学合理的厘定，是进一步探究思想政治教育话语相关问题的基本前提。在这里，本文以语言学的两大基本学说即社会符号学理论与语言功能学说为理论参照。按照社会符号学理论的解释，话语中涵盖六个重要概念，即语篇（text）、情景（situation）、语域（register）、语码（code）、系统（system）以及社会结构；按照语言功能学说理论的解释，话语实践包括的六项组成要素为说话者（addresser）、听话者（addressee）、信息（message）、语境（context）、接触（contact）以及代码（code）。由于本文对于话语的探讨不同于语言学对于语义、语词、语法的探讨，而是基于思想政治教育学科特殊性，参照语言学相关学科的重要定义，认为思想政治教育话语问题事实上包含了"谁在说""说给谁""说什么""如何说""在哪说""说后取得了何种结果"六个核心的问题，因此，思想政治教育话语构成要素包括思想政治教育话语主体（说话者与听话者）、思想政治教育话语内容（说什么）、思想政治教育话语方式（怎么说）、思想政治教育话语语境（在哪说）、思想政治教育话语评价（效果如何）五大要素。又因本专著研究的是自媒体语境中的大学生思想政治教育话语转换基础。所以，语境已经明确就是自媒体语境，需要探讨的就剩下思想政治教育话语主客体、思想政治教育话语内容、思想政治教育话语方式、思想政治教育评价四个要素。

1. 自媒体语境的话语主体

话语主体涉及"谁来说""谁来听"两个方面。在传统思想政治教育中，思想政治教育工作者往往扮演说的角色，而大学生则更多的扮演听的角色，话语权更多地掌握在思想政治教育工作者手中。而在自媒体语境中，思想政治教育工作者话语权式微已是一个不争的事实，思想政治教育工作者和大学生之间共同分享话语权，说和听的角色正在发生变化，双方互为说者和听者。自媒体赋予所有人平等的发声机会，教育者和被教育者都能平等地表达思想；思想政治教育工作者的思想政治教育话语，也能引发大学生的转发，大学生也能从一个听者变成一个说者；思想政治教育工作者、大学生之间针对现实问题在自媒体公共区域的探讨，最终达成共识，双方的话语直面彼此的心声，以问题为导向，共同构建了一个完整的思想政治教育话语，都是说者和听者。所以，自媒体最大的主体特征为听者和说者的界限模糊。

2. 自媒体语境的话语内容

大学生之所以选择在自媒体场域聚集，是因为自媒体富有时代气息，青春又有活力，追赶潮流且时髦。这就决定了自媒体话语消费的快餐化、碎片化。①自媒体话语内容简短。自媒体话语一般比较简短，很少长篇大论，多

第三章 自媒体语境中思想政治教育话语转换基础的科学把握

数情况下往往是一张图片配上几行字，如果分享的信息中有文章，往往先用几句话介绍这篇文章，再加一个文章的链接。这样读者浏览的速度会加快，浏览的信息量会增多；反之，如果分享的信息吸引力不足，则很难引起读者的共鸣。②自媒体话语内容活泼。话语活泼、时代感强、富有青春气息是自媒体话语的又一大特点。自媒体话语在语法的使用上常常不严谨，甚至有意根据一些特定情景制造一些错别字，而这样的使用话语方式，往往受到人们的喜欢，成为一种流行趋势，比如说"有木有""杀马特"，不经常使用自媒体的人，看到自媒体上的一些用语可能感觉不适应。③自媒体话语内容表现形式丰富。自媒体话语表现形式多样，自媒体上可以上传文字，也可以上传图片、音频和视频。在自媒体上分享的好内容，往往是综合运用两种或者更多形式，让读者有身临其境的感觉，内容十分有趣，不会让人感到枯燥和乏味，这也是人们喜欢关注自媒体各种朋友圈的原因之一。

3. 自媒体语境的话语方式

话语方式包含两个方面，一是如何描述话语内容，二是交互的方式。就话语内容描述方式而言，现实生活中的思想政治教育话语往往只能一文字、口语、板报等形式出现。在自媒体语境中，话语的表现形式更加丰富，除了文本、语音、图片外，还可以是3D动画、移动短视频等形式。就交互方式而言，由现实师生关系延伸的自媒体科层社交场域中，师生的交往比现实中更加的亲近，彼此也更加地随和，趋向于平等；在自媒体匿名的陌生人社交场域中，双方的交往则呈现出完全平等的特征。

4. 自媒体语境的话语评价

自媒体语境中的"话语最终效果怎么样"，去梳理相关评价指标非常复杂。其实，对于自媒体语境中的话语评价要比现实生活中的思想政治教育话语评价简单得多，在确保话语本身在意识形态方向、在大学生价值引导方向正确的情况下，我们只需通过自媒体话语的关注量、点赞量、转发量来评价。关注量、点赞量、转发量越高，说明话语效果越好，对大学生正确世界观、人生观、价值观的形成越有利；反之，则说明自媒体话语效果差强人意。这就使自媒体语境中的话语评价简便化，在没有其他话语评价需求的情况下，不用去关注更为复杂的评价指标体系，这也是自媒体语境中话语评价的最大特征。

总之，自媒体语境中思想政治教育话语构成要素：思想政治教育话语主体（说话者与听话者）、思想政治教育话语内容（说什么）、思想政治教育话语方式（怎么说）、思想政治教育话语评价（效果如何）等要素都与其他语境有所不同，特征十分明显，已经影响到思想政治教育工作者的话语表达和大学生的接受程度。自媒体话语娴熟是自媒体语境中大学生思想政治教育话语转换话语娴熟基础的关键。

二、里层基础——思想透彻

对于实现自媒体语境中的大学生思想政治教育话语转换来讲，各种话语的娴熟当然重要，但却不是最重要和唯一重要的基础。因为还有比话语娴熟更加重要的基础，也更加基本的基础，那就是对思想政治教育内容的熟练掌握，特别是对要表达和传递的思想理论的透彻理解和自由处理。也就是说，比掌握话语更重要的是掌握思想，比话语娴熟更重要的是思想的融通。

对于思想政治教育来说，话语本身不是目的，思想政治教育工作者的目的是要通过话语来表达和传递思想。话语是思想外在呈现形式，是思想传播的途径，它的意义不在自身，而在其背后的思想，就其本质而言是思想政治教育的工具和师生间交互的桥梁。话语的转换不是出于话语本身的需要，也不是为了转换而转换。美好的语言可以是文学追求的目的，但不是思想政治教育的目的。说到底，话语转换只是为了更好地表达思想，更有利地传递思想，从而更有助于受教育者理解和接受这种思想，是把原有的话语进行优化，让95后、00后大学生更爱听、能听懂、真接受，保证他们真听、真信、真做。因此，重要的是把马克思主义理论搞通，把我们党的大政方针的精神搞透，把道德修养和法治教育的融入。只要先把主流思想搞明白了，想透彻了，才能用不同的话语来表达它。而且，只有这样，才可以避免思想在另外的话语中发生变异和失真。

（一）马克思主义及其中国化理论透彻

对于马克思主义的基本观点，不仅要一般性地知道和理解，而且必须有更深入更透彻的理解。这是非常重要的。简单地掌握一个基本原理是容易的，但真正吃透它的深刻内涵和精神实质，则很不容易。为此还必须了解这一思想产生的背景和经历的过程，了解这一思想相应的支撑条件。还要把一个原理与另一个原理，与整个的理论体系联系起来，打通进行思考。马克思主义的哲学、政治经济学和科学社会主义是三个基本组成部分，但不是彼此隔离的，而必须打通，一体化地掌握。只有把思想吃透了，才能把它变成自己的思想，才能真正自如地来处理这一思想，用不同的语言来表达这一思想。

马克思主义不是教条，也不是一成不变的。马克思主义是活的，是与时俱进的。在坚持马克思主义基本原理、基本观点的基础上，结合我国具体国情，结合时代发展背景，结合世界局势变化，马克思主义在我国深深扎根，并不断开花结果，诞生了中国特色社会主义理论体系，并随着时代的发展不断丰富、向前发展。中国特色社会主义理论体系是我党在坚持马克思主义这个前提下，带领全国各族人民在不断的实践中总结，是伟大的真理，是我们现实实践的指南。学懂、弄通这些伟大真理，才能保证思想的正确性、科学性。思想的科学性、先进性才能保证好的话语转换实现。

（二）道德修养与法律基础理论透彻

思想道德素质和法治素养是人应该具有的基本素质。思想道德素质是人们的思想观念、政治立场、价值取向、道德情操和行为习惯等方面品质和能力的综合体现，反映着一个人的思想境界和道德风貌，是促进个体健康成长、社会发展进步的重要保障。法治素养是指人们通过学习法律知识、理解法律本质、运用法治思维、依法维护权利与依法履行义务的素质、修养和能力，对于保证人们尊崇法治、遵守法律具有重要的意义。再多再好的法律，必须转化为人们内心自觉才能真正为人们所遵行。良好的思想道德素质和法治素养，是在学习中升华、内省中完善、自律中养成、实践中锤炼的结果，同时也是大学生把握发展机遇、创造人生精彩的基础条件和宝贵资源。大学生应当通过理论学习和实践体验，牢固树立坚定的理想信念和正确的价值观念，陶冶高尚的道德情操，增强尊法学法守法用法的自觉性，不断提高自身的思想道德素质和法治素养。

时间之河川流不息，每一代青年都要面对和回答时代的问卷。我们所处的新时代，是中国特色社会主义新时代，也是大学生成长成才、成就事业、不容辜负的好时代。当代大学生应珍惜历史机遇，胸怀实现中华民族伟大复兴的中国梦，肩负接续奋斗的光荣使命，坚定理想，增强本领，勇于担当，提升思想道德素质和法治素养，立志为新时代贡献青春力量。

大学阶段，是人生发展的重要时期，是世界观、人生观、价值观形成的关键时期。怎样处理好理想与现实、个人与集体、竞争与合作、权利与义务、自由与纪律、友谊与爱情、学习与工作等方面的关系，做什么样的人、怎样做人，怎样的生活才有意义，怎样的人生追求才有价值等，这一系列的人生课题，都需要大学生去观察、思索、选择、实践。步入人生新阶段，确立新目标，开启新征程，需要对新时代有深入的了解和真切的感悟。

思想政治教育工作者是95后、00后成长路上的知心朋友和引路人。要在大学生成长成才路途中给予他们帮助和人生指引。思想政治教育工作者要直面95后、00后学习生活中的现实问题和迷茫。这都要求思想政治教育教育者具有透彻的道德修养和法律基础理论，才能运用相关思想来教育和帮助大学生，才能将其转换到自媒体语境中，通过转换后的话语"春风化雨、潜移默化"地影响和改造大学生的思想。

（三）中华优秀传统文化、红色文化育人思想透彻

1. 中华优秀传统文化的育人思想透彻

中国特色社会主义进入新时代，重新审视中华优秀传统文化价值实现这一哲学命题是现实需求。在大学生思想政治教育视域下实现中华优秀传统文化的价值是传承创新中华优秀传统文化、实现高等教育内涵式发展、推进教育供给侧改革的历史使命和时代课题。认清并掌握大学生思想政治教育视域下的中华优秀传统文化的价值表现、基本规律和实现路径，是高校坚持以文化人、以文育人的基础，是增强师生文化自信的保障，是做好中华优秀传统文化传承者、弘扬者、建设者的关键。

中华优秀文化对于理想人格的塑造有重要作用。中华优秀传统文化中圣人、贤人、仁人、志士、君子等人格范式是古代德教实施的理论依据，广大师生所追求的人生境界是以培养理想人格为坚定基石的。《礼记·大学》中曾指出："大学之道，在明明德，在亲民，在止于至善。"立德树人是当前大学生思想政治教育的根本任务。中国传统哲学的理想人格思想为大学生思想政治教育培养合格人才提供了标准和依据，是实现内圣外王和个人价值追求的思想源泉。中华优秀传统文化为以德育人提供了理论依据、方法论指导，为建造一流大学、培养一流人才奠定了思想基础。通过汲取传统文化的人生智慧，大学生可以进行自我教育，提升思想认知，守护人格底线，铸就"在思想观念、道德品质、心理素质和行为方式上与社会主义建设相适应的人格"。

中华优秀传统文化是坚定师生文化自信的基本保障。随着经济全球化、政治多极化和文化多元化的迅速发展，不同文化之间的冲突、融合日益增多。面对西方文化霸权主义、文化殖民主义的冲击，只有扎根中华优秀传统文化，才能防止文化自卑和文化自大。"没有高度的文化自信，没有文化的

第三章　自媒体语境中思想政治教育话语转换基础的科学把握

繁荣兴盛，就没有中华民族伟大复兴。"在高校，坚定文化自信成为文化价值实现的重要表现。通过积极挖掘中华优秀传统文化的内在价值，能够正确认识传统文化，更加自信地对待外来文化，在人文价值上取得共识，加强文化转型的自主适应能力，从而避免妄自菲薄、数典忘祖、孤芳自赏的文化自卑与自大的错误，有效抵制文化复古主义、历史虚无主义等思潮。在大学生思想政治教育的道德教化过程中，弘扬了民族精神、时代精神，弘扬了中华传统美德，展现出具有"中国特色、中国风格、中国气派"的文化成果，在中华优秀传统文化中找到了解决高校现实问题的启示，进而获得"更基本、更深沉、更持久的力量"。

中华优秀传统文化是增进师生民族文化。认同和适应的助推器随着多元文化的兴起，"旧的文化精神已经衰微了，但新的文化精神并没有建立起来。"高校通过增进师生的文化认同和适应，解决了文化路向的迷失以及教育的思想贫困问题。爱华德·霍尔曾说过："文化中最重要的心理要素是认同作用，认同是文化与人格的桥梁。"新时代语境下，中华优秀传统文化的认同作用更加凸显，它的哲学思想在大学生思想政治教育中也具有很强的凝聚力、生命力。在大学生思想政治教育过程中，通过将传统文化创造性转化、创新性发展，让传统文化的优秀基因更好地涵养师生心灵，形成一种自觉的文化选择，强化中华优秀传统文化的价值共识和大学的文化身份，进而增强高校的向心力、凝聚力，增强大学生对中华优秀传统文化的高度认同和适应。

中华优秀传统文化是高校以文化人、以文育人的动力支撑。"大道运行、周行不殆、创造不已、刚健文明、自强不息的文化价值体系和哲学精神，构成了整个中华民族的灵魂，使他们在立德、立功、立言的伟大事业中不断地进行价值实现。"中华优秀传统文化丰富的哲学思想、道德观念对于文化育人目的的实现能够起到精神支柱作用。特里·伊格尔顿曾经指出："人类不断异会生活愈发'商品化'，我们的文化鼓吹贪婪、攻击性、不加思考的享乐主义和日益严重的虚无主义，我们正逐渐失去自身存在的意义和价值。"这种情况在高校也不同程度地存在着，为了解决这些问题，需要在马克思主义指导下，深入挖掘中华优秀传统文化的价值内涵，使得中华优秀传统文化育人价值在大学生思想政治教育中更好体现，让马克思主义更好地关照现实，实现中华优秀传统文化创造地继承、继承地创造。从而增强大学生马克思主义理想信念，培养良好科学精神和道德素质，增强中华民族共同体意识，更好地实现以文化人、以文育人。

· 151 ·

中华优秀传统文化源远流长、博大精深，蕴含海量思想政治教育育人思想，党和国家领导人在重要讲话中都时常引经据典，这也给广大思想政治教育工作者颇大启发，要在传统优秀文化中挖掘育人思想。要把传统优秀文化的育人思想展现在自媒体语境，需要思想政治教育话语转换，要实现这样的转换，必然要求思想政治教育工作者贯彻优秀传统文化育人思想。

2.红色文化的育人思想透彻

红色文化是中华民族在我党的正确领导下，通过艰苦卓绝的革命斗争与奋斗中形成的特殊精神与文化形态，是中华民族的宝贵精神财富，激励着中华民族奋勇向前，创造新的奇迹。红色文化的内涵不是一成不变的，而不同的时代有着不同的特色，具体可以分为三个阶段：革命时期、建设时期、改革时期。在革命时期，也就党的创建阶段，红色精神是开天辟地、勇于创新、视死如归的革命精神。社会主义建设阶段则是自强不息、勤劳勇敢的奋斗精神，到了改革开放阶段则表现为勇于开拓、积极进取的精神。而爱国主义精神、实事求是的精神、为人民服务的精神等作为红色文化的核心传承至今。综合来讲，红色文化表现为以下几个特点：第一，时代性，红色文化是党在坚持社会主义的基本立场，针对特定的时代背景与国情，从实践中得出的文化精粹。第二，大众性，红色精神是根植最广泛人民群众的文化，这是因为在中国共产党代表着最广泛人民的利益，体现着人民群众对于幸福生活的热爱，体现了人民群众的根本利益。第三，教育性，红色文化具有极高的教育性，它体现了中华儿女积极向上的精神风貌与进取意志，这对于新一代大学生的精神引领是极有价值的。第四，形式的多样性，红色文化作为一种文化形态是由于其独特内容与特质决定的，表现形式则是多元化的，可以是红色歌曲、电影、文章、景观等等，大学生可以从多种渠道感受到并理解红色文化。

思想政治教育工作者把红色文化的育人思想搞透彻，通过思想政治教育话语呈现的红色文化育人思想才能真正吸引住95后、00后大学生，才能激发他们的爱国情怀、艰苦奋斗精神，自觉把个人梦融入中华民族伟大复兴的中国梦。在自媒体时代，思想政治教育工作者在再一次面对革命先烈邱少云、黄继光被质疑、红色经典《黄河大合唱》被恶搞这样的事件时，才能更好地站出来，教育大家、说服大家，让95后、00后成为红色文化的坚定捍卫者和发扬人。这需要思想政治教育工作者把红色文化思想搞透彻，才能在自媒体这个独特的语境中呈现具有说服力的思想政治教育话语。对于追求时髦、张扬个性的自媒体语境来讲，要在其语境中讲好红色故事，就必须结合其语境特点，实施好话语转换，这就要求思想政治教育工作者透彻红色文化育人思想。

（四）国外先进教育思想透彻

我们有自己的国情社情，不能照搬国外的思想教育理念，但也不能一刀切地把西方教育思想妖魔化。我们要辩证地看待，国外"公民教育""隐性教育"等教育思想也值得我们学习，在经过辨别、吸收、改良后用于我们的思想政治教育实践，能不断地丰富和创新我们的思想政治教育方式方法。思想政治教育工作者要把相关思想弄透彻，才能一方面更加有效地抵御西方意识形态渗透，一方面学习其先进教育思想为我所用。这也是全球化的今天，对我们思想政治教育工作者提出的要求，95后、00后要面临全球化的成长成才环境，思想政治教育工作者要用世界化的眼光来帮助他们成长，帮助他们抵抗西方错误思潮的影响。国外先进教育思想的透彻，能进一步帮助我们创新和发展思想政治教育话语，帮助我们实现更好的话语转换，有效应对西方通过先进传播理念、传播技术制造的话语霸权。当然，其也是自媒体语境中大学生思想政治教育话语娴熟基础的重要内容。

三、深层基础——跨语境思维转换灵活

话语思维以一种统摄性的方式存在于思想政治教育话语转换过程中，可以说，话语由何构成、如何架构，事实上都是在话语思维的统摄和引领下，根据思想政治教育实践所进行的具体展开。因此，话语思维在话语构成的意义上，不以具体的、现实的构成要素的方式进行呈现，而是通过思维方式的确立对思想政治教育话语进行建构与发展，无论是话语内容的建构、话语方式的选择与优化、话语语境的选择与营造等等，都需要在话语思维的统领下实现。所以，也有学者把话语思维认为是话语构成要素中的一部分，且是最为特殊一部分。它决定了思想政治教育工作者在不同话语语境中以什么形式呈现话语内容、以什么方式进行话语表达、以什么样的关系开展同青年大学生的社会交往以及如何评价和改进话语效果。

（一）不同语境的识别能力

实现跨语境思维转换灵活，在不同的语境中使用适合其语境的话语有一个前提条件，就是者先识别所处的话语语境。自媒体语境与其他语境相信思想政治教育工作者都能一眼识别，不做过多的阐述，本文注重论述自媒体语境中细分场域的识别。之所以，要对自媒体语境进行进一步话语语境细分，

是因为自媒体语境十分复杂。在当今这个自媒体时代，网络与现实社会的边界越来越模糊，既有现实社会关系的网络衍生，也有陌生人场域的众声喧哗。个人在自媒体语境的话语既受匿名、实名的影响，也受自身现实身份与网络虚拟身份的影响。关于自媒体语境中细分视角有很多，本文倡导从社会交往理论的视角进行细分，因为自媒体语境中的思想政治教育实现，其实也是思想政治教育工作者与大学生之间通过话语进行的社会交往活动。

在社会学研究中，迪尔凯姆所做的机械团结社会和有机团结社会的阐述，滕尼斯关于共同体与社会的划分以及韦伯关于传统支配、法理支配、人格魅力支配的社会学理论，都是以互动模式和社会整合为视角的社会类型学说。社会的技术条件和媒介形式对于社会互动模式发挥着重要的影响作用，自媒体把人们的互动与交往活动推向了一个新的水平，表现出各种互动模式竞争发展的多样性，各类主体间互动关系平等共存的共生性，虚拟与现实相互渗透的整体性，以及媒介与主体互为依赖关系的依存性等特征。总体而言，社会交往视角下的自媒体环境不再是一种外在于人的外部实体，而是一种反映多样化的主体间互动关系与交往场域的社会性生态空间。其中，自媒体科层社交场域、自媒体朋辈场域、自媒体陌生人社交场域是三种主要的交往场域类型。在自媒体科层社交场域中，主体之间存在明显的社会地位和角色差异，互动关系建立在具有明确的规章和程序要求的科层结构之上，这一场域的典型体现是校园网络空间中的师生交往场所。自媒体朋辈场域指的是主体之间主要以朋友、志同道合的人等关系进行互动的网络场域，学生之间的微信朋友圈、QQ群多属于此类场域。自媒体陌生人社交场域指的是主体间互不熟识，不存在稳定交往关系的陌生人互动模式，匿名的各类贴吧、微博公共空间、新闻客户端的网友评论区都是此类场域的典型代表。

1. 自媒体科层社交语境

在自媒体科层社交语境中，思想政治教育工作者是在现实师生互动关系的主客体模式下对学生进行知识传授和价值传递，这里所讲的思想政治教育工作者，在全员育人的时代背景下，既包括学生处、团委、二级学院党总支、学工办、辅导员，也包括思想政治理论课教师及其他科任教师，还有科研处、就业处等高校职能部门工作者，要发挥思想政治教育工作者的教育引导作用。例如在学校主导建设的官方微博、官方微公众号、手机客户端以及网络学堂中。思想政治教育工作者作为制度化的教育权威在师生互动结构中居于主导地位。在自媒体科层社交语境中，思想政治教育工作者在考虑自媒体语境平等性的同时，也不能忽略现实存在的师生主客体关系对思想政治教育话语实施的影响。

2. 自媒体朋辈社交语境

在自媒体朋辈社交语境中，朋辈关系的自媒体场域则是校园网络空间中的各种学生之间的老乡群、室友群、兴趣群等，是校园交往社区在自媒体环境下的发展产物。在交往过程中，互动关系平等，没有科层的关系。从20世纪90年代中期开始兴起的高校 BBS 中不难发现，一些高校的校园网络亚文化传播圈现象盛行，"校园关系是虚拟网络空间中吸引和凝聚大学生群体的重要因素和连接纽带"。在自媒体环境下微信等社交媒介进一步强化和提高了朋辈交往频率，在大学生进行信息传递、社会联系过程中的重要地位。校园网络社群，如微信朋友圈等成为融合人际网络和信息网络的新型社交空间。在这样的自媒体场域中，社交网络普遍应用于大学生的学习生活与各类学生组织、兴趣团体产生与之相对应的互动关系，有效承载和强化了大学生的现实社会交往。与此同时，自媒体的技术特性还促成了大量的弹性交往关系的出现，使得大学生社交行为更加即时、便捷、活跃、广泛，社会关系更加丰富多样。思想政治教育工作者在自媒体朋辈社交语境中，难以直接出现，但也不能放任不管，要抓好关键少数，要通过关键少数间接传递思想政治教育话语，这就需要思想政治教育话语转换，以便于少数关键在朋辈网络社交圈子中更好地发挥正能量，实现朋辈影响。

3. 自媒体陌生人社交语境

自媒体陌生人社交语境是网络空间中的大型公共广场，如微博公共平台、匿名交往的校园贴吧、百度贴吧、猫扑社区等，在这一类型的网络场域行为主体来源更加广泛、数量更巨大、流动更迅速。由于匿名机制而缺乏明确的社会身份，也无法保持稳定而持久的交往关系。信息内容的个性化、多样化、碎片化特征非常显著。这里的社会结构特性使其成为大学生进行公共表达和社会参与的重要平台。围绕校内外的各类热点以及重大新闻、突发敏感事件而形成的大量公共舆论，建构出一个连接校园与社会的公共信息空间和交往场域。

自媒体陌生人场域最大的特点就是"反沉默的螺旋现象"出现。沉默的螺旋是一个政治学和大众传播理论。理论基本描述了这样一个现象：人们在表达自己想法和观点的时候，如果看到自己赞同的观点受到广泛欢迎，就会积极参与进来，这类观点就会越发大胆地发表和扩散；而发觉某一观点无人或很少有人理会（有时会有群起而攻之的遭遇），即使自己赞同它，也会保持沉默。意见一方的沉默造成另一方意见的增势，如此循环往复，便形成一方的声音越来越强大，另一方越来越沉默下去的螺旋发展过程。本理论是基于这样一个假设：大多数个人会力图避免由于单独持有某些态度和信念而产生的孤立。"沉默的螺旋成立"的五个基本假定分别是：①社会使背离社会的个人产生孤独感；②个人经常恐惧孤独；③对孤独的恐惧感使得个人不断地估计社会接受的观点是什么；④估计的结果影响了个人在公开场合的行为，特别是公开表达观点还是隐藏起自己的观点；⑤这个假定与上述4个假定均有联系。综合起来考虑，上述4个假定形成、巩固和改变了公众观念。自媒体陌生人场域对"沉默的螺旋"理论成立的基本形成冲击，自媒体陌生人场域的匿名性，使得少数意见的发表不再担心会被大多数"攻击"，也不会再害怕被孤立而感到恐惧，大量小众的意见的发表，可以聚少成多，匿名的环境下，即便是遭到大众的"攻击"，个别意见发表者，也可以重新注册账号，再次轻松进入，或者是转到其他自媒体陌生人场域，寻找"志同道合"者。这就使得"反沉默的螺旋"现象出现，个人敢于发表不同的意见。在陌生人社交场域中，思想政治教育工作者面对的不再是自己的学生，覆盖面更广，也不存在现实的科层关系、朋辈熟人关系，在这个场域的特点就是匿名性和去中心化。思想政治教育工作者要在这样的场域实施好思想政治教育，思想政治教育话语就必须转换，不能再以教师的身份对所有人进行评论，要转换思想政治教育话语，在去中心化的过程中，实现再中心化。

（二）跨语境转换的灵活

人们的话语内容选择、话语表达方式运用、话语交互方式、话语效果评价容易受自身角色影响，形成话语惯性。思想政治教育工作者在现实世界是，面对95后、00后大学生始终处于主体地位，而被教育者（95后、00后）大学生往往处于客体地位。两者的主客体关系的长期真实存在，往往易致使思想政治教育工作者形成习惯性的说教思维，这对自媒体语境中的大学生思想政治教育话语转换，特别是好的话语转换来讲是一种阻碍。

把自媒体语境作为一个整体来看。95后、00后大学生在日常生活中主动拥抱自媒体、选择在自媒体语境中聚集，其主要目的是获取海量信息、社交、娱乐放松，而主要的目的不是为了便于思想政治教育工作者对他们进行思想政治教育，他们才主动拥抱自媒体。所以，自媒体语境中的思想政治教育话语在自媒体语境中，总体上要呈现隐性思想政治教育的特点，要以生活化话语为主，要从95后、00后日常关注入手，要尽可能地实现平等话语交互。当然，在一些重要的时间节点，比如，我党召开重要会议、有重大理论成果诞生、国家有大事发生时，思想政治教育工作者在话语内容选择上，还是要旗帜鲜明，引导师生正面关注，引发师生热议。在这些情况下思想政治教育话语内容要呈现到自媒体中，进行话语转换，要考虑视觉效果、要注意自媒体语境的碎片化阅读，"一图读懂"就是一个不错的选择，还要注意师生的互动，不能仅仅是宣讲，要在师生的热议中，彼此启发，强化大学生的认识，要以大学生热议的参与情况、参与范围、认识深度来评价话语效果；在95后、00后大学生行为严重失范时、在自媒体社交圈出现怪相时，思想政治教育工作者要直面问题，讲明道理，正确引导。这是在这些情况下，自媒体语境中的话语内容的呈现形式要更加的生动，要摆事实、讲道理，引发95后、00后大学生的情感共鸣，这种交互方式，与现实思想政治教育实践中的谈心有一定的类似，这都需要话语转换。

从细分的自媒体语境来看。自媒体科层社交语境中，师生之间是基于现实社会关系的网络延伸展现话语互动。思想政治教育工作者在考虑降低主客体间性，追求平等话语互动方式的同时，也要注意自身的思想政治教育工作者身份，减少自媒体科层语境中的"称兄道弟"。在自媒体朋辈社交语境中，思想政治教育工作者不是以直接进入的方式参与的，思想政治教育工作者的关键是要抓住少数先进分子，要考虑到先进分子的话语能力，思想政治教育工作者通过先进分子在自媒体朋辈社交语境呈现的思想政治教育话语，要考虑到这个网络圈子的平等性。在自媒体陌生人社交语境中，思想政治教育工作者，面对的是更多的95后、00后大学生，其中的绝大多数都不是现实生活中他们的学生，这个时候思想政治教育工作者要思考如何成为他们新的"意见领袖"，不能再简单地通过说教实现。当然在自媒体陌生人社交场域中，思想政治教育工作者也有两种选择，一是亮明身份，把自己的真实信息发布在网上；二是匿名出现，这也是不少思想政治教育工作者的做法。二者之间的话语内容呈现方式、话语表达、话语交互也有着不同的区别。

综上所述，自媒体语境中的思想政治教育话语转换，不仅仅涉及自媒体语境与其他语境的问题，自媒体语境中也存在话语语境的细分问题。思想政治教育工作者往往又受自身现实角色的影响，容易形成思维惯性，产生话语定式。思想政治教育工作者要实现自媒体语境中的大学生思想政治教育话语转换，特别是好的话语转换，就需要关注处跨语境思维转换灵活这个话语转换基础。不断提升自身对各种语境的敏感度，能快速地切换话语方式。

第四章 自媒体语境中思想政治教育话语转换基础的夯实路径探析

自媒体语境中的思想政治教育话语转换基础夯实，既要广大思想政治教育下真功夫、下狠功夫，苦练"内功"，不断夯实自媒体语境中的思想政治教育话语转换基础；也要外部各方面力量不断助力，不断推动。

练好内功，广大思想政治教育工作者要从自媒体语境中的思想政治教育基础构成入手，一是在不断的话语实践中，夯实话语娴熟基础；二是学懂、弄通思想政治教育相关思想，夯实思想透彻基础；三是提升话语情商，要具备识别不同语境的能力，在恰当的语境运用恰当的思想政治教育话语，夯实跨语境思维转换灵活的基础。

外力推动，一是要有相关政治指引，提高高校和广大思想政治教育工作对自媒体语境中思想政治教育转换基础的认识；二是要不断完善思想政治教育工作者培训内容，要系统化自媒体语境中大学生思想政治教育转换基础的培训；三是学界要大力呼吁，引起各方对自媒体语境中大学生思想政治教育话语转换基础的重视。

第一节 话语历练——夯实话语娴熟基础

自媒体语境中的大学生思想政治教育话语转换涉及不同话语系统。思想政治教育工作者要在各个话语系统中自由出入，所有话语系统都应娴熟。本著作重点研究的是自媒体语境中的思想政治教育话语转换基础。所以，笔者

第四章 自媒体语境中思想政治教育话语转换基础的夯实路径探析

重点对自媒体语境中的话语历练进行阐述。

一、话语历练贵在存真

自媒体语境中的思想政治教育话语历练贵在存真。这里有几层含义：一是科学的真理性，思想政治教育工作者在自媒体话语历练中，一定要坚持马克思的基本观点，用辩证唯物主义、历史唯物主义来分析客观事物，保证自媒体话语在思想引领方向上不出问题。二是事件的准确性，自媒体进入门槛低、爆炸式传播、互动性等特征容易导致现实问题的网络化，网络化后热点化，热点化后高烧不退，导致校园舆情事件出现。在没有调查清楚前，一定不要随意发布事件结论性意见，如果后面的调查结果和未经调查的结论不一致，容易导致95后、00后大学生对思想政治教育工作者的不信任。当然，另一方面我们也不能放任不管，让谣言漫天飞，让舆情不断扩大。要从95后、00后大学生网络素养入手，教育95后、00后大学生在网络这个"后真相时代"，要学会对信息的辨别能力，不能在真相之前积极主动，在真相出来后选择沉默。三是思想政治教育工作者在自媒体话语历练中，要坚持关注现实中的95后、00后大学生生活，不能全是高谈阔论，要回归对现实真问题的关注，要以问题为导向，要坚持直面问题，而不是似是而非。这样才能打动95后、00后大学生，潜移默化地对他们的言行进行正面引导。话语存真才能让思想政治教育工作者在自媒体话语历练中，吸引大量粉丝，增强对95后、00后大学生的正面影响，呈现螺旋上升的局面。

二、话语历练重在敢于亮剑

万事开头难，思想政治教育工作者不要有畏难情绪，要敢于亮剑。一是要树立自信，要通过自媒体思想政治教育话语来说服95后、00后大学生，让他们真听、真信、真做，思想政治教育工作者自己先得信，要自信地讲。二是思想政治教育工作在才开始的自媒体话语历练过程中，来自95后、00后大学生的关注可能比较少，要敢于战胜挫败感，哪怕只有一两个95后、00后大学生关注，思想政治教育工作者也要坚持写，认真写，在逐步夯实自媒体语境大学生思想政治教育话语转换基础的同时，创作更多好的思想政治教育话语内容，用活话语表达、交互方式，逐渐增加粉丝量。三是在重大时刻，思想政治教育工作者更要敢于亮剑，旗帜鲜明。在党和国家重大会议时刻，思想政治教育工作者要引导95后、00后大学生热议；在重大舆情出现时，思想政治教育工作者要站出来引导大学生正确看待；在每个时间的重要主题教育时，思想政治教育要发声，要把活动推向高潮。

凡是开头难，思想政治教育工作者要勇于踏出第一步。要敢于在自媒体语境中发声。越是在关键时刻，思想政治教育工作者越是要旗帜鲜明地发声，要敢于讲，自信地讲，要契合自媒体语境和95后、00后大学生特征地讲。

三、话语历练难在持之以恒

自媒体语境中的思想政治教育话语历练，需要持之以恒。一方面在商业价值追逐、移动互联网技术飞速发展等因素催化下，自媒体平台持续不断的更迭，不同自媒体平台等有着各自不同的话语特征和规律。另一方面，自媒体流行话语也一直持续动态变化，95后、00后要娴熟自媒体话语，需要不断地历练自媒体话语，需要与时俱进，难以一劳永逸。

通过自媒体话语历练，夯实话语娴熟的基础，难就难在持之以恒，究其原因是多方面的，一是思想政治教育工作者的日常工作繁杂而琐碎，难以再坚持每天抽出时间撰写微博、更新微信朋友圈等。我们以思想政治教育主阵地的辅导员为例，2017年8月31日教育颁布了43号令《普通高等学校辅导员队伍建设规定》，《规定》把辅导员的主要工作职责分为九个大项：分别是：思想理论教育和价值引领、党团和班级建设、学风建设。熟悉了解学生所学专业的基本情况、学生日常事务管理、心理健康教育与咨询工作、网络思想政治教育、校园危机事件应对、职业规划与就业创业指导、理论和实践研究。从《规定》中不难发现辅导员的工作职责非常宽泛，在实践工作中。辅导员还要协助教务处、学生处、团委、保卫处、就业办、招生办、后勤服务公司、科任教师等涉及大学生的工作。如此琐碎、繁杂的日常工作，辅导员在缺乏刚性要求的情况，再难抽出宝贵的时间每天坚持自媒体话语历练。二是对于绝大多数思想政治教育工作者来讲，"网红作品"的创造实属不易，并不是随时都有很好的灵感，话语创造能力需要长时间的历练中提高，话语主题的选择、文本信息的组织、辅助表达手段的运用都需要长时间的思考，但创造出的作品，95后、00后大学生还不一定关注，他们更喜欢明星出轨、明星离婚这样的娱乐信息，导致思想政治教育工作者在话语历练这个长期过程中，时常缺乏成就感，在话语教育意义和娱乐性之间徘徊。

总之，自媒体话语历练是一个长期的过程，只有坚持思想政治教育工作者能走在自媒体时尚话语的潮头。思想政治教育工作者要坚持每天抽出一定的时间来历练自媒体话语、持之以恒，不断地熟悉，自媒体话语运用才能逐步的得心应手。

第二节 学懂、弄通思想政治理论——夯实思想透彻基础

基础夯实思想政治教育理论透彻基础，首先需要弄清楚思想政治教育相关理论的构成，再根据思想政治教育理论的构成，逐步透彻思想政治教育理论。要认真研讨马列经典著作，我们培养的是社会主义建设者和接班人，必须把政治性放在首位；要认真学习党的最新理论成果，马克思是"活"的，不是教条，党的最新理论成果是结合我国最新国情社情变化，与时俱进的最新成果，每个时代有每个时代的任务，要有新的思想来引领；要挖掘传统文化中的思政元素，传统优秀文化是思想的根；要发扬红色文化，要创新和发展革命文化和社会主义先进文化，把红色思想搞透彻；要甄选外来优秀文化，我们培养的是要具有全球化视野的新时代大学生，思想政治教育工作者要不断开阔自己的视野，丰富教育思想。

一、研读马列经典著作

我党历来强调要认认真真研读马列经典著作，作为思想政治教育工作者更因如此。马列经典是思想政治教育理论的源头，要做到思想政治教育理论透彻，必须从源头出发，基础不牢，地动山摇。

细细体味"学"，用心承接"思"。信仰强者定力强，定力强者事定成。作为我们党初心的理论源头，作为马克思主义的经典著作，我党历来强调对《共产党宣言》要反复学、经常学，以理论清醒促行动自觉。在革命岁月，我党号召全党学习5本马列著作，《共产党宣言》被列为首位。新时代，我党又深刻指出："我们要坚定信念，坚信它是具有科学性的。如果觉得心里不踏实，就去钻研经典著作，《共产党宣言》多看几遍。"研读马克思主义经典，回到理论源头上来，读懂深刻道理，掌握核心要义，是最直接、最管用的学习"方法论"。"书读百遍，其义自见。"共产党人要念好马克思主义"真经"，就要带着问题读、遇到难题读、原原本本学习、仔仔细细阅读、

认认真真研读马克思主义经典著作，提高马克思主义理论素养，增强解决实际问题能力，努力把马克思主义立场、观点、方法学到手，作为自己的看家本领，不断从马克思主义理论中汲取思想营养、坚强政治定力。思想政治教育工作者只有把马克思主义基本原理读懂了，把辩证唯物主义、历史唯物主义透彻了，才能运用马克思主义透彻分析95后、00后大学生成长成才路上的各种困扰和难题，才能保证在自媒体中的思想政治教育话语转换后，"马克思"这个灵魂仍在。

二、学习党的最新理论成果

无论所处时代如何，思想政治教育有一点贯彻始终，那就是思想政治教育始终响应特定时期的时代呼唤，直面经济社会发展的现实诉求，服务于特定时期党的斗争和事业。新民主主义革命时期思想政治教育的主要内容是在党内通过开展多种形式的思想政治教育来坚定广大党员的共产主义信仰，激发党员革命英雄主义和集体主义精神。在群众中通过启发工人农民的阶级觉悟，调动人民群众投身革命的热情。这一时期思想政治教育的载体主要是宣传和鼓动；社会主义革命和建设时期思想政治教育的内容主要是巩固新生政权、摆脱一穷二白的经济面貌，开展学习劳动模范进典型的教育活动，激发广大群众大公无私、乐于奉献、艰苦奋斗的精神。这一时期思想政治教育的载体包括政治宣传、说服教育等。进入改革开放新时期，思想政治教育继承和发扬了优良传统，紧跟时代主题不断发展和创新。尤其是党的十八大以来，我们党提出了全面建成小康社会，实现中华民族伟大复兴中国梦的奋斗目标。党在意识形态领域加强社会主义核心价值体系建设，使人民拥有先进的价值观，并将其内化于心、外化于行，将社会主义核心价值观落细、落小、落实。

不同时期思想政治教育有不尽相同的任务，有与时代相应的教育方式和教育载体形式。需要思想政治教育工作者透彻理解党的最新理论成果，这样思想政治教育工作者才能运用党的最新理论成果来武装自己头脑，开展思想政治教育工作，才能在自媒体语境中的思想政治教育话语转换中，保证思想政治教育话语政治上不变味、时代上不脱节。试想如果思想政治教育工作没有把时代新人的理论搞透彻，不完全清楚时代新人的深刻内涵，思想政治教育工作者如何能保证在自媒体语境大学生思想政治教育话语转换后，其通过话语对95后、00后成长成才的引领不出问题，符合时代的要求。所以，透彻理解党的最新理论成果是思想政治教育理论透彻的重要内容，思想政治教育工作者要养成关注时政、收看新闻、阅读党刊、阅读党报、学习会议精神、学习党的文件的好习惯,并持之以恒。

三、挖掘优秀传统文化思想政治元素

传统文化是一个国家、民族的文化之基,在世界全球化不断加深的情况下,深化文化自信势在必行。思想政治教育工作者要把传统文化中蕴含的育人思想通过自媒体话语呈现给95后、00后大学生,需要透彻领会优秀传统文化中的育人思想,才能将优秀文化转化为自媒体思想政治教育话语。透彻领会优秀传统文化中的育人思想,我们可以从如下三个方面入手:

(一)善于挖掘中华优秀传统文化中的思想政治教育价值

中华优秀传统文化内蕴的丰富道德情感、道德原则、道德理想,是开展高校思想政治教育的宝贵资源,对于推动高校提升大学生的思想政治素质、道德品质有着极为重要的价值。以中国古典音乐为例,《高山流水》《渔樵问答》等经典作品,无一不内含着中国传统的人文精神,无一不在优美的旋律中净化人心、陶冶情操。"艺术的最高境界就是让人动心,让人们的灵魂经受洗礼,让人们发现自然的美、生活的美、心灵的美。我们要通过文艺作品传递真善美,传递向上向善的价值观,引导人们增强道德判断力和道德荣誉感,向往和追求讲道德、遵道德、守道德的生活。"不难发现,优秀传统音乐作品就是能够"增强道德判断力和道德荣誉感"的宝贵资源,它的这种注入内心的教育功能,理应引起重视,给予强化。可见,充分发挥中华优秀传统文化的德育价值,首要地是善于挖掘中华优秀传统文化中的思想政治价值,进而积极引导高校学生深刻理解和把握中华民族的崇高价值追求,促进优秀传统道德与行为规范的有机融合。要引导学生,思想政治教育工作者自己首先得透彻理解优秀中国传统文化中的育人思想,才能把优秀传统文化思想转换为自媒体话语,来引导95后、00后大学生。

(二)善于阐发中华优秀传统文化中的思想政治教育价值

高校思想政治教育要以科学的方式阐发中华优秀传统文化的内涵和精髓,在和谐稳定的校园环境中实现学生道德品质的提升与全面发展。比如,在引导学生深入理解中华优秀传统文化革故鼎新、与时俱进的思想,惠民利民、安民富民的思想,脚踏实地、实事求是的思想,道法自然、天人合一的思想等基本思想理念时，要着力阐发讲仁爱、重民本、守诚信、崇正义、尚和合、求大同的时代价值；在引导学生深入理解中华优秀传统文化蕴涵的道德理念和行为规范，如精忠报国、振兴中华的爱国情怀，天下兴亡、匹夫有责的担当意识，孝悌忠信、礼义廉耻的荣辱观念，崇德向善、见贤思齐的社会风尚时，要着力阐发自强不息、敬业乐群、扶危济困、见义勇为、孝老爱亲等中华传统美德；在引导学生深入理解中华优秀传统文化积淀的宝贵精神财富，如文以载道、以文化人的教化思想，求同存异、和而不同的处世方法，俭约自守、中和泰和的生活理念，形神兼备、情景交融的美学追求等时，要着力阐发有利于促进社会和谐、鼓励人们向上向善的思想文化内容。同时，还需强化中华优秀传统文化精髓的阐发，即要向学生讲清中华优秀传统文化的历史渊源、发展脉络、鲜明特色以及基本走向，阐明中华优秀传统文化是发展高校德育工作的丰厚滋养，阐述传承、弘扬和发展中华优秀传统文化是建设"双一流"高校的实践之需，明晰丰富多样的民族优秀文化是中华优秀传统文化的有机构成，阐释中华文明在同世界其他文明相互学习借鉴中取长补短、择善而从并创新发展，努力构建富有中国特色、中国风格、中国气派的中华优秀传统文化体系，为高校思想政治教育提供强有力支撑。

（三）善于创新中华优秀传统文化中的思想政治教育价值

历经几千年积淀的价值理念，是中华优秀传统文化为大学生提供的最为丰厚的道德教育资源。2017年5月，由中共中央办公厅、国务院办公厅印发并实施的《国家"十三五"时期文化发展改革规划纲要》指出："厘清中华优秀传统文化的内涵，改造陈旧的表现形式，赋予新的时代内涵和现代表达形式。加强中华优秀传统文化典籍整理和出版，推进文化典籍资源数字化……普及中华诗词、音乐舞蹈、书法绘画等，举办经典诵读、国学讲堂、文化讲坛、专题展览等活动。鼓励媒体开办主题专栏、节目。利用互联网，推动中华优秀传统文化网络传播。"这为中华优秀传统文化的深入挖掘并充分发挥其德育价值指明了方向。为此，高校德育工作既要追本溯源、承续精髓，也要与时俱进、推陈出新，不断增强大学生对中华优秀传统道德文化的认知认同。要根据大学生的思想行为特点和高校德育要求，创新大学生中华优秀传统文化的实践模式，激发大学生的积极性、主动性。如创造条件开展读经诵典、诗词大会、国乐欣赏等活动，通过诗词美、音乐美的淋漓尽致地展现，使学生在社会实践参与中感悟中华优秀传统文化蕴藏的道德标准和价

第四章　自媒体语境中思想政治教育话语转换基础的夯实路径探析

值观念。此外，在信息时代，要不断拓展发挥中华优秀传统文化德育价值的路径。例如，实施"互联网＋文化工程"，加强顶层设计，着力技术攻关，努力把互联网技术和大数据引入中华优秀传统文化领域，建立健全相关系列体制机制，开设中华优秀传统文化网络课程，开展中华优秀传统文化网络体验，注重中华优秀传统文化网络文化熏陶，引导大学生在了解中华优秀传统文化的基础上，深刻认识中华文明，在文化传承和交流以及创新实践中增强中华优秀传统文化的生命力。

总之，在全球化加剧的当今，文化自信是思想政治教育的重要内容，传统优秀文化中又蕴含海量的育人价值，思想政治教育工作者要通过读经典，学经典，深入挖掘传优秀文化中的思想政治教育元素，跟着党和国家领导人对传统文化运用，学习通过自媒体话语转换，阐释优秀传统文化的育人思想，创新传统文化的育人价值。

四、发扬红色文化

红色文化由革命文化和社会主义先进文化组成。我国有大量红色文化遗址，在革命时期、社会主义建设时期也涌现了无数英烈和模范。这些历史离95后、00后来讲，显得久远，要通过自媒体话语呈现在他们眼前，需要话语转换。这就要求思想政治教育工作者要透彻英烈、模范先进事迹后的精神实质，要结合时代来谈，来教育95后、00后大学生。透彻红色文化中蕴含的育人思想，我们可以从如下方面入手。

熟悉革命先烈和模范事迹。思想政治教育工作者要认真学习党史、新中国史，熟悉我们的革命先烈、先进模范及其光辉事迹。自媒体网络最容易成为敌对势力意识形态渗透的场域，革命先烈董存瑞、黄继光被质疑，红色经典《黄河大合唱》被恶搞给我们敲响了警钟。思想政治教育工作者要熟悉革命先烈、先进模范的光辉事迹，才能在问题出现时，快速地意识到问题的严重性，才能快速地采取有力措施，才能在革命先烈、先进模范被质疑时，快速把他们的光辉事迹转换为自媒体话语，去引导95后、00后对历史的认识。

理解事迹后的育人价值。红色文化离95后、00后来讲，有时显得有点久远，天天讲老话、套话容易导致95后、00后的麻木，思想政治教育工作者要透彻红色文化中的育人思想，发扬红色精神，创新红色文化，将红色文化蕴含的育人思想转换到自媒体语境中，思想政治教育工作者才能讲好红色故事。

五、甄选外来文化

外来文化来到中国，既有水土不服，和我们国情不相一致的，甚至是别有用心的人通过巧妙包装，精心熟人的，其中也不乏好的育人思想。所以，思想政治教育工作需要对外来文化进行甄选。

要在国外经典教育理论中寻找可用育人思想。国外高等教育发展比我国早，也出现了很多的教育大家。他们的育人思想，也值得我们当前的思想政治教育工作者学习，思想政治教育工作者要熟悉国外经典教育理论，有所选择地吸收，进一步完善自己的育人思想。

要在国外最新教育理念中寻找可用育人思想。世界大家排名前10名均被西方世界包揽，我们不得不承认国外教育发展水平总体上要高于我国这个事实。西方对我国存在意识形态领域的渗透，存在对我们培养的社会主义建设接班人进行争夺的行为。但我们对国外最先进的理念不能充耳不闻，思想政治教育工作者不能坐等好的教育理念的输入，思想政治教育工作者要主动出击，学习国外好的育人理念，用来完善自身的育人思想。

总体来讲，思想政治教育理论体系十分庞杂，涉及的思想很多，思想政治教育工作者要树立终身学习的理念，不断透彻自己的育人思想，才能在自媒体语境中的大学生思想政治教育话语转换中，保证转换后的话语"马克思"这个灵魂仍在、富有时代气息、纵贯古今，横贯中西，才能完成育时代新人的任务。

第三节　话语情商的培养
——夯实跨语境思维转换灵活基础

情商（Emotional Quotient）通常是指情绪商数，简称 EQ，主要是指人在情绪、意志、耐受挫折等方面的品质，其包括导商（LQ）等。它是近年来心理学家们提出的与智商相对应的概念。从最简单的层次上下定义，提高情商的基础是培养自我意识，从而增强理解自己及表达自己的能力。总体来讲，人与人之间的情商并无明显的先天差别，更多与后天的培养息息相关。自媒体语境中的思想政治教育，就其本质而言，也是通过话语方式实现思想政治教育工作者与95后、00后大学生之间的交往活动，情商问题就显得尤为重

第四章 自媒体语境中思想政治教育话语转换基础的夯实路径探析

要,对自媒体语境中大学生思想政治教育话语的成功转换影响深远,也是夯实自媒体语境中思想政治教育工作者跨语境思维转换灵活基础的有效途径。

一、情商与跨语境思维转换灵活基础的关系

要探讨商情与自媒体语境中大学生思想政治教育话语转换基础的关系,尤其是与自媒体语境中大学生思想政治教育跨语境思维转换灵活的关系,我们不得不提及情商的构成要素,从其构成要素来看与话语转换基础的内在联系。

萨洛维(P.Salovery)认为情绪智商包含了自制、热忱、坚持,以及自我驱动、自我鞭策的能力。丹尼尔·戈尔曼接受了萨洛维(P.Salovery)的观点,认为情绪智商包含五个主要方面:

1.了解自我:监视情绪时时刻刻的变化,能够察觉某种情绪的出现,观察和审视自己的内心世界体验,它是情绪智商的核心,只有认识自己,才能成为自己生活的主宰。

2.自我管理:调控自己的情绪,使之适时适度地表现出来,即能调控自己。

3.自我激励:能够依据活动的某种目标,调动、指挥情绪的能力,它能够使人走出生命中的低潮,重新出发。

4.识别他人的情绪:能够通过细微的社会信号、敏感地感受到他人的需求与欲望,是认知他人的情绪,这是与他人正常交往,实现顺利沟通的基础;

5.处理人际关系,调控自己与他人的情绪反应的技巧。

从情商的构成要给来看,主要包括三个方面,第一个方面是通过自我的认识、自我的管理、自我的激励来管理好自己的情绪;第二个方面识别他人的情绪;第三个方面根据他人的情绪识别,合理表现自我的情绪,从而实现更好的人际关系处理。人际关系的处理离不开话语。可以这样讲,话语是人际交往的主要工具和手段。

立足于自媒体语境中的大学生思想政治教育话语转换基础来看,话语转换的实质是话语优化,以更95后、00后大学生更受听,能听懂,真接收,其目的是为了使思想政治教育工作者与95后、00后大学生之间的人际交往更加有效。结合情商来看,就是要在恰当的自媒体语境中,使用最合适的话语,实现思想政治教育工作者与大学生之间的有效人际交往。这其实就涉及了自媒体语境中思想政治教育话语转换跨语境思维转换灵活这个基础。高情商的思想政治教育工作者,在自媒体语境中通过话语方式开展思想政治教育工作时,首先,要学会认识自我、管理自我、激励自我,面对95后、00

后大学生，无论95后、00后在自媒体上有何种行为表现，即便是严重的行为失范，甚至是对思想政治教育工作者表现出强烈的不满意，一定要学生控制好自己的情绪，要牢记自己的使命，要做大学生成长成才路上的知心朋友和引路人；其次，要能正确地认识所处的自媒体语境与其他语境、自媒体语境中的细分语境，通过细微的社会信号，敏感地感受到95后、00后大学生的需求与欲望，认知95后、00后的情绪，为实现顺利沟通打牢基础；最后，要根据所处自媒体细分语境特点，结合95后、00后大学生情绪状况，快速转换思维，实现跨语境的思维转换灵活，通过自媒体科层社交语境、自媒体朋辈社交语境、自媒体陌生人社交语境快速转换思想，在统一的思想政治教育目标指引下，实现跨语境思维转换灵活。

当然，自媒体语境中我们主要是通过语境及其辅助表达的符号系统呈现思想政治教育话语内容、采取与语境相适应的话语方式、话语互动方式和话语评价方式，本文将其称为话语情商。

二、自媒体语境中话语情商的培养

谈到自媒体语境思想政治教育工作者话语情商的培养，我们不得不先研究高情商的一般培养方式，在结合本专著研究的视角，提出更具针对性的自媒体语境中大学生思想政治教育话语转换跨语境思维转换灵活基础夯实的实现路径。

(一) 形成过程

情商EQ形成于婴幼儿时期，成型于儿童和青少年阶段，它主要是在后天的人际互动中培养起来的。青春期是一个人的黄金时代，因为这是一个人走向成人的一个过渡时期。在这个时期，其学习和发展任务是非常重要的。但是，中学生由于面临着生理上、心理上的急剧变化，还有学业上的巨大的压力，这些，都会使现代中学生造成心理失衡和复杂的心理矛盾，甚至产生种种不良的后果。据一份22个城市的调查报告显示，实际上我国中学生中有各种心理问题者达15%～20%，表现形式以亲子矛盾、伙伴关系紧张、厌学和学习困难、考试焦虑等现象为多。这些问题的发生大多与学生的自我控制能力有关，多是源于其心中时常涌出的各种非理性情绪。而提升EQ水平最快捷、最有效的方法是心理训练。

第四章 自媒体语境中思想政治教育话语转换基础的夯实路径探析

（二）提高过程

弘扬个性，发展能力是素质教育的目标，可这一切都源于心理素质的提高。为此，我们开设青少年心理素质训练班，通过心理教育、心理训练，着重开发学生的非智力因素，提高自我心理觉察能力和认知水平，学会自我情绪控制，改善其不适当的情绪行为，提高情商水平，让孩子学会"做自己情绪的主人"，使学生树立良好的价值观及具理性信念的人生观，增强其心理适应能力，提高学习能力，以积极的心态应对各种压力和挑战，促进身心健康发展。

（三）提高方法

1. 认识自身情绪的能力

这是情商的基础，只有先认识自己的情绪，才能谈得上管理自己的情绪，甚至影响别人的情绪。

认识自己的情绪，不只是体验情绪，还要随时觉察到情绪的发生。作者给了一个方法，叫作"自我意识"。就是要持续关注自己内在的心理状态，保持内省。当你意识到自己的情绪，你就会获得更大程度的自由。比如愤怒的情绪，当你愤怒时，如果能明白愤怒对自己和他人都会产生危害，就不会做出极端行为，人在愤怒的时候其实有很多选择，比如去散散步、找他人诉诉苦或谈谈心。或者用语言文字来表达情绪，把情绪说出来或写下来（比如因为什么愤怒），这个动作本身就可以帮助主导理性的新皮层，接管主导情绪的边缘脑。

2. 管理情绪的能力

保持心态开放。想象全新的可能性，用不同的角度看待问题，而不是执着地认定对方是在挑衅你，能让你保持宽容，回归平静。

及时转移注意。在情绪爆发的时候摆脱眼前的这个人或地方，去别处转转，主动寻找分散注意力的事情，避免敌对想法升级。千万不要认为把情绪宣泄出来自己会好受一些，很多实验表明，宣泄不仅不会舒缓负面情绪，反倒会加剧愤怒和焦虑。因为当你想去宣泄的时候，就已经唤醒了主导情绪的边缘脑，后面再想调动理性就更困难了。

3. 自我激励的能力

学会延迟满足。我们做事情的时候难免遇到挫折，该如何重整旗鼓呢？

你可以告诉自己这不过是"前一颗棉花糖",继续坚持下去,"后一颗棉花糖"很快就会出现。

利用预期焦虑。也就是运用焦虑倒逼自己更加勤奋努力。比如利用紧张的感觉激励自己更加勤奋的学习和复习,做好充分的准备,而不是让紧张出现在考场上。

进入涌流状态。涌流就是心流,是自我激励的最高境界,指的是专注于当前任务的忘我状态。比如艺术家在创作的时候、医生在做手术的时候,都会进入涌流状态。要找到这种状态,一方面要全神贯注,从而在完成任务中获得愉悦感,另一方面要尝试略微超出自己能力范围的任务,有适度挑战的事情,会更有效的激励我们。

4. 认识他人情绪的能力

培养同理心。认识自我的情绪关键在于"自我意识",认识别人的情绪,关键则在于"同理心"。同理心是一种能力,同理心强的人,可以凭直觉理解别人没有用语言表达出来的主观感受。培养同理心的方法叫作"镜像",意思是不要忽略别人的情绪,要学会"换位思考",跟别人进行互动。

5. 管理人际关系的能力

处理亲密关系,我们可以用"XYZ法则"进行沟通,化解冲突。要维护好亲密关系,遭遇矛盾的时候,既不能向丈夫那样闷着不说,也不要向妻子那样宣泄抱怨,应该采取这个句式来表达自己的情绪:当你做了X,我感到Y,希望你转而做Z。举个例子,当丈夫因为在公司加班推迟了与妻子的约会的时候,妻子不应该大声抱怨说,"你太自私了",而应该遵循XYZ法则说三句话:"你没有提前告诉我你会因为加班推迟我们的约会"(X);"你让我感到不被尊重,我有点生气"(Y);"希望你下次加班提前给我打个电话,告诉我你会晚点到,这样我可以逛逛旁边的商场,一边逛街一边等你"(Z)。

处理上下级关系时,要进行有效的反馈。①当面反馈,只有当面表达,才更容易从员工的声调、姿势、面部表情,发现他们情绪的异常。②具体反馈,不要只是简单地说,你做得好或做得不对,而要具体说你是在什么事情上做得好,什么事情上做得不对。③要有改进意见和解决办法,就是说明做得好的方面要怎么保持,做得不好的方面要怎么改进。

(四)自媒体语境中话语高情商的培养

借鉴情商培养的一般方法,重点关注和突出话语情商的培养。笔者提出

第四章 自媒体语境中思想政治教育话语转换基础的夯实路径探析

了如下跨语境思维转换灵活基础的培养、具体方法如下：

1.思想政治教育工作者认识自我情绪的能力

一方面95后、00后大学生个性特征更加鲜明、性格更加张扬、喜欢在人前凸显自我存在，95后、00后时常为有一些思想政治教育工作者难以理解的行为的出现，容易刺激思想政治教育工作者的情绪波动；另一方面，思想政治教育工作者作为成年人和职场人，家庭生活中的矛盾、工作中的不顺也容易导致情绪的波动。思想政治教育工作者一定要能清楚地认识自己的情绪，当负面情绪出现时，尽快调节自己的情绪，在情绪调节至平衡前，最好不进行自媒体语境中的大学生思想政治教育工作，以免把自己的负面情绪通过话语方式传递给大学生，抑或因情绪激动而形成与大学生之间的强烈话语冲突。所以，在情绪波动时，难以冷静地思考和去实现跨语境思维转换的灵活，自我情绪的认识是第一步。

2.思想政治教育工作者的自我情绪调节能力

思想政治教育工作者的情绪会感染95后、00后大学生，对大学生的思想、情绪、行为造成影响。如果是积极的情绪通过思想政治教育话语呈现出来，能激发95后、00后大学生的青春活力、蓬勃生气、正能量。但负面的情绪，会对95后、00后大学生形成不好的影响，对95后、00后大学生的成长成才不利。思想政治教育工作者要不断调节自己的情绪，当正面情绪出现后，要能快速地控制。

3.思想政治教育工作者的自我激励能力

自媒体语境中思想政治教育话语的转换基础是一个长期的过程，思想政治教育工作者需要一边夯实基础，一边实践，对于大多数思想政治教育工作者来讲，实践成效的提升是一个漫长的过程。这个过程，需要思想政治教育工作者对自身进行不断地激励。

4.95后、00后大学生情绪的认识能力

95后、00后大学生正处于世界观、人生观、价值观形成的关键时期，在自媒体语境中表现十分活跃，但95后、00后大学生群体缺乏对自媒体海量信息的辨别能力。在当今这个"后真相"时代，95后、00后大学生对海量信息辨别能力不足的问题别放大，在自媒体谣言乱飞时，他们积极参与甚至转发；但真相出来后，他们往往选择沉默。他们的情绪容易受外界的影响，特别是自媒体上的一些内容会对他们形成强烈影响。思想政治教育工作者在开展自媒体语境思想政治教育工作前，要先认识95后、00后大学生的情绪。

5. 思想政治教育工作者与 95 后、00 后大学生人际交往的能力

思想政治教育工作者，在正确认识自我情绪、调节好自身情绪、识别好 95 后、00 后大学生情绪后，就可以结合当时的语境，95 后、00 后大学生的情绪状况，在不同语境中快速实现跨语境思维转换灵活，用最恰当的思想政治话语在相应的语境中运用。

总之，跨语境思维转换灵活基础，我们可以用话语情商培养的方式进行夯实，但这是一个漫长的过程，思想政治教育工作者要有意识地进行自我话语情商培养。当然，在注重话语情商培养的同时，也要学好辩证法，辩证法是训练思维灵活的有效方法。同时，思想政治教育工作者也要学会体验不同的生活方式，尤其是 95 后、00 后的生活方式，这样才能更了解 95 后、00 后大学生，也能在不同的生活方式中，让自己的思维更加的灵活。思想政治教育工作者要在不断的实践中，有意识地努力培养自己跨语境思维转换能力，不断夯实跨语境思维转换灵活基础。这样才能使思想政治教育工作者，在自媒体语境中选择最恰当的思想政治教育话语，从情感上打动 95 后、00 后，让他们真听、真信、做做。

第四节　自媒体语境中思想政治教育话语转换基础夯实的推动

自媒体语境中的大学生思想政治教育，既要思想政治教育工作者下苦功夫，狠练内功，在一边实践中，一边夯实话语娴熟基础、思想政治教育理论透彻基础、跨语境思维转换灵活基础。也需要外部力量的助推，包括政策制度的推动，思想政治教育队伍培训的推动、学界呼吁的推动。

一、政策制度的推动

思想政治教育工作者的工作十分繁杂和宽泛，尤其是思想政治教育主阵地的辅导员，涉及 95 后、00 后大学生的工作，无论是否在他们工作职责范围内，他们都要参与，只是不在职责范围内，他们的工作性质是协助。而自媒体语境中大学生思想政治教育话语转换基础的夯实又是一个长期的持续过程。相关部门要有相应的政策出台，高校要建立相应的制度，要做好相关的配套工作。一是要鼓励思想政治教育工作者要历练自媒体话

第四章 自媒体语境中思想政治教育话语转换基础的夯实路径探析

语,要有量化的考核指标体系和激励手段;二是要为思想政治教育工作透彻教育思想,提供相应的书籍、文件、网络资料;三是要完善思想政治教育工作者队伍培训计划。

总体来讲,相关政策和制度的建立,一方面要能鼓励思想政治教育工作者去夯实自身的自媒体语境大学生思想政治教育话语转换基础;另一方面要为自媒体语境中大学生思想政治教育话语转换基础的夯实提供保障条件。

二、队伍培训的推动

在新时代,思想政治教育队伍的培训质量和频率都显著提高,关于网络思想政治教育培训力度也显著提高。培训既有相关专家教授高屋建瓴的政策分析、理论解读,也有同行专家、网红思想政治教育工作者的具体实操。但是,却鲜少有培训内容是从自媒体语境中大学生思想政治教育话语转换基础的视角提出,实操层面的培训内容还是集中在撰写微博、微信朋友圈的原则论述、话语的特征介绍、成功的案例分享。鲜有培训内容关注到自媒体语境中的思想政治教育话语转换基础,即使有所涉及,也不够系统。

自媒体语境中大学生思想政治教育话语转换基础,深刻影响思想政治教育话语转换实施效果,从而影响自媒体语境中的思想政治教育。其重要性不言而喻,在思想政治教育队伍培训中,因明确指出其重要性,话语转换基础是什么,怎么夯实,系统的对思想政治教育队伍进行培训。而这个培训应该覆盖全体思想政治教育工作者,现在高校铁思想政治教育工作者培训存在一个误区,往往把培训机会作为一种激励手段,给那些在该领域教育成效比较突出的思想政治教育工作者,而其他思想政治教育工作者获得的机会则相应减少。然而,从工作实践出发,那些缺乏相应能力的思想政治教育工作者更应该获得更多的培训机会,因为他们管服务的大学生也需要他们去进行思想政治教育。不放弃每一个学生的一个重要前提是不放弃每一个思想政治教育工作者,这方面的培训要找短板,而不仅仅是长板补得更长。

三、学界呼吁的推动

学界的呼吁是推动自媒体语境大学生思想政治教育话语基础夯实的有效途径。学界一是要加强自媒体语境中大学生思想政治教育话语转换基础存在及其重要性的论述;一是要从不同的视角论述自媒体语境中大学生思想政治教育话语转换基础的构成及其夯实路径的论述。

加强自媒体语境中大学生思想政治教育话语转换基础及其重要性的论述。学界要从自媒体语境中的思想政治教育话语实践难题入手，要从学理上去证明自媒体语境中大学生思想政治教育话语转换基础的存在，要从不同视角论述这个话语转换基础的重要性。以便引起相关教育主管部门、高校、思想政治教育工作者的重视，也能吸引更多的学者关注这个问题，投入自媒体语境中大学生思想政治教育话语转换基础的研究。

加强自媒体语境中大学生思想政治教育话语转换基础的构成及其实施路径论述。学界要从不同的学科、从不同的理论视域丰富自媒体语境中的思想政治教育话语转换基础的构成要素，只有其构成要素分析得越完善，提出的话语转换基础夯实路径才越可行。

总之，学界要加强该领域的学术研究，论证清楚这个转换基础存在的意义，系统分析其构成要素和夯实路径。要引起各方对这自媒体语境中大学生思想政治教育话语转换基础的关注。

参考文献

一、著作类

[1] 马克思，恩格斯.《马克思恩格斯选集》第1卷[M].北京：人民出版社，1995年6月第2版.

[2] 马克思，恩格斯.《马克思恩格斯选集》第2卷[M].北京：人民出版社，1995年6月第2版.

[3] 白显良.隐性思想政治教育基本理论研究[M].北京：人民出版社，2013年.

[4] 郑永廷.思想政治教育方法论[M].北京：高等教育出版社，2010年.

[5] 刘献君.大学思想政治教育论[M].武汉：华中科技大学出版社，1996年.

[6] 王学俭.新媒体与高校思想政治教育[M].北京：人民出版社，2012年.

[7] 白翠红.高校思想政治教育思维发展研究[M].中山：中山大学出版社，2018年.

[8] 谭仁杰.中国梦与高校思想政治教育：地方院校思想政治教育研究（第八辑）[M].武汉：武汉大学出版社，2016年.

[9] 袁芳.思想政治教育话语创新论的马克思主义审视[M].北京:中央编译出版社，2018年.

[10] 吴琼.思想政治教育话语发展研究[M].北京：中国社会科学出版社，2017年.

[11] 葛红兵.思想政治教育话语体系研究.北京：中国文史出版社，2016年.

[12] 李超民.新时代提升网络思想政治教育话语权研究/高校思想政治工作研究文库[M].北京：人民大学出版社，2019年.

[13] 洪波.思想政治教育话语范式转换研究[M].浙江：浙江大学出版社，2012年.

[14] 李小丽.微时代高校思想政治教育话语分析及发展前沿问题探究｛M｝.北京：新华出版社，2017年.

[15] 葛红兵.思想政治教育话语体系研究[M].北京：中国文史出版社，2016年.

[16] 杜威教育论著选读[M].赵祥麟，王承绪，编译.上海：华东师范大学出版社，1981年.

[17] 妮娜，黄日干.新媒体与大学生思想政治教育研究[M].北京：光明日报出版社，2016年.

二、期刊类

[18] 刘建军.思想政治教育话语转换的三重基础[J].思想理论教育导刊，2016年05期.

[19] 张瑜.论自媒体空间交往生态的思想政治教育价值［J］.高等教育研究，2016年09期.

[20] 邓新民.自媒体：新媒体发展的最新阶段及其特点[M].探索，2006年02期.

[21] 黄志铭.自媒体时代传统思想政治教育该何去何从铭[J].人民论坛，2018年34期.

[22] 闫方洁."世俗化"与"崇高之殇"：从自媒体景观看当代青年的双重精神图景[J].中国青年研究，2018年03期.

[23] 张羽程.自媒体环境下高校思想政治教育工作的困境与超越[J].教育与职业，2015年20期.

[24] 张瑜.论自媒体空间交往生态的思想政治教育价值[J].高等教育研究，2016年第9期.

[25] 吕宁，由馨媛.00后大学生的思想特点和行为规律调研及其应对[J].大学教育，2019年09期.

[26] 董世军，孙玉华，周立田.现代思想政治教育话语及其困境分析[J].长春师范大学学报，2007年01期.

[27] 邱仁富.思想政治教育话语创新论[M].电子科技大学学报（社科版），2010年05期.

[28] 刘建军.思想政治教育的话语转换及其路径[J].安徽师范大学学报（人文社科版），2016年04期.

[29] 洪波.范式转换与思想政治教育话语的创新[J].绍兴文理学院学报，2012年04期.

[30] 李国良，周向军.中华优秀传统文化的价值及其实现———基于大学生思想政治教育视域[J].思想教育研究，2018年09期.

[31] 鲁杰.思想政治教育话语的功能定位与实现路径研究[J].理论与改革，2011年02期.

[32] 林振东.略论思想政治教育话语及其现代转型[J].思想理论教育导刊，2016年05期.

[33] 许苏明.论思想政治教育的话语转换[J].东南大学学报（哲学社会科学版），2014年02期.

[34] 叶宗波，李宪伦.论思想政治教育话语思维的大众化与文本话语转换[J].思想教育研究，2009年05期.

[35] 黄华.微博与青少年思想政治教育：困境与出路——基于叙事理论的探究[J].教育科学研究，2018年第8期.

[36] 李长伟.师生关系的古今之变[J]. 教育研究，2012年08期.

[37] 赵宏.自媒体时代大学生思想政治教育面临的挑战与对策[J].学术论坛，2013年05期.

[38] 王丹，刘明良.机遇与挑战：自媒体时代的高校思想政治教育研究[J].学理论，2013年08期.

[39] 李岩，曾纬伦.新媒体环境下的大学生思想政治教育新载体探析[J],重庆邮电大学学报（社会科学版）.2010年05期.

[40] 丁慧民，新媒体背景下大学生思想政治教育的导向力研究[J].学校党建与思想教育，2010年03期.

[41] 胡余波，徐兴.手机媒体的大学生思想政治教育模式探索[J].中国青年研究，2010年08期.

[42] 李小玲.Web2.0时代创新大学生思想政治教育探析——以社交媒体为研究视角[J].高校研究与实践，2013年01期.

[43] 张辉，石海雄.关于Web3.0对高校思想政治教育的影响分析[J].学校党建与思想教育，2012年10期.

[44] 沈媛媛，杜伟泉.自媒体视阈下的大学生思想政治教育创新路径浅析[J].江苏高教，2015年02期.

[45] 吴国庆,金静.自媒体环境下大学生思想政治隐性教育研究[J].前沿,2013年13期.

[46] 代洁云，王瑜.大数据预测在思想政治教育中的应用探新[J].重庆邮电大学学报（社会科学版），2017年02期.

[47] 吴琼、刘珞珞.思想政治教育话语研究述评[J].学校党建与思想教育，2013年05期.

[48] 钱婷婷，张艳萍.青少年网络素养：概念演进、指标构建与培育路径[J].上海教育科研，2018年07期.

[49] 何理.接受视野下思想政治教育话语的有限性分析[J].学术论坛，2010年11期.

[50] 毕红梅、付林溪.新媒体语境下高校思想政治教育话语转换探析[J].思想教育研究，2015年05期.

[51] 郭毅然.交往理性：思想政治教育话语转变的根基[J].探索，2007年09期.

[52] 孙丽苏.论有效性视角下的思想政治教育话语重构[J].学校党建与思想教育，2013年05期.

[53] 洪波.普遍语用学与思想政治教育话语有效性[J].中共福建省委党校学报，2011年09期.

[54] 黄禧祯.思想政治教育的话语困境片论[J].学术研究，2007年08期.

[55] 杨兆强、张景书.思想政治教育话语困境分析与对策研究[J].继续教育研究，2014年09期.

[56] 邱仁富.思想政治教育话语研究：现状、问题与发展[J].思想理论教育，2014年09期.

[57] 张瑜.论互联网的二重性与思想政治教育创新发展[J],教学与研究，2018年07期.

[58] 王林生.信息革命:中国自媒体发展简史[J].互联网经济,2017年11期.郭湛.人活动的效率[M].北京：人民出版社，1990年.

[59] 张再兴.校园网络亚传播圈及其德育意义[J].清华大学学报(哲学社会科学版)，2005年04期.

[60] 谢新洲."沉默的螺旋"假说在互联网环境下的实证研究[J].现代传播，2003年06期.

[61] 刘建军. 论"时代新人"的科学内涵[J]. 思想理论教育，2019年02期.

[62] 陈亚峰. 论时代新人的理论意蕴与实践指向[J]. 学校党建与思想教育，2019年12期.

[63] 覃柳云. 高校师生自媒体使用情况的调查[J]. 文献资料，2019年03期.

[64] 徐振祥. 新媒体：大学生思想政治教育的机遇与挑战[J]. 思想教育研究，2007年06期.

三、硕博论文

[65] 史珺. 自媒体对大学生思想政治教育的影响及对策[D]. 中北大学硕士学位论文，2015年.

[66] 杨贤芳. 自媒体时代大学生思想政治教育创新研究[D]. 安徽大学硕士学位论文，2014年.

[67] 张世昌. 思想政治教育话语转换研究[D]. 博士学位论文，东北林业大学，2018年.

[68] 李宗云. 传统文化在大学生思想政治教育中的价值及其实现[D]. 东北师范大学硕士学位论文，2008年.

[69] 孙晓琳. 新时代思想政治教育话语发展研究[D]. 东北师范大学博士学位论文，2019年.

[70] 王兰. 思想政治教育话语转换研究[D]. 北京交通大学硕士学位论文，2016年.

[71] 付林溪. 新媒体语境下高校思想政治教育话语转换研究[D]. 华中师范大学硕士学位论文，2015年.

四、网络资料

[72] 桂理昕. 做好意识形态这项党的极端重要工作[EB/OL]. 中国共产党新闻网，http://theory.people.com.cn/n/2013/0910/c40531-22873182.html.

[73] 沈传亮. 如何学好党史新中国史[EB/OL]. 中国共产党新闻网，http://dangshi.people.com.cn/n1/2019/0902/c85037-31330377.html.